遊びを中心とする幼児教育における指導計画作成の難しさは、子どもの主体性と指導の計画性をバランス良く絡ませていくことにあります。子どもの自発的な活動としての遊びを大事にするからといって、ざっくりとした指導計画で偶然に任せるような保育では、子ども一人ひとりが発達に必要な体験を得る機会を保障していくことはできません。しかし、反対に、経験させたい内容を指導計画にたくさん書き込んだとしても、必ずしも子どもの主体的な活動を引き出すことができるわけではありません。おそらく保育者が指導計画に縛られ、子どもの心が離れてしまうことになるでしょう。まさに、幼児教育・保育を実践する保育者には、指導計画作成において、常に「子どもの視点」に立ち戻りながら、具体的なねらいや内容、環境の構成、援助を考え、子どもの主体性と指導の計画性をバランス良く絡ませていくことが求められているのです。

　本書は、よりよい保育をめざす保育者たちのために、「子どもの視点」に沿って具体的なねらいや内容、環境の構成、援助を考えていくプロセスが見えるように編集の工夫をしています。若い保育者の場合は、指導計画で使うフレーズに慣れていないため、なかなか適切な表現ができないために本書を手にするかもしれません。また、ベテランの保育者であっても、子どもの見方や保育の進め方に悩み、多面的な子ども理解や保育の考え方を求めて本書を手にすることもあると思います。

　本書が、多くの保育者に活用されて、質の高い幼児教育・保育を創り出すための参考の書となることを願っています。

神長　美津子

子どもたちの姿やねらい、必要な援助や環境構成
などがわかり、指導計画への理解が深まる1冊です！

*1 「ねらい」の関連がわかり、
「環境づくり」や「援助」の例がたっぷり！

月・週・日の計画での「ねらい」の関連がよくわかり、「環境づくり」
や「援助」の例を多く掲載。「反省・評価」のポイントは大事な視
点を押さえられ、次の指導計画へとつなげられます。

*2 どんな園でも応用しやすい文例で、
自分の園に合わせて書きやすい！

幼稚園、保育園、認定こども園に対応した年・月・週・日の指導計
画で、どの園でも応用しやすいので、自分の園に合わせて書けます。

*3 指導計画の基本、発達の基本をわかりやすく、
丁寧に解説しているので、保育の基礎力もアップ！

巻頭ページでは、指導計画を書くための基本をわかりやすく説明。
避難訓練や食育など、保育に必要な計画例も豊富です。

第1章 指導計画の基本を学ぼう

新任
指導計画立案が苦手。でも、子どもたちのことが大好きな新任保育者。

先輩
ベテラン先輩保育者。指導計画作成のコツをわかりやすく解説。

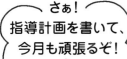
さぁ！指導計画を書いて、今月も頑張るぞ！

子どもの姿、今月のねらい、内容、環境構成、援助…。
今月は保育でどんなことしようかな？

行事に合わせて製作をする？
外で遊ぼうかな？
でも雨が多いからなぁ…。

子どもの発達も考えて…、一人ひとり、でも、クラス全体の動きもあるし…。

もう！どこから考えたらいいの〜！

あら、どうしたの？

指導計画を書こうと思うのですが、どこから考えていいのか…。

子どもの一人ひとりの発達や興味も知りながら、クラス全員のこともと思うと難しくて…。

「子どもたちの成長のためにどうしたらいいのか」という思いがあれば大丈夫！ポイントはふたつ。「子どもの主体性」と「指導の計画性」です。

計画を立て、実践をして、振り返る、そうして保育の質は高まっていくの。

まずは、子どもたちの姿から見ていきましょう。

はい！

※ここでは、3歳児の5月の計画の立案を例に紹介します。

項目別! 立案のポイント

子どもの姿

立案の ポイント

よく見られる姿に注目して!

これまでに見られない、今の時期に特に現れてきた姿を抜き出して、記載します。また、クラス全体を見渡し、よく見られる姿、あるいは共通に見られる姿などに絞って取り上げます。そういった姿こそが、子どもたちが「育とうとしている」姿です。

さぁ! 書こう!

ちょっと待って! もう少し詳しく教えてちょうだい

生活にも少しずつ慣れ、保育者や友達と一緒に遊んでいる。

登園してきて、自分で身の回りのことを保育者も手伝いながら済ませ、友達と一緒に散歩に出掛けていきました。製作も楽しんで、うれしそうに風になびかせていました。

ここでポイントは、子どもの様子を「生活への取り組み方」「人との関わり方」「興味や関心、遊びの傾向」の3つの視点で捉えることです。

生活にも慣れ、 ➡ 保育者に親しみをもち、笑顔で登園する子どもが増えている一方、緊張や不安が見られる子どももいる。

保育者や友達と一緒に遊んでいる。 ➡ 保育者や友達と一緒に、絵本を見たり手遊びをしたりすることを楽しんでいる。

➡ 花摘みや虫探しなど春の自然にふれたり、戸外で体を動かしたりして遊んでいる。

生活

人との関わり

遊びへの取り組み

この3つですね! 子どもの姿を捉えやすくなりました!

➡ P.8のマンガへ

書き方のヒント

個人とクラスの両面から見て3つの視点から書いてみよう

前月末の子どもの生活する姿の記録を読み返してみましょう。子どもの「生活への取り組み方」、「人との関わり方」、「興味や関心、遊びの傾向」などを具体的な3つの視点として重点的に見ていくと、まとめやすいでしょう。

生活への取り組み方　興味や関心、遊びの傾向

記録

人との関わり方

例文

生活 ● 保育者に親しみをもち、笑顔で登園する子どもが増えている一方、緊張や不安が見られる子どももいる。

人との関わり ● 保育者や友達と一緒に、絵本を見たり手遊びをしたりすることを楽しんでいる。

遊びへの取り組み ● 花摘みや虫探しなど春の自然にふれたり、戸外で体を動かしたりして遊んでいる。

気になる
こんな
Q&A

Q 4月の初めの姿はどう捉えて書けば良いのでしょうか？

A 前年の担任や保護者とのやり取りをヒントに！

進級児の場合は、前年のクラス担任に話を聞いておき、新入園児の場合は、年間指導計画にそって書きますが、入園式やその次の日の様子を見ながら、適宜修正していきます。

書き方の
ヒント

抽象的 → 具体的に書こう！

抽象的	具体的

生活

抽象的
- 園での生活に慣れ、自分でしようとする。
- 後片付けや着替えなど、自分でする子どもが増えてきている。

具体的
- 園での生活の流れが分かってきて、自分でしようとしたり、保育者に促されながらしたりしている。
- 遊んだ後の片付けや支度、汚れていることに自分で気付いて着替えをするなど、進んでしようとする子どもが増えてきている。

人との関わり

抽象的
- 保育者に親しみ、一緒に遊んでいる。困ったことがあると伝えている。
- 友達と一緒に遊びを楽しんでいる。

具体的
- 保育者に親しみをもち、話し掛けたり一緒に遊んだりすることを喜んでいる。困ったことを言葉や表情などで伝えている。
- 友達と一緒に、簡単なルールのある遊びやかけっこなどで思い切り体を動かすことを楽しんでいる。

遊びへの取り組み

抽象的
- 友達と一緒に遊んでいると、トラブルになることもある。
- 秋の自然にふれて遊ぶ異年齢児の姿をまねたりしている。

具体的
- 友達と同じ場で遊ぶことを喜んでいる一方で、遊具の取り合いになり、トラブルになることもある。
- 落ち葉を集めて焼きイモごっこをしたり、イモのツルで遊ぶ4・5歳児の姿を見てまねたりしている。ドングリや落ち葉を集めて遊ぶことを楽しんでいる。

ねらい

立案の
ポイント

どのような育ちを期待する？

「子どもの姿」の中から分かる育ちつつあるもの（こと）を踏まえて、そこに保育者が育てたいもの（こと）を加え、ねらいとして記載します。月の計画、週の計画、日の計画となるにつれ、具体性がより増していきます。

➡ P.10のマンガへ

 書き方のヒント

保育者の願いもあるけれど、子ども主体の表現で書こう

子どもがどのような思いをもって成長していってほしいか、という方向性を書くため、「〜を楽しむ。」や「〜を感じながら」といった子ども主体の表現を用いるとすっきりするでしょう。

例文

生活 ● 園生活の仕方を知り、保育者に手伝ってもらいながら、自分でやってみようとする。

人との関わり ● 保育者や友達に親しみを感じ、一緒に過ごすことを楽しむ。

遊びへの取り組み ● 身近な自然にふれながら、戸外で遊ぶ心地良さを感じる。

 書き方のヒント

よく使う文末表現

指針、教育・保育要領のねらいの文末表現を特に抜き出しました。参考にしましょう。

3歳以上児

● 〜を味わう。
● 進んで〜しようとする。
● 〜をもって行動する。
● 〜を身につける。
● 〜に興味や関心をもつ。

● 〜を生活に取り入れようとする。
● 〜を豊かにする。
● 〜な感性をもつ。
● 〜を楽しむ。

項目別！ 立案のポイント

内容

立案の
ポイント

ねらいに向かうために必要な経験は？

ねらいに書いた方向性に向けて育っていくためには、子どもがどのような経験を積み重ねていけばよいか、また、保育者が指導することについても書いていきます。子どもの生活の流れに沿って考えましょう。

例えば、人との関わりでは…
自分のしたいことや、
やってほしいことを、
言葉や動作で伝えることを
経験してほしいなぁ。

そうね、それも OK よ。
他にも考えられるかな？

他にも？

そう！ ねらいを達成するための経験は
ひとつではないのよ！
いろいろな経験が、そのねらいに
向かうのよ。

なるほど〜！

ねらいを達成するための
● 保育者が適切に行なう事項
● 保育者が援助して子どもが環境に関わって経験する事項

が内容です。
決して保育者側からの押し付けにならないように、「子どもが自ら関わって」経験できるように考えましょう。

➡ P. 10 のマンガへ

書き方の
ヒント

ねらいひとつに対して、いくつかを思い浮かべて書いてみよう

ねらいに対して、それを達成するための経験はひとつとは限らないため、複数の内容が出てくることもあります。

例文

生活
● 身支度、排せつ、着脱など身の回りのことを、保育者と一緒に行なう。
● 遊具の使い方や片付け方などの園内の約束事を知る。

人との関わり
● 保育者や友達がしている遊びに興味をもち、同じ場で遊んだり、まねようとしたりする。
● 保育者や友達と一緒に手遊びをしたり、体を動かしたりする。

遊びへの取り組み
● 戸外で保育者と体を動かして遊ぶ。
● 夏野菜の苗を植えたり、夏に咲く花の種をまいたりする。

ねらい

どの道を
行こうかな…

書き方の
ヒント

よく使う文末表現

指針、教育・保育要領の内容の文末表現を抜き出しました。参考にしましょう。

３歳以上児

● 行動する。
● 遊ぶ。
● 取り組む。
● 楽しむ。
● 身に着(付)ける。
● 自分でする。

● 進んで行なう。
● 味わう。
● 〜しようとする気持ちをもつ。
● 共感し合う。
● 気付く。

● 親しみをもつ。
● 表現する。
● 尋ねたりする。
● 話す。

環境の構成

立案の
ポイント

しぜんと関わっていけるように

前月の子どもの姿から、今月のねらいや内容と関連する子どもたちの活動を予想してみましょう。そこから、それぞれの活動について、「ひと」や「もの」、「ば」をどのように構成していけば、子どもたちの主体的な活動を引き出していくことができるのかを様々にシミュレーションしていきます。

このねらいと内容を達成するために、何を準備すればいいのでしょうか？

準備…

環境づくりは、ねらいに基づいた遊具や用具をはじめとした「もの」はもちろん、私たち保育者の「ひと」、そして、空間や雰囲気といった「ば」も大事な要素なのですよ。

この3つの視点で書いていきましょう。

保育者自身も「環境」のひとつなのですね。

ひと・もの・ば

→ P.12のマンガへ

 書き方のヒント

「ひと」「もの」「ば」と子どもの興味や関心から書いてみよう

三つの視点からみましょう。

ひと … 人的環境

保育者や友達など、「ひと」の立ち位置をどうするか？

　各時期の遊びに取り組む姿や、保育者との関係などが環境の構成に関わってきます。子ども自らが遊びだせるのであれば、保育者の立ち位置は少し離れた所になります。しかし、子どもが主体的に活動するためのモデルや誘い掛けが必要であれば、保育者は環境の要因となりますから、子どもたちからよく見える所に立ちます。また友達のおもしろそうな遊びの姿も環境の要因となり広がっていきます。

気になる
こんな
Q&A

Q　初めに立てた環境と子どもの姿がずれてしまったらどうしたら良いでしょうか。

A　子どもに寄り添って環境を再構成する。

活動の途中で子どもの興味や関心が変わったり、夢中になって関わり、物が足りなくなったりすることがあります。柔軟の捉え、必要に応じて物の補充を行なったり、コーナーをつくっている場合はその内容を変更したりするなど、子どもの実現したいことに寄り添いながら再構成しましょう。また、子ども自身で環境を発展させていけるようにしておくことが大切です。

もの … 物的環境

遊具や素材などの「もの」は何が今の発達に合っているか？

　ねらいに向けて子どもの活動が発展するために必要な「もの」は何ですか？　また、どのくらい必要ですか。更に、どこに置いておくと、子ども自らが選択して使うことができるでしょうか。同じ「もの」でも、大きさや材質、また置き方などによっても、子どもの活動は変化していくことに留意します。

ば … 空間・雰囲気

時間や空間などの「ば」はどのように構成するか？

　予想されるそれぞれの活動は、どのような場の雰囲気があると発展するでしょうか。活動に参加してくる子どもの人数や、遊び方、遊びや生活の動線によって、広さや場所が異なります。場の構成では、隣接する遊びとの関係にも配慮します。日頃からの子どもたちの遊びの観察がヒントです。また時間の設定によって、ゆったりとした雰囲気を楽しむ要因となります。

例文

生活

● 身の回りのことを自分でしようとする気持ちを受け止めながら、手伝ったりやり方を知らせたりする。「自分でできた」ことを十分に認め、安心感や満足感をもてるようにする。【ひと】【援助】

● 5歳児に場や遊具の使い方を教えてもらいながら園探検をし、園への安心感や興味をもったり、約束事を知ったりできるようにする。【ひと】【ば】

人との関わり

● 友達や友達の遊びに興味をもてるように、同じ場で遊んでいる中で仲立ちをし、一人ひとりの名前を呼ぶ機会をもつ。【ひと】【ば】

● 遊具や順番の取り合い、思いが通らないことなどから起きるトラブルでは、子どもの思いを丁寧に受け止め、友達の思いを伝え、関わり方を知らせていく。【ひと】【援助】

遊びへの取り組み

● 保育者が一緒に、体を動かして遊んだり、飼育物や身近な草花、虫を見たり触ったりする中で、戸外で遊ぶ楽しさや興味をもったことに共感していく。【援助】【もの】

● 夏野菜の苗や花の種まきを子どもと一緒にし、土に触れたり水やりをしたりしながら、生長に興味をもてるようにする。【もの】【ひと】

援助

立案の
ポイント

受容的、応答的な関わりを心掛けよう

保育者の援助には、子どもがねらいの方向に向かうために、保育者がどのように関わっていけば良いかを記載します。

➡ P.14 のマンガへ

 書き方の
ヒント

具体的にどのような場面で、どのように関わるかを書こう

子どもが自分からやってみようと思えるようにするために、見守ったり、受け止めたり、思いに応えたりする受容と応答の関わりが基本となります。また子どもの遊びが行き詰まるなどしたときには、子どもと一緒に考えたり、共に試行錯誤したりする保育者（共同作業者）としての関わりも必要でしょう。

例文		
生活	● 身の回りのことを自分でしようとする気持ちを受け止めながら、手伝ったりやり方を知らせたりする。「自分でできた」ことを十分に認め、安心感や満足感をもてるようにする。	
人との関わり	● 遊具や順番の取り合い、思いが通らないことなどから起きるトラブルでは、子どもの思いを丁寧に受け止め、友達の思いを伝え、関わり方を知らせていく。	
遊びへの取り組み	● 保育者が一緒に、体を動かして遊んだり、飼育物や身近な草花、虫を見たり触ったりする中で、戸外で遊ぶ楽しさや興味をもったことに共感していく。	

Q 援助と指導の違いは?

A 環境を通して行なう教育のほとんどは「援助」

　環境を通して行なう教育では、子どもが環境に関わって生み出す活動を通して指導を行なっていくので、指導のほとんどが「援助」となります。保育者から子どもに直接に働き掛ける指導の場面は少なく、ねらいを環境に込めて行なう間接的な指導が行なわれています。

Q 人的環境と援助の違いは?

A 保育者が援助する姿が人的環境となる

　人的環境の中で、保育者は大きな環境の要因です。「保育の中で、保育者が様々に援助している姿」が、子どもの活動に意味をもつ人的環境となっていくのです。人的環境には、友達や園長先生や給食の調理員の方々、地域の方々などの様々な人々が、子どもの活動に意味をもつ環境の要因となる可能性があります。

 書き方のヒント

援助の手立てと文末表現のヒント

	援助の内容	子どもの心に育つもの	文章表現
心のよりどころ	● 温かなまなざし ● 困っていることを察して動く	● 人とつながる安心感 ● 保育者との信頼関係を築く	例 ● 思いが言葉にならないことに配慮して、その気持ちを受け止める
よき理解者	● 心の動きに寄り添う ● 言葉にできない思いを言葉にして知らせていく	● 自分の思いを素直に表現する喜びや充実感を味わう	例 ● ～の気持ち受け止めていく
憧れのモデル	● 少し大げさに、或いはゆっくり動きながら、遊び方ややり方を伝えていく	● 喜んでいろいろな活動を楽しむようになる	例 ● 保育者の動きをまねながら遊び方を知っていけるようにする
共同作業者	● 一緒に行動しながら、そのおもしろさを伝える ● 子どもが楽しんでいることを理解する	● 共感が生まれ、心が豊かになる ● 活動への意欲をもつ	例 ● 一緒に行動しながら遊びの楽しさを感じ、遊びへの意欲をもたせていく
必要な援助	● 考えるヒントを提供する	● やり遂げることの喜びを味わう	例 ● できないところを援助し、やり遂げようとする気持ちをもたせていく

反省・評価

子どもの育ちと自らの振り返りから考えよう

反省・評価には、子どもがどのように育ったかの評価と、自らの保育の振り返りの両面があります。

書き方のヒント

ねらいに立ち戻って考えてみよう

子どもの育ちは、一人ひとりが計画を立てる前と保育をした後、どのような良さを発揮してどのように育ったかを見る「個人内評価」が基本です。また、保育の振り返りは、自分の立てた計画（特にねらい）が目の前の子どもの興味や関心に沿っていたか、発達の流れに合っていたかなどを見ながら、ねらいに立ち戻って考え、次の計画を立てる際、より良くなるように努めます。

書き方の
ヒント

次の保育に
生かそう

子どもの姿から指導計画を立てて保育を行ない、それを反省し、また子どもの姿と発達の道筋からねらいを立てていく、というサイクルを繰り返し行ないます。保育の計画や記録は、次の日、週、月、年の計画に反映されて、ますます子どもの姿に沿った保育を行なっていけるようになります。

書き方の
ヒント

保育者間で
共有しよう

保育者間でも振り返りを行なってみましょう。そうすることで、互いの理解と協働性が強まります。その保育の見通しが、日々の指導計画の見直し、ひいては全体的な計画の改善へとつながります。

	ねらい	例文	反省・評価のポイント
生活	● 身の回りのことを自分でしようとする気持ちを受け止めながら手伝ったりやり方を知らせたりする。「自分でできた」ことを十分に認め、安心感や満足感をもてるようにする。	→	● 身の回りのことを自分なりに、やってみようとしていたか。
人との関わり	● 遊具や順番の取り合い、思いが通らないことなどから起きるトラブルでは、子どもの思いを丁寧に受け止め、友達の思いを伝え、関わり方を知らせていく。	→	● 好きな遊びを見つけたり、保育者や友達に親しみを感じながら遊んだりできるような援助や環境構成ができたか。
遊びへの取り組み	● 保育者が一緒に、体を動かして遊んだり、飼育物や身近な草花、虫を見たり触ったりする中で、戸外で遊ぶ楽しさや興味をもったことに共感していく。	→	● 身近な自然にふれ、戸外で遊ぶ心地良さを感じられたか。 ※上記のようにねらいに沿ったポイントを押さえて、反省・評価を具体的に書いていきましょう。

健康・食育・安全

その月の大切なことを具体的に書く

それぞれの園の年間の計画を基に、その年齢・その月において特に大切なことを書きます。

書き方のヒント

季節の変わり目には衣服の調整を意識することや、旬の食材にふれることなどがあげられるでしょう。というように、健康・食育・安全それぞれに配慮することを具体的に思い浮かべながら書いていきます。

例文

- 保育時間が長くなることで疲れも出やすくなるので、体調を見ながらゆったりと過ごす時間を設けていく。
- 保育者や友達と食事をする楽しさを感じられるように環境の工夫をする。
- 場に慣れてきて行動範囲や動きが広がることから、保育者間の連携を密にし、安全に配慮する。

長時間保育

心身の疲れや午前中の保育との関連に留意

預かり保育や早朝・延長保育など、園で長時間にわたって保育を受ける子どものために考えます。

書き方のヒント

基本的には、午前中の保育で疲れた心と体を休め、切り替えていけるように、家庭的な雰囲気でゆったりと過ごすことを中心に書いていきましょう。

例文

- 安心して遊びを見つけて楽しめるように、ブロックや塗り絵など、親しみのある遊具を十分な数を用意する。

保育者等のチームワーク

様々な職種とのチームワークを心掛けて

クラス担任だけでなく、様々な職種との連携を取るために大切にしたいことを記載します。

書き方のヒント

クラス担任間、預かり保育担当、特別支援担当、早朝保育や延長保育の担当、看護師や栄養士など、いろいろな立場の人が子どもに関わって行なわれる保育が、スムーズにできるよう、チームワークがうまく働くようにしていきましょう。

例文

● 園や保育者に親しみをもって関われるように、子どもたちの遊びや様子の情報共有を図り、声を掛けたり見守ったりする。

家庭・地域との連携

保護者に伝えることと、地域の子育て支援の拠点であることを考えて

保護者に伝える園で行なっていることや、地域の子育て支援の拠点として家庭や地域との連携で特に留意することを記載します。

書き方のヒント

家庭への連絡や図書館や公園などの地域環境を生かすこと、地域の老人会など人と関わることなど、幅広く考えましょう。

例文

● 連休明けは、保護者から離れることを渋る姿が見られることもある。家庭での過ごし方を聞き援助に生かしたり、園で遊んでいる様子を伝えたりするなど、家庭との連携を密に取り、保護者も安心できるようにする。

指導計画作成の流れ

指導計画は、子どもたちの実態を把握し、発達と保育内容を見通して、『幼稚園教育要領』『保育所保育指針』『幼保連携型認定こども園教育・保育要領』に寄り添いながら、それぞれに計画を立案します。

指導計画ってなぜ必要？

指導計画とは、保育が行き当たりばったりにならないようにするためのものです。ざっくりとした計画を偶然に任せるような保育では、子どもが育つために必要な経験を得る機会を保障していくことはできません。しかし反対に、育てたい思いだけを書き込んだとしても、子どもの主体的な活動を確保できる訳でもありません。

一人ひとりの発達を保障する園生活をつくり出し、またそれが子どもの視点に立ったものであることを意識するために、指導計画は必要なのです。

カリキュラム・マネジメントって？

カリキュラム・マネジメントとは、計画を作り、それを基に保育を行ない、その後評価していく中で、保育の改善を重ねていく一連のサイクルのことです。

園で目指す子どもたちの育ちに向けて、教職員全体で組織的に行なう必要があります。

園全体で作る計画はもちろん、日々の月の計画・週の計画にも関わってくることです。作った計画が実情に合っていたかどうか評価し、常に改善していくことは、園の保育の質の向上とともに、保育者の専門性の向上につながります。

全体的な計画とは

全体的な計画は、子どもが園に在籍している期間の全体にわたって、保育の目標を達成するためにどのような道筋をたどり、保育を進めていくかを示すものです。発達過程に沿い、それぞれの時期の生活や遊びで、子どもがしていく経験と、その際の援助を明らかにすることを目的とし、園全体で作成します。

各施設での仕組み

年の計画、月の計画、週の計画など作成する指導計画は全て、この全体的な計画を基盤として考えていきましょう。

幼稚園

登園してから預かり保育を受けて降園する子どもがいる場合、従来の教育課程だけでは、預かり保育の計画や安全の計画をカバーし切れない面があります。ですから、学校保健計画、学校安全計画、預かり保育の計画などとともに、より関連させて作成する必要があります。

保育園

2018年施行の保育所保育指針で、乳児・1歳以上満3歳未満児にねらい・内容が示され、全年齢に内容の取扱いが示されたことから、改めてこれらを組み入れながら全体的な計画を作成する必要があります。なお、これに基づいて、毎月の指導計画、保健計画、食育計画を立てていきます。

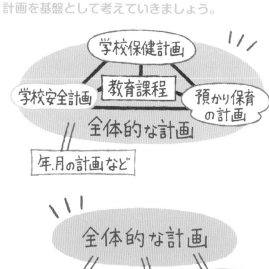

幼保連携型認定こども園

認定こども園は、教育及び保育を行なう学校としての機能と、児童福祉施設としての機能を併せもっており、更に特色として、子育て支援の義務化が挙げられます。そのため、右の図のように、一時預かり事業や延長・夜間・休日保育といった、子育て支援の計画も関連させながら作り上げる必要があります。

各計画とそのつながり

指針　要領

全体的な計画

子どもが園に在籍している期間の全体にわたって、保育の目標を達成するためにどのような道筋をたどり保育を進めていくか、園全体で示します。

年の計画

全体的な計画で考えられる1年間の教育内容を基に、それぞれの時期に必要な子どもの経験を示します。

それぞれの計画は歯車みたいに連動しているんだ！

長期の指導計画

月の計画

その月における子どもの生活の流れを見通して具体的なねらいや内容、環境の構成などを中心に作ります。

1週間の保育記録を読み返し、特によく見られる、またこれまで見られなかった子どもの姿から、「なぜこのような行動を取るのか」「何が育ちつつあるのか」「そのためにどうするのか」などについて検討します。

週の計画

短期の指導計画

それぞれの計画が毎日の保育とつながっているんだね！

日の計画

特に、前日の子どもの姿から、一人ひとりの行動への理解を深め、それを基にその日の子どもの活動の姿を思い描きながら、場のつくり方や必要な遊具・用具、その配置、保育者の関わりなどを最も具体的に記入します。

毎日の保育

よくわかる！指導計画の全体

年の計画

立案のポイント

一年間の子どもの発達や園生活を見通して

『幼稚園教育要領』『保育所保育指針』『幼保連携型認定こども園教育・保育要領』の趣旨を踏まえ、全体的な計画を基に作成します。一年間の発達や生活を見通し、Ⅰ～Ⅳ期に分け、それぞれの発達の時期に育てたいことやどのような保育内容を考えていくかについて明らかにします。月の計画の立案時のよりどころとなる重要なものなので、一年間、折に触れて参考にしましょう。

A 年間目標

園の保育・教育目標に沿って設定します。入園から終了までを見通し、どのような過程を経て目標に向かうことができるのか、子どもの発達の視点から考えることが大切です。

B 子どもの姿と育てたい側面

一年間の園生活の流れを予測し、その中で見せる子どもの姿です。各園において、毎年保育実践を重ねる中で捉えた姿なので、それぞれの時期に育てたい幼児の姿でもあります。

C ねらい

全体的な計画を念頭に置き、この時期に育てたいことを、子どもの実態を踏まえて具体的に示します。

D 指導内容の視点

ねらいを身につけていくために、指導する内容です。総合的に考えていくために、5つの発達の諸側面から捉えます。また、一年間という長いスパンなので、指導の「視点」として大まかに押さえましょう。

E 環境構成・援助の要点

指導内容に沿って、具体的な環境の構成や、必要な保育者の関わりや援助の要点を記入します。

F 保育者の関わり　養護への配慮

指導内容に沿って、必要な保育者の関わりや援助の中で、養護への配慮について記入します。

G ゆったり過ごすために　～園で長時間過ごすための配慮～

心身の疲れへの配慮や午前中の保育との連携などの留意すべき事項を記載します。

H 家庭・地域との連携（幼稚園・保育所・こども園・小学校との連携も含む）

家庭への連携事項も含め、それぞれの時期に連携すべき内容や連携の仕方を記入します。

指導計画とその展開

年の計画の内容を基に、その月の保育の方向を示しています。月の計画、週の計画、日の計画を考えるときのよりどころにしてください。

月の計画にある「幼児の姿」を読み取る視点とリンクするように、〈生活〉〈人との関わり〉〈遊びへの取り組み〉にふれています。3歳児クラスの頃から徐々に、「幼児期の終わりまでに育ってほしい姿」への意識を高めていきましょう。

月 の 計 画

立案の
ポイント

月の中で具体的に
子どもの育ちを考える

年の計画をよりどころとして、その月における子どもの生活の流れを見通して作成するものです。子どもが充実した生活を送ることができるよう、具体的なねらいや内容、環境の構成を考えます。

「ねらい」を身につけるための「幼児の経験する内容」と、それに沿った「具体的な環境の構成と保育者の援助」の三者のつながりに留意し、作成することが大切です。一人ひとりを大切にしながら、集団としての育ちを図りましょう。

※4～7月は園生活の経験差が特に大きいことを配慮し、「保育園・認定こども園」「幼稚園・認定こども園」に分けた計画を、8月以降は共通化した計画を掲載しています。

指導計画から学ぶ ～保育力アップ～
本書では、月の計画の中から、子どもたちの「学びの芽」が強く意識できる部分を特に抜き出してマーカーを引き、解説しています。立案の参考にしてください。

文末のアルファベットは、月の計画と週の計画のねらいの関連を示しています。

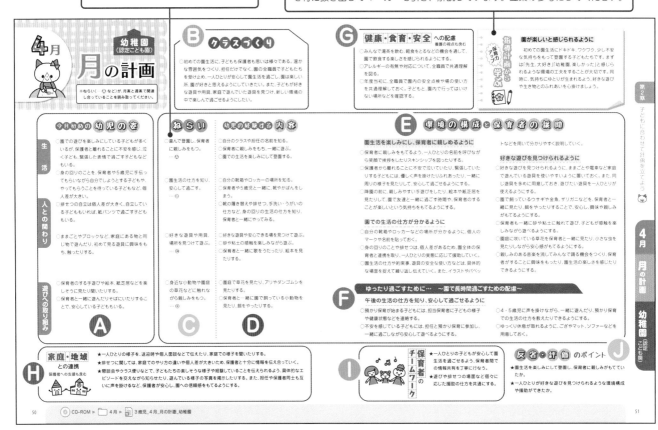

A　前月末（今月初め）の幼児の姿

前月末（今月初め）の子どもの生活する姿の記録を読み返し、これまでには見られない、今の時期に顕著に現れてきた姿を特に捉え、記載します。

クラス全体を見渡し、よく見られる、あるいは共通に見られる姿に絞って取り上げます。特に、子どもの生活への取り組み方、人との関わり方、興味や関心・遊びの傾向などを具体的な3つの視点として重点的にまとめます。

幼児の生活する姿を捉えるポイントとして

幼児の姿を捉える際に、各園で保育者が共通の視点をもつように努めることが大切です。保育は総合的に指導されるものなので、5領域を踏まえますが、教科のように区切ることはしません。いきなり5領域で具体的な姿を読み取ることが難しいからです。本指導計画では、より子どもの姿を具体的に捉えやすい視点として「生活」「人との関わり」「遊びへの取り組み」の3点を挙げています。保育指針や教育・保育要領でも総合的に保育していくことの大切さが示されています。

参考文献：文部科学省『幼稚園教育指導資料第1集・指導計画の作成と保育の展開』
平成25年7月改訂、P.43

B　クラスづくり

クラスが子ども一人ひとりを生かす集団であるためには、保育者の働き掛けが必要です。一年間を見通し、時期に応じて適切な働き掛けをするための視点として今月のクラスがどうなってほしいかを記載します。

C　ねらい

前月末（今月初め）の子どもの姿から、育ちつつあるもの（こと）や保育者が育てたいもの（こと）をねらいとして記載します。

ねらいを設定するには、一人ひとりの興味や関心などに目を向けることが大切です。

ねらいと内容は、園生活における子どもの発達過程を見通した、子どもの生活の連続性、興味や関心、発達の実情などに応じたものにします。

D　幼児の経験する内容

子どもがねらいを身につけていくためには、どのような経験を積み重ねていくことが必要なのか、具体的な子どもの生活に沿って考えます。

子どもが経験する事項は、保育者の指導する事項でもあります。

E　環境の構成と保育者の援助

環境の構成として、子どもが発達に必要な経験をしぜんに積み重ねていくために適切な環境や、具体的に必要な物などを記載します。特に季節などの周囲の環境を取り入れながら、その月のねらいや内容に沿った環境の構成を考えます。

保育者の援助には、子どもがねらいを身につけていくために適切な保育者の援助を記載します。遊びの動線に配慮した空間の構成、遊具や物の吟味や、子どもとどう関わるかなど、子どもが自ら展開できるものについて、具体的に記述します。

※本書の月の計画では、それぞれの環境構成と援助に込める保育者の意図を、視点として小見出しにしています。

F　ゆったり過ごすために　〜園で長時間過ごすための配慮〜

○幼稚園では教育課程時間外の預かり保育など、保育所では開所時間の最大の利用などにより、園で長時間過ごす子どもへのニーズが高まっています。特に心身の疲れへの配慮や午前中の保育との連携などの留意すべき事項を記載します。

○季節や年中行事など、その月ならではの体験を取り入れたり、地域資源を活用したりするなど、地域や家庭での生活を支援することにも配慮します。

○幼稚園・保育所・認定こども園を想定し、「幼保連携型認定こども園教育・保育要領」の総則（※）に基づき、指導計画に位置付けます。

※長時間にわたる保育については、園児の発達の過程、生活リズム及び心身の状態に十分配慮して、保育の内容や方法、職員の協力体制、家庭との連携などを指導計画に位置付けること。

G　健康・食育・安全への配慮　（養護の視点も含む）

要領、指針、教育・保育要領に、健康・食育・安全に関する内容が書かれていることを受けて、養護の視点も含みながら、当月配慮することを具体的に記載します。

H　家庭・地域との連携　（保護者への支援も含む）

保護者の幼児期の教育に関する理解を深めることと、小学校教育との円滑な接続のための連携を目的とします。その月の園生活を考えるにあたって、家庭や地域との連携で特に留意することを記載します。この欄は、家庭への連絡から地域環境を生かすことまで、幅広く考えています。特に、家庭との連携については、家庭で自信をもって子育てができるための支援について具体的に書きます。

I　保育者のチームワーク

クラス担任間、預かり保育担当、特別支援担当、早朝保育や延長保育の担当、看護師や栄養士など、様々な保育者が子どもに関わります。チームワークとして大切にしたいことを記載します。

J　反省・評価のポイント

指導計画の改善を図ることが目的です。その月の反省・評価の観点を記載しています。保育の評価は、指導の過程の全体に対して行なわれるものであり、「子どもの発達の理解」と「保育者の指導の改善」の両面から行なうことが大切です。

週の計画

一週間の保育記録を読み返して

月の計画を基に、前週のねらい、内容、環境の構成、保育者の援助のそれぞれについて反省・評価することが、週の計画を作成するスタートです。

一週間の保育記録を読み返し、心に残る子どもの姿から、「なぜこのような行動を取るのか」「何が育ちつつあるのか」「そのためにどうするのか」などについて検討し、ねらい、内容、環境の構成、保育者の援助を考えます。

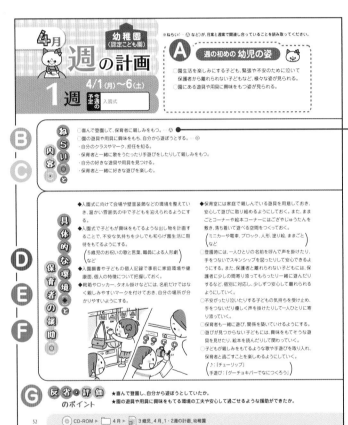

※4～7月は園生活の経験差が特に大きいことを配慮し、「保育園・認定こども園」「幼稚園・認定こども園」に分けた計画を、8月以降は共通化した計画を掲載しています。
※月により5週分を4週分に分けている場合があります。

ねらいの文末のアルファベットは、月の計画と週の計画のねらいの関連を示しています。

Ⓐ 前週（週の初め）の幼児の姿

前週（週の初め）の生活について記録を参考にしながら振り返り、特に心に残る幾つかの出来事から、子どもの思いや経験していることを捉えて記載します。

Ⓑ ねらい

前週の幼児の姿から、子どもの中に育てたいことを「ねらい」とします。ねらいは様々な経験を積み重ね、次第に身につくものなので、同じようなねらいが何週間か続くこともあります。

前週の週の計画を反省・評価し、週のねらいと照らし合わせ、その週のねらいを設定することが大切です。

Ⓒ 内容

週のねらいを身につけるために、子どもがどのような経験をすればよいのか、前週の子どもの活動を思い浮かべながら、具体的に記載します。子どもが経験する事項は、保育者の指導する事項でもあります。

Ⓓ 具体的な環境

その週のねらいを子どもが身につけていくためには、あらかじめどのような環境が用意されれば良いのか、前週の子どもの活動に沿って具体的に考えます。子どもの興味や関心、遊びの動線が手掛かりとなります。

Ⓔ 保育者の援助

子どもがねらいを身につけていくために活動する中で必要な保育者の援助を記載します。

Ⓕ 予想される幼児の活動

あらかじめ用意された環境に関わって生み出される子どもの活動を予想して記載します。

Ⓖ 反省・評価のポイント

その週の反省・評価の観点を記載します。具体的な指導に対する子どもの姿を捉えることが、次のよりよい指導を生み出すことを踏まえ、指導と発達の姿の両面から考慮した主なポイントを示します。

よくわかる！指導計画の全体

日の計画

立案のポイント

昨日から今日、明日へ、生活の流れを捉えて

週の計画から更に掘り下げて、「昨日から今日へ」「今日から明日へ」の生活の流れを見通して作成します。

特に、前日の子どもの姿から、一人ひとりの行動の理解を深め、その日の子どもの活動の姿を思い描きながら、場のつくり方や必要な遊具・用具、その配置、保育者の関わりなどを具体的に記入します。

※4〜7月は園生活の経験差が特に大きいことを配慮し、4・6月は「幼稚園・認定こども園」、5・7月は「保育園・認定こども園」の計画を、8月以降は共通化した計画を掲載しています。

Ⓐ ねらい

前日の姿から、子どもの中に育てたいことを「ねらい」とします。ねらいは様々な経験を積み重ね、次第に身につくものなので、同じようなねらいが何日間か続くこともあります。

前日の日の計画を反省・評価し、日のねらいと照らし合わせ、その日のねらいを設定することが大切です。

Ⓑ 内容

日のねらいを身につけるために、子どもがどのような経験をすればよいのか、前日の子どもの活動を思い浮かべながら、具体的に記載します。子どもが経験する事項は、保育者の指導する事項でもあります。

Ⓒ 環境を構成するポイント

その日のねらいを子どもが身につけていくためには、あらかじめどのような環境が用意されれば良いのか、前日の子どもの活動に沿って具体的に考えます。子どもの興味や関心、遊びの動線が手掛かりとなります。

Ⓓ 予想される幼児の活動

あらかじめ用意された環境に関わって生み出される子どもの活動を予想して記載します。

Ⓔ 保育者の援助

子どもがねらいを身につけていくために活動する中で必要な保育者の援助を記載します。

Ⓕ 反省・評価のポイント

その日の反省・評価の観点を記載します。具体的な指導に対する子どもの姿を捉えることが、次のよりよい指導を生み出すことを踏まえ、指導と発達の姿の両面から考慮した主なポイントを示します。

その他の保育に関わる 様々な計画

立案のポイント

園生活全体を捉えて

全職員で共通理解をもったり、家庭や地域と協力したりしながら立案します。

施設の安全管理

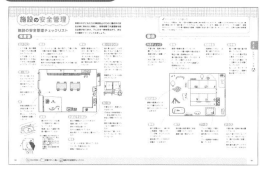

保育中の事故防止を目的に、保育室内外の安全点検が求められます。全職員で共通理解をもつためにも、特に気を付けておきたい項目について、チェックリストを作成しておくことは有効です。

健康支援

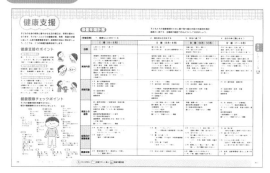

一人ひとりの子どもの健康の保持及び増進に努めるために、日々の健康観察や、保健活動、家庭と連携して行なう内容についても、把握しておくようにしましょう。

避難訓練

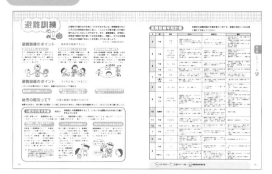

火災や地震などの災害発生に備えて、園全体で避難訓練を実感したり、職員の役割分担について把握したりすることで、「災害時に取るべき行動を知り、身につける」ことをねらいに進めましょう。

食育

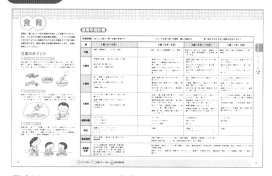

子どもにふさわしい食生活を展開できるように、食育に関する計画を立てて取り組みましょう。

子育て支援

通園する子どもの保護者に対する支援だけでなく、地域での子育て支援の拠点としても、園の役割があります。

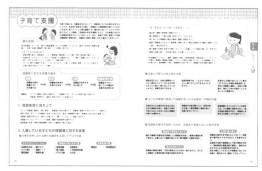

指導計画 作成のヒント
書き方のコツ

指導計画を書くうえで、押さえておきたい実践的な書き方のルールから、より書きやすくなるためのヒントまで、全体にわたって活用できる6つの項目をご紹介します。

❶ 子ども主体で書く

「させる」という表現を使うと、保育者主導で従わせる保育のニュアンスが強まってしまいます。子どもが自ら環境に関わって保育をするためにも、子ども目線の文章を心掛けましょう。

ねらい
×身近な自然にふれさせながら、戸外で遊ぶ心地良さを感じさせる。➡
○身近な自然にふれながら、戸外で遊ぶ心地良さを感じる。

❷ 現在形で書く

指導計画はその時期の子どもの姿をイメージして書くものです。ですが、すべて現在形で書くようにします。

内容
×園庭の草花や虫を見たり触ったりするだろう。
➡
○園庭の草花や虫を見たり触ったりする。

❸ 子どもを肯定的に捉える

子どもの姿を捉えるとき、「〜できない」とばかり書くのではなく、「〜はできるようになってきた」など、プラス視点で捉えることを心掛けましょう。子どもがどこまでできるようになってきたかを見る目も養えます。

子どもの姿
×身の回りのことを一人でできない。➡
○身の回りのことを保育者に手伝ってもらいながら、取り組んでいる。

❹ 目に浮かぶように書く

保育を進めるためにはある程度の具体性が必要です。子どもの姿を見極めてもう少し詳しく書くことで、子どもの姿を書きやすく、ねらいを立てやすく、援助を考えやすくなります。

子どもの姿
×春の自然にふれたり、運動したりして遊んでいる。➡
○花摘みや虫探しなど春の自然にふれたり、戸外で体を動かしたりして遊んでいる。

❺ 前の月の計画を参照する

前の月の計画は子どもの育ちを知るための重要な手掛かりです。発達の連続性を踏まえて、子どもの育ちにつなげましょう。

❻ より大きな計画を参照する

全体的な計画や年の計画など、より長期で子どもの姿を捉えた計画を参照し、月の計画に下ろしていくことが大切です。

全体的な計画
↓
年の計画
↓
月の計画

0〜5歳児の発達を見通す目安

	0歳児	1歳児	2歳児
発達の過程	特定の保育者との愛着関係が形成され、寝返りやお座りができるように。周囲の環境に自発的に興味を示し、手を伸ばして触り、口に持っていくようになる。また、自分の気持ちを表情や喃語（なんご）などで表現する。	一人で歩き始め、自分から周囲の環境を積極的に探索する。親しい保育者には簡単な言葉で要求や思いを表現するが、知らない人に対しては、人見知りもする。また、物を見立てて楽しむようになる。	手指や体の運動機能が向上し、生活習慣に自ら取り組もうとする。自我の芽生えや言葉の発達に伴い、自己主張も強くなり、友達と物の取り合いが多くなる。また、好きなヒーローなどになり切る遊びが盛んになる。

子どもの姿

0歳児

健やかに伸び伸びと育つ

ごくごく飲んでぐっすり眠る
生活リズムが大切にされることで、生理的欲求、依存的欲求が満たされ、生命の保持と生活の安定が図られます。清潔で気持ちの良い生活をします。

抱っこ大好き
抱っこでにっこりと見つめ合ったり、笑顔を交わしたり、優しく話し掛けてもらったりなど、特定の保育者との愛情豊かで応答的な関わりにより、情緒が安定します。

身近な人と気持ちが通じ合う

手足ぐんぐん・のびのび
首が据わり、寝返り、腹ばい、ハイハイ、伝い歩きなど、全身の動きが活発になり、自分の意思で体を動かそうとします。

なんでも口で試してみたい
オッパイを吸って、たっぷり口唇の力を使います。気になる物があると、すぐに口元へ持っていき、口の中で感触を確かめ、試してみようとします。

ねえ、ねえ、こっち見て・喃語
泣く、笑う、喃語を発するなどで、自分の欲求を表現して、特定の大人と関わろうとするようになります。

身近なものと関わり感性が育つ

おんも（お外）、大好き!
安心できる人的・物的環境の下で、見たり触ったりする機会を通して、周りの環境に対する興味や好奇心が芽生えてきます。

先生がいるから遊べるよ
保育者に見守られて、玩具や身の回りの物で一人遊びを十分に楽しむようになります。

1歳児

健康

わーい、歩けた
一人立ち、歩行へと移っていきます。体全体を動かし、移動を楽しむようになります。子どもの視野が広がり、好奇心が旺盛になります。

おいしく食べて、よく眠り
楽しい雰囲気の中で、食事、間食をとるようになり、自分で食事をしようとするようになります。安全で健康な環境の中、生活リズムが大切にされ、安心して睡眠をとります。

人間関係

自分で、自分で
安心できる保育者との関係の下、食事、排せつ、衣服の着脱などの身の回りのことを通して自分でしようとし、「自分にもできる」という気持ちが芽生えます。

いつも一緒にいたいの
親しい大人、安心できる人と一緒にいたいと思い、人見知りもするようになります。親しい大人を確かめながら、様々に探索します。

環境

登りたい、滑りたい
段差を登ったり、乳児用滑り台を滑ったりすることを楽しみます。自分からいろいろな環境に関わろうとするようになります。

何でも見たい触りたい
手先・指を使って、物のやり取りをしたり、玩具を触ったり、紙を破いたり、穴に小石を落としたりなど、探索活動が活発になります。

言葉

「マンマ」「マンマ」片言でお話
応答的な大人との関わりにより、指さし、身振り、片言などを使って、自分の気持ちを伝えようとするようになります。

表現

これなあに?
言語の理解が進みます。「なに?」と聞いたり、指さしをしたりして、物の名前を知りたがるようになります。

2歳児

いっぱい走りたい!
歩く・走る・跳ぶなどの基本的な運動機能が整い始め、体を自分の思うように動かすことができるようになります。速い・遅い・強い・弱いなどの動きもできるようになってきます。

よいしょ よいしょ 楽しいね
またぐ・くぐる・よじ登る・押すなど、全身を使う動きや、つまむ・丸める・めくるなどの手や指を使う動きができるようになり、それを遊びとして楽しむことができるようになります。

なんでも「ジブンデ」するの
大人に手助けされながら、食事・排せつ・着脱など、簡単な身の回りのことを自分でしようとします。「ジブンデ」と、よく言うようになります。

イヤダイヤダ
何でも意欲的にやろうとしますが、うまくいかないときは、癇癪（かんしゃく）を起こしたり、「イヤ」と自己主張をしたりします。保育者との関係を中心にするのではなく、一人で行動しようとし、自我がはっきりしてきます。

いろんなものと関わりたい
行動範囲が広がり、友達との関わりを少しずつ求めるようになります。興味を惹かれるものがあると、ますます探究心を発揮します。

「なんで?」
挨拶や返事など、生活に必要な言葉を使ったり、「なんで?」などの質問が盛んに出てきたりします。繰り返しのある言葉を喜んだりもします。

何でも言えるよ
自分のしたいこと、してほしいことを言葉で表現できるようになってきます。また、「おはよう」「いただきます」などの簡単な日常の挨拶をしようとします。

まねっこ、大好き
周りの人の行動に興味を示し、盛んにまねたり、歌ったりするようになります。○○になったつもりの遊び・見立てる遊びが盛んになります。

子どもたちの6年間の発達していく姿を見通す目と、
子どもたちの今の姿を読み取る目をもち、指導計画を
立てていきましょう。

※発達には個人差があります。
※指導計画を理解するときの基盤としてください。

3歳児

生活習慣が次第に自立に向かう。気の合う友達と一緒の遊びが盛んになり、ごっこ遊びを楽しむようになる。また、言葉への関心が強くなり、新しい言葉や直接体験を通した知識を積極的に取り入れていく。

全身を使って おもしろーい
土踏まずが形成され、たくさん歩いたり走ったりできるようになります。また、右足だけで立つなど、左右別々の行動ができ始めます。

見て見て 自分で…
食事、排せつ、衣服の着脱、清潔など、基本的生活習慣がほぼ自分でできるようになり、認めてもらって自信をもち始めます。

そばにいるだけで楽しい
子ども同士の関わりが楽しくなり、みんなのそばにいて同じことをしているだけでうれしさを感じます。保育者に見守られている安心感が基盤となります。

お友達大好き
自我が芽生え、大人との関係から次第に周りの人のことが分かるようになって、友達に興味をもち始め、気の合う友達と遊びだします。

みんなと「おんなじ」がおもしろい
友達とイメージを共有して同じ遊びをするようになり、仲間意識が高まります。みんなと「同じ」がうれしく、一緒に遊ぶ中で、少しずつ、分け合ったり順番を守ったりすることができるようになってきます。

何でも触って…
水、砂、土などの自然物や、身近な動物、昆虫などに関心をもち、怖がらずに見たり、触れたりして、好奇心いっぱいに遊びます。

おしゃべり大好き
自分の思いを言葉にできることを楽しむ姿が見られます。また、「だって…」と理由を主張することもできるようになります。

「わたし」「あなた」
イメージが豊かになり、ごっこを好み、言葉によるやり取りを楽しむ中で「わたし」などの一人称や、「あなた」などの二人称を使えるようになって喜んで遊びます。

ウサギさん ぴょーん
ウサギになって2拍子で跳んだり、ギャロップでウマになったり、リズムを聞き分けて身体表現をしたり、盛んに歌うようになったりします。スキップに挑戦し始める子どももいます。

4歳児

幾つかの動きを同時にでき、思い切り走る、ボールを蹴る、回転するなどの動きに挑戦するようになる。友達に言葉で気持ちや意思を伝え、一緒に遊びを進める。また、様々な表現を楽しめるようになる。

何でも一人でするよ
身の回りの始末はほとんど自分でできるようになり、生活の流れに見通しがもてます。

こんなに動けるよ
全身のバランスが取れて、体の動きが巧みになり「〜しながら〜する」という二つの動きを同時にでき、片足跳びやスキップができます。

仲間と一緒が楽しい
自意識がしっかりし、自分と他人の区別もはっきりしてきます。人や物をじっくり見たり、強い関心をもって関わったりして活動が広がります。とにかく仲間と一緒にいることが楽しく、やがて仲間との関わり方、遊び方を体得していきます。

どうぞ、いいよ…
友達の思いに気付き「〜だけど〜する」という自分の気持ちを押さえて我慢したり、譲ったりができるようになってくる反面、抑えがきかずトラブルも起きます。

やってみたい!
新しい活動にも取り組めるようになり、試す・工夫する・頑張ろうとするなどの気持ちが見られるようになります。

生き物や植物にも心があるよ
鳥や虫、花にも目には見えないけれど、心があると思い、子どもらしい空想力や想像力を広げていきます。そのため、お化けや夢、暗闇に恐れも強くなります。

「どうして?」
身近な自然など、興味をもったこと、疑問に思ったことの理由を尋ねたり、試したりするようになり、自分のイメージをもって話すようになります。

言葉で何でも伝えたい
周りの様々なことに関心が高まり、他人の判断や行動と自分の考えとの相違に気付き、盛んに保育者に伝えてきます。言葉に出して、伝えることが満足で、聞いてもらっただけで安心感を味わいます。

こんなのできたよ
自分なりのイメージをもって、身近な素材を使って、描いたり作ったりするようになり、感じたこと、考えたことを表せるようになります。

できない! 教えて!
どうしてもできないことは「やって!」と言ってきます。保育者のやることをじっと見て学んでいき、やがて保育者がしたような方法で物や人との関わりを表していきます。

5歳児

基本的な運動や生活習慣が身につき、生活や遊びを仲間と協調的に進めていくことができる。友達と協同的な集団活動を展開できるようになり、自分の思いを言葉や様々な方法で表現できるようになる。

園が楽しい!
基本的生活習慣が自立し、見通しをもって自ら健康で安全な生活（食事を含む）を楽しむようになります。年長児として、年下の子どもをいたわるようになります。

動いて、元気! 先生より跳べるよ!
目と手と体の全ての部位が自由に動かせるようになり、複合応用運動ができます。

みんなと一緒に!
友達同士の仲間意識ができ、集団を意識するとともに友達の良さに気付きます。また、規範意識が高まり、決まりや時間配分をつくり、園生活を自主的に送ろうとします。

そうだ そうだ 分かるよ
友達の気持ちや立場が理解でき、他者から見た自分も分かるようになり、葛藤しながら共感性が高まって、協同しつつ、共通の目的に向かう姿が見られます。

なにか おもしろそうだな
日常生活の中で、数量、図形、記号、文字、磁石などへの理解が深まり、比べたり、数えたり、科学遊びをしたりして興味をもって関わります。

みんな命があるんだね
動植物の飼育栽培など、様々な環境に関わる中で、友達の違う考えにふれて新しい考えを生み出したり、命の大切さが分かったりするようになります。

黙って考えてるの
独り言が少なくなり、自分の行為、計画を頭の中で思考するようになり、言葉で自分をコントロールするようになります。落ち着いて人の話が聞けるようになります。

言葉遊びができるよ
語彙（ごい）が増え、想像力が豊かになるとともに、日本語の仕組みに気付き、しりとり遊びや逆さ言葉で遊んだり、伝える喜びを感じたりするようになります。

自分で作ったよ
生活の中での感動によりイメージを膨らませたり、友達の表現にふれたりして、自己表現をしようとするようになります。

みんなで作ったよ
友達と共通のイメージや目的意識をもって、素材や用具を適切に使い、協同で様々な表現をするようになります。

健康な心と体
自立心
協同性
道徳性・規範意識の芽生え
社会生活との関わり
思考力の芽生え
自然との関わり・生命尊重
数量や図形、標識や文字などへの関心・感覚
言葉による伝え合い
豊かな感性と表現

要領、指針、教育・保育要領から ねらい・内容をチェック！

幼稚園教育要領と、保育所保育指針と幼保連携型認定こども園教育・保育要領の（満）3歳以上児の保育に関するねらい及び内容は、ほぼ共通の表現です。じっくり読んで、指導計画に生かしましょう。

（満）3歳以上児

ア 健康

健康な心と体を育て、自ら健康で安全な生活をつくり出す力を養う。

（ア）ねらい

① 明るく伸び伸びと行動し、充実感を味わう。

② 自分の体を十分に動かし、進んで運動しようとする。

③ 健康、安全な生活に必要な習慣や態度を身に付け、見通しをもって行動する。

（イ）内容

① （先生／保育士等／保育教諭等）や友達と触れ合い、安定感をもって行動する。

② いろいろな遊びの中で十分に体を動かす。

③ 進んで戸外で遊ぶ。

④ 様々な活動に親しみ、楽しんで取り組む。

⑤ （先生／保育士等／保育教諭等）や友達と食べることを楽しみ、食べ物への興味や関心をもつ。

⑥ 健康な生活のリズムを身に付ける。

⑦ 身の回りを清潔にし、衣服の着脱、食事、排泄などの生活に必要な活動を自分でする。

⑧ （幼稚園／保育所／幼保連携型認定こども園）における生活の仕方を知り、自分たちで生活の場を整えながら見通しをもって行動する。

⑨ 自分の健康に関心をもち、病気の予防などに必要な活動を進んで行う。

⑩ 危険な場所、危険な遊び方、災害時などの行動の仕方が分かり、安全に気を付けて行動する。

イ 人間関係

他の人々と親しみ、支え合って生活するために、自立心を育て、人と関わる力を養う。

（ア）ねらい

① （幼稚園／保育所／幼保連携型認定こども園）の生活を楽しみ、自分の力で行動することの充実感を味わう。

② 身近な人と親しみ、関わりを深め、工夫したり、協力したりして一緒に活動する楽しさを味わい、愛情や信頼感をもつ。

③ 社会生活における望ましい習慣や態度を身に付ける。

（イ）内容

① （先生／保育士等／保育教諭等）や友達と共に過ごすことの喜びを味わう。

② 自分で考え、自分で行動する。

③ 自分でできることは自分でする。

④ いろいろな遊びを楽しみながら物事をやり遂げようとする気持ちをもつ。

⑤ 友達と積極的に関わりながら喜びや悲しみを共感し合う。

⑥ 自分の思ったことを相手に伝え、相手の思っていることに気付く。

⑦ 友達のよさに気付き、一緒に活動する楽しさを味わう。

⑧ 友達と楽しく活動する中で、共通の目的を見いだし、工夫したり、協力したりなどする。

⑨ よいことや悪いことがあることに気付き、考えながら行動する。

⑩ 友達との関わりを深め、思いやりをもつ。

⑪ 友達と楽しく生活する中できまりの大切さに気付き、守ろうとする。

⑫ 共同の遊具や用具を大切にし、皆で使う。

⑬ 高齢者をはじめ地域の人々などの自分の生活に関係の深いいろいろな人に親しみをもつ。

ウ 環境

周囲の様々な環境に好奇心や探究心をもって関わり、それらを生活に取り入れていこうとする力を養う。

（ア）ねらい

① 身近な環境に親しみ、自然と触れ合う中で様々な事象に興味や関心をもつ。

② 身近な環境に自分から関わり、発見を楽しんだり、考えたりし、それを生活に取り入れようとする。

③ 身近な事象を見たり、考えたり、扱ったりする中で、物の性質や数量、文字などに対する感覚を豊かにする。

（イ）内容

① 自然に触れて生活し、その大きさ、美しさ、不思議さなどに気付く。

② 生活の中で、様々な物に触れ、その性質や仕組みに興味や関心をもつ。

③ 季節により自然や人間の生活に変化のあることに気付く。

④ 自然などの身近な事象に関心をもち、取り入れて遊ぶ。

⑤ 身近な動植物に親しみをもって接し、生命の尊さに気付き、いたわったり、大切にしたりする。

⑥ 日常生活の中で、我が国や地域社会における様々な文化や伝統に親しむ。

⑦ 身近な物を大切にする。

⑧ 身近な物や遊具に興味をもって関わり、自分なりに比べたり、関連付けたりしながら考えたり、試したりして工夫して遊ぶ。

⑨ 日常生活の中で数量や図形などに関心をもつ。

⑩ 日常生活の中で簡単な標識や文字などに関心をもつ。

⑪ 生活に関係の深い情報や施設などに興味や関心をもつ。

⑫ （幼稚園／保育所／幼保連携型認定こども園）内外の行事において国旗に親しむ。

エ 言葉

経験したことや考えたことなどを自分なりの言葉で表現し、相手の話す言葉を聞こうとする意欲や態度を育て、言葉に対する感覚や言葉で表現する力を養う。

（ア）ねらい

① 自分の気持ちを言葉で表現する楽しさを味わう。

② 人の言葉や話などをよく聞き、自分の経験したことや考えたことを話し、伝え合う喜びを味わう。

③ 日常生活に必要な言葉が分かるようになるとともに、絵本や物語などに親しみ、言葉に対する感覚を豊かにし、（先生／保育士等／保育教諭等）や友達と心を通わせる。

（イ）内容

① （先生／保育士等／保育教諭等）や友達の言葉や話に興味や関心をもち、親しみをもって聞いたり、話したりする。

② したり、見たり、聞いたり、感じたり、考えたりなどしたことを自分なりに言葉で表現する。

③ したいこと、してほしいことを言葉で表現したり、分からないことを尋ねたりする。

④ 人の話を注意して聞き、相手に分かるように話す。

⑤ 生活の中で必要な言葉が分かり、使う。

⑥ 親しみをもって日常の挨拶をする。

⑦ 生活の中で言葉の楽しさや美しさに気付く。

⑧ いろいろな体験を通じてイメージや言葉を豊かにする。

⑨ 絵本や物語などに親しみ、興味をもって聞き、想像をする楽しさを味わう。

⑩ 日常生活の中で、文字などで伝える楽しさを味わう。

オ 表現

感じたことや考えたことを自分なりに表現することを通して、豊かな感性や表現する力を養い、創造性を豊かにする。

（ア）ねらい

① いろいろなものの美しさなどに対する豊かな感性をもつ。

② 感じたことや考えたことを自分なりに表現して楽しむ。

③ 生活の中でイメージを豊かにし、様々な表現を楽しむ。

（イ）内容

① 生活の中で様々な音、形、色、手触り、動きなどに気付いたり、感じたりするなどして楽しむ。

② 生活の中で美しいものや心を動かす出来事に触れ、イメージを豊かにする。

③ 様々な出来事の中で、感動したことを伝え合う楽しさを味わう。

④ 感じたこと、考えたことなどを音や動きなどで表現したり、自由にかいたり、つくったりなどする。

⑤ いろいろな素材に親しみ、工夫して遊ぶ。

⑥ 音楽に親しみ、歌を歌ったり、簡単なリズム楽器を使ったりなどする楽しさを味わう。

⑦ かいたり、つくったりすることを楽しみ、遊びに使ったり、飾ったりなどする。

⑧ 自分のイメージを動きや言葉などで表現したり、演じて遊んだりするなどの楽しさを味わう。

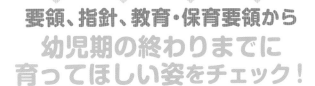

要領、指針、教育・保育要領から 幼児期の終わりまでに 育ってほしい姿をチェック！

幼稚園教育要領、保育所保育指針、幼保連携型認定こども園教育・保育要領に、幼児期の終わりまでに育ってほしい姿が共通にあります。子どもの育ちを見通しながら、指導計画に生かしましょう。

ア　健康な心と体
（幼稚園／保育所の／幼保連携型認定こども園における）生活の中で、充実感をもって自分のやりたいことに向かって心と体を十分に働かせ、見通しをもって行動し、自ら健康で安全な生活をつくり出すようになる。

イ　自立心
身近な環境に主体的に関わり様々な活動を楽しむ中で、しなければならないことを自覚し、自分の力で行うために考えたり、工夫したりしながら、諦めずにやり遂げることで達成感を味わい、自信をもって行動するようになる。

ウ　協同性
友達と関わる中で、互いの思いや考えなどを共有し、共通の目的の実現に向けて、考えたり、工夫したり、協力したりし、充実感をもってやり遂げるようになる。

エ　道徳性・規範意識の芽生え
友達と様々な体験を重ねる中で、してよいことや悪いことが分かり、自分の行動を振り返ったり、友達の気持ちに共感したりし、相手の立場に立って行動するようになる。また、きまりを守る必要性が分かり、自分の気持ちを調整し、友達と折り合いを付けながら、きまりをつくったり、守ったりするようになる。

オ　社会生活との関わり
家族を大切にしようとする気持ちをもつとともに、地域の身近な人と触れ合う中で、人との様々な関わり方に気付き、相手の気持ちを考えて関わり、自分が役に立つ喜びを感じ、地域に親しみをもつようになる。また、（幼稚園／保育所／幼保連携型認定こども園）内外の様々な環境に関わる中で、遊びや生活に必要な情報を取り入れ、情報に基づき判断したり、情報を伝え合ったり、活用したりするなど、情報を役立てながら活動するようになるとともに、公共の施設を大切に利用するなどして、社会とのつながりなどを意識するようになる。

カ　思考力の芽生え
身近な事象に積極的に関わる中で、物の性質や仕組みなどを感じ取ったり、気付いたりし、考えたり、予想したり、工夫したりするなど、多様な関わりを楽しむようになる。また、友達の様々な考えに触れる中で、自分と異なる考えがあることに気付き、自ら判断したり、考え直したりするなど、新しい考えを生み出す喜びを味わいながら、自分の考えをよりよいものにするようになる。

キ　自然との関わり・生命尊重
自然に触れて感動する体験を通して、自然の変化などを感じ取り、好奇心や探究心をもって考え言葉などで表現しながら、身近な事象への関心が高まるとともに、自然への愛情や畏敬の念をもつようになる。また、身近な動植物に心を動かされる中で、生命の不思議さや尊さに気付き、身近な動植物への接し方を考え、命あるものとしていたわり、大切にする気持ちをもって関わるようになる。

ク　数量や図形、標識や文字などへの関心・感覚
遊びや生活の中で、数量や図形、標識や文字などに親しむ体験を重ねたり、標識や文字の役割に気付いたりし、自らの必要感に基づきこれらを活用し、興味や関心、感覚をもつようになる。

ケ　言葉による伝え合い
（先生／保育士等／保育教諭等）や友達と心を通わせる中で、絵本や物語などに親しみながら、豊かな言葉や表現を身に付け、経験したことや考えたことなどを言葉で伝えたり、相手の話を注意して聞いたりし、言葉による伝え合いを楽しむようになる。

コ　豊かな感性と表現
心を動かす出来事などに触れ感性を働かせる中で、様々な素材の特徴や表現の仕方などに気付き、感じたことや考えたことを自分で表現したり、友達同士で表現する過程を楽しんだりし、表現する喜びを味わい、意欲をもつようになる。

これなら書ける！ 3歳児の指導計画

CONTENTS

第1章 指導計画の基本を学ぼう ・・・ 5

項目別！ 立案のポイント

よくわかる！ 指導計画の全体

指導計画 作成のヒント

CONTENTS

第2章 子どもの発達に合わせて計画を立てよう ・・・・・・・・・37

第3章 計画サポート集 ・・・・・・・・・・・ 187

第2章

子どもの発達に合わせて計画を立てよう

年、月、週、日の指導計画例を掲載しています。
月の計画と週の計画の「ねらい」の関連や、子どもたちの「学びの芽」が意識できる解説つきで、保育力が高まります。また、「環境づくりの例」「援助の例」など、どんな園でも応用しやすい文例をたっぷり掲載しています。参考にしながら、自分の園の子どもたちに合わせて指導計画を立てましょう。

3歳児の年の計画

幼稚園　保育園　認定こども園

年間目標
○園生活の流れや生活の仕方が分かり、自分で身の回りのことをしようとする。
○体を十分に動かしていろいろな動きのある遊びを楽しみ、心地良さを味わう。

子どもの姿と育てたい側面

○新しい生活に喜んで参加する子どももいるが、緊張や不安を抱き、泣く子ども、保護者と離れたがらない子ども、不安な表情の子どもなどがいる。保育者に温かく受け入れられることで安心して徐々に活動範囲を広げられるようにしていきたい。
○園生活の流れが分かり、園生活のリズムに次第に慣れていき、自分から動き始めて遊んだり、身の回りのことを自分で少しずつできるようになったりするようにしていきたい。
○初めは一人で遊ぶことが多いが、次第にそばにいる友達と同じ動きをしたり、友達の遊びにも関心をもったりする。他児と一緒に遊ぶ楽しさを感じられるようにしていきたい。
○園生活に慣れてきて、喜んで通園し、保育者や友達と一緒に遊ぶことを楽しめるようにしていきたい。

発達の節　　Ⅰ　期　（4～5月）

ねらい

○喜んで登園し、保育者に親しみをもつ。
○園生活の流れを知り、園生活のリズムに慣れる。
○園の遊具や玩具に興味をもち、自分から遊ぼうとする。

指導内容の視点

心と体の健康／人との関わり／環境との関わり／言葉の育ち／表現する力

○園における食事、排せつ、手洗い・うがい、着脱、所持品の始末などの基本的な生活の仕方を知り、保育者に手伝ってもらいながらも自分でしようとする。
○弁当や給食、おやつなどを、友達や保育者と一緒に楽しく食べられる。
○安定した雰囲気の中で一人ひとりに応じた休息を十分に取る。
○室内や戸外で安心して遊具や玩具を使って遊ぶ。
○戸外で体を十分に動かして遊ぶ。
○自分のクラスが分かり、担任や友達を覚え、親しみをもって生活や遊びをする。
○保育者と気持ち良く挨拶をしたり、親しみをもったりする。
○自分の物をしまっておく場所が分かり、簡単な身の回りの始末を保育者に手伝ってもらいながらも自分でしようとする。
○したいこと、してほしいことを保育者に動作や言葉で伝えようとする。
○みんなで一緒に保育者の話を聞いたり、絵本などを見たりする。
○飼育物や草花を見たり、触れたりしながら興味・関心をもつ。
○みんなと一緒に、知っている歌や手遊びをしたり、体を動かして遊んだりする。
○土、砂、粘土などで遊ぶことを通して、感触を味わう。
○積み木やブロック、ままごとなどに興味をもち、楽しんで遊ぶ。
○誕生会や身体計測、避難訓練などの行事に3歳児なりの取り組み方で参加する。

環境構成・援助の要点

○生活の仕方は一人ひとりに応じて援助していき、5歳児や保育者に手伝ってもらいながら、自分でしようとする気持ちを育てる。
○靴箱、ロッカーなどにその子のマークを付け、食事、排せつ、持ち物の整理などは繰り返し行ない、安心して身に着けられるようにする。
○戸外の遊具や砂場を安全で清潔に環境整備し、子どもたちが伸び伸びと使えるようにする。
○室内の遊び場所は、安心して好きな遊びができるようなゆったりしたくつろげる空間をつくり、配慮する。

保育者の関わり・養護への配慮

☆一人ひとりを温かく受け入れ、どの子どもも安心感をもてるように心掛けて、小さなサインも見逃さないように配慮する。
☆好きな遊びを見つけられるように一緒に遊んだり、興味をもてるような誘い掛けをしたりする。
☆新しい環境の中で活動範囲が広がってくるので、安全に過ごせるように配慮する。

ゆったり過ごすために ～園で長時間過ごすための配慮～

・新しい環境の中で、一人ひとりが自分なりのペースで少しずつ安心して過ごせるように状況に応じて配慮していく。
・困ったことや分からないことは、担当の保育者が一人ひとりの子どもに応じて声を掛け、心のよりどころになるようにする。
・環境の変化から、夕方には、静かに過ごせるようなゆったりした場や静かな音楽、遊具などを用意しておく。
・初めての預かり保育に不安を感じている子どもにはしばらく担任がそばにいるようにし、子どもが安心して過ごせるように配慮する。
・戸外での活動時間を含め、それぞれの子どもの保育時間に応じて、個々の体調を見ながら、夕方は絵本・パズル・描画・ブロックなどを用意し、静かに過ごせるようにする。

家庭・地域との連携

（幼稚園・保育所・認定こども園・小学校との連携も含む）

○子どもを初めて集団生活に入れる保護者の思いや不安な気持ちを受け止め、子育ての喜びや悩みなどを共有し、信頼関係を築いていく。
○保護者に安心してもらえるよう、園での様子を話したり、家庭の様子を聞いたりする機会をもつ。また、保護者会、クラス便りやホワイトボードなどで発信することを通して、園での姿を具体的に伝えていく。
○必要に応じて、登降園時や家庭からの連絡帳で健康状態を把握し、保護者との連絡を密にしていく。
○保護者会で緊急時の避難対応について説明し、連絡先や、連絡方法、緊急時の引き取り方法などを、具体的に確認しておく。

○保育者や友達に親しみをもち、友達とふれあいながら、安心して自分のしたい遊びに取り組む。

○自分の興味・関心、思いを自分なりの方法で表現する。

○遊びや生活の中で、簡単な決まりや約束があることを知って、守ろうとする。

※幼稚園教育要領、保育所保育指針、幼保連携型認定こども園教育・保育要領改訂（定）で明確化された、「幼児期の終わりまでに育ってほしい姿」の10項目を意識して作成しています。

○保育者に親しみ、安定するにつれて、新しい活動にも自分から取り組み、遊びの場（行動範囲）を広げていくことができるようにしたい。

○園の遊具や玩具に興味を示し、友達とふれあいながら、自分の好きな遊びに楽しんで取り組めるようにしたい。

○様々なことに好奇心をもつようになり、自分でいろいろ試してみる姿が見られるので、生活や遊びの中で見たり触れたり試したりする喜びを味わえるようにしたい。

○一人ひとりが自己主張するようになり、物の取り合いなど、友達とトラブルになることが多くなってくる。そうした機会を通して友達の気持ちに気付いたり、様々な遊び方や関わり方があることに気付けるようにしたい。

Ⅱ　期　（6〜8月）

○園での生活の仕方が分かり、簡単な身の回りの始末を自分でしようとする。

○遊びや生活を通して約束や決まりがあることを知っていく。

○保育者や友達と一緒に生活することに慣れ、安心して活動できるようになる。

○自分の好きな遊びを十分に楽しみながら、友達のしていることにも興味を示す。

○水や砂の感触を楽しみながら興味をもって遊び、感触を楽しむ。

○楽しく体を動かして、水の心地良さを感じ、プール遊びを楽しむ。

○友達とふれあいながら、いろいろな遊びを楽しむ。

○食事、排せつ、手洗い・うがい、着脱、所持品の始末など、一人でしようとしたり、できないことを保育者に伝えたりしながら自分でしようとする。

○みんなと一緒に食事をすることを楽しむ中で、約束や決まり事があることに気付いて守ろうとする。

○追いかけっこや固定遊具の遊びなど、保育者や友達と関わって遊ぶ楽しさを味わう。

○自分の好きな遊びに喜んで取り組む。

○物の取り合いなどの友達とのトラブルの中で、保育者の仲立ちで自分の思いを表現しようとしたり、相手の気持ちを知ったりする。

○気の合う友達とふれあって遊ぶことを楽しむ。

○順番や交代することが分かり、並んで待ったり交代で遊具を使ったりする。

○友達のすることを見たり、まねたりしながら、一緒に遊ぼうとする。

○身近な素材や教材、用具などの使い方を知り、興味をもって使おうとする。

○水遊び、砂遊び、泥遊び、プール遊びなど、解放感が味わえる遊びを十分に楽しむ。

○自分の経験したことや思いを、保育者や友達に伝えようとする。

○梅雨期の自然の変化に興味・関心をもつ。

○夏野菜の生長の様子に気付き、収穫を楽しみにする。

○いろいろなものになったり表現したりして遊ぶことを楽しむ。

○音楽に合わせて体をリズミカルに動かしたり、簡単な身体表現をしたりして楽しむ。

○新しい歌を覚えて友達と一緒にうたったり、いろいろな音のするものに触れたりする。

○フィンガーペインティングや絵の具などで伸び伸びと描いたり表現したりする楽しさを味わう。

○遊具や用具の種類や形に合わせて、箱や棚を用意し、分類や整理がしやすいようにマークを付け、片付けやすい環境をつくる。

○子どもの興味を捉えて楽しめるような材料や用具、やりたいときにできる時間や場、遊具の数を用意する。

○着替えや手洗いなどは自分からしたくなるように場を整え、手順が分かるように絵やカードなどを使い、示しておく。

○気温に合わせて水遊びやプール遊びができるように、場や遊具などを整えて使えるようにしておく。

○一人ひとりの健康状態に留意し、快適な環境の下で生活できるようにする。

○友達と同じ物を持ったり身に着けたりできるよう、遊具などの数や置き場などに配慮する。

- - - - - - - - - -

☆「自分で」という意欲的な姿が遊びや生活の様々な場面で見られるようになってきたことを受け止め、生活習慣が身につき、一人ひとりが自信をもって行動したり話したりできるように援助する。

☆一人ひとりの自分でしようとする気持ちを大切にし、遊んだ後の片付けや身の回りの始末、水遊びの着替えなど、必要に応じて自分なりに取り組めるように援助し、できた喜びや自信がもてるようにしていく。

☆子どもの言葉や表情から思いを受け止めたり、共感したりしながら関わっていく。

☆一人ひとりのペースを大切にし、「おもしろそう」「やってみたい」という気持ちをもてるような雰囲気を心掛ける。

☆物の取り合いなどのトラブルが出てくるので、互いの気持ちを受け止めたり、代弁したりして、状況に応じて対応していく。

- - - - - - - - - -

・長時間保育のときに使う玩具や遊具、用具、絵本を用意して楽しく遊べるようにする。

・気温や湿度の変化により疲れが出やすい時期なので、熱中症を予防できるよう体調を管理し、水分補給を促すなどして快適に過ごせるようにする。

・プール遊びや水遊びをした日はゆったり過ごせるよう、パズル・描画・ブロックなどの遊びを用意する。

○園生活の中で、自分で努力している姿を具体的に伝え、家庭でも自分でしたがることは時間的な余裕をもって行なえるようにしていく。

○一人ひとりの健康状態を、健康カードや連絡帳で知らせ合い、家庭との連携を密にしていく。

○体の清潔や、着脱しやすい衣服の準備などに配慮しながら、夏の健康に関心をもてるよう連携を深める。

○夏の過ごし方について保護者会を開いて知らせ、食事・睡眠・体調管理などの問題や、直接体験の大切さを伝えていく。

○園生活を楽しみにし、自分のしたい遊びに夢中になる子どもがいる反面、休み明けに不安定な子どももいる。個々の様子を把握しながら、一人ひとりが十分に楽しめるように援助していきたい。
○身の回りの始末や排せつなどの基本的生活習慣を自分でしようとするが、まだ個人差が大きい。自分から取り組み自分でできる喜びを味わえるようにしたい。
○友達と一緒に動く楽しさなどを味わえるようになる。保育者の合図を聞いて行動したり、投げ掛けや環境によって行動したりする楽しさを味わえるようにしたい。
○友達と一緒に同じ遊びをする楽しさを感じ、友達との関わりが生まれてくる。そのため、自分の思いや考えを通そうとして、トラブルが起こることもある。その中で相手の気持ちにも気付くようにしていく。
○自分のイメージを、言葉や動き、造形遊びなどで自由に表現することを楽しむようになるので、自分の思いを伸び伸びと表現する喜びを感じられるようにしていきたい。

Ⅲ　期　（9～12月）

○伸び伸びと体を動かして遊ぶ楽しさを味わう。
○保育者や友達と一緒に生活することを楽しみ、話したり聞いたり、会話を楽しんだりする。
○経験したこと、感じたこと、想像したことなどを、様々な方法で表現する。
○クラスの友達と一緒に運動遊びをする楽しさを味わう。
○日常生活の中で自分でできることは進んでしようとする。

○季節の移り変わりに伴う生活の仕方が分かり、身の回りのことを自分でしようとする。
○友達と簡単なルールのある鬼ごっこなどをし、みんなと一緒に遊ぶことを喜ぶ。
○自分のしたい遊びに必要な道具や材料などを、自分で選んだり作ったりして遊ぶ。
○自分の好きなものを描いたり、作ったり、使ったりして遊ぶ。
○好きな遊びを繰り返し楽しむことで、遊び方が次第に巧みになる。
○友達や保育者と走ったり、思い切体を動かしたりする心地良さを体験する。
○行事を通して4・5歳児とふれあい、楽しさを共に感じたり、年長児に対する憧れを感じたりする。
○木の葉、木の実、小石などを集め、それらを使って、いろいろな遊びをする。
○生活の中で、物の色、形、大きさ、量、重さなどの違いや特徴に興味・関心をもつ。
○5歳児や保育者が虫や小動物の世話をするのを見たり触れたりして興味・関心をもつ。
○巧技台、マット、ボールなどを使って遊びながら、遊具の安全な使い方や置き方を知る。
○散歩など園外に出たときは、友達や保育者と一緒に安全に気を付けて行動しようとする。
○自分の気持ちや体調の不調など、困っていることやしてほしいことを、保育者に自分なりの言葉や方法で伝えようとする。
○遊びの中で、友達とのやり取りを楽しみながら、生活に必要な言葉を知っていく。
○リズムに合わせて体を動かしたり、身近な動物や乗り物の動きを体で表現したりして楽しむ。
○身近な素材で好きな物を作り、それを使って見立てたりごっこ遊びをしたりする。
○絵本や紙芝居などを保育者に読んでもらったりしながら、絵本の世界を楽しんだり、気に入った絵本を何度も見たりする。
○積み木などで遊びの場（乗り物、家　など）を、友達や保育者と一緒に作って遊ぶ。

○一人ひとりの興味・関心に合わせて遊びに使うものを自由に使えるように、いろいろな遊具や材料を用意する。
○自然の中で自分たちで見つけた物（石、枝、木の実、木の葉　など）や身近な材料などを利用して造形遊びが楽しめるようにしておく。
○運動会がきっかけとなって、異年齢児のまねをしたりゲームを繰り返し楽しんだりして遊べるように、必要な道具や材料を身近に置いておく。
○全身を使った遊びが繰り返し楽しめるような遊具や用具など環境の工夫を心掛ける。
○活動や運動量に食事の開始時間や量など、時期に応じて調理員と連携を取り進めていく。
○生活に必要な言葉遣いや語彙、行動力が豊かになってくる時期を捉えて、一人ひとりの楽しさやおもしろさなどに共感し、意欲的に遊びに取り組めるように、活動内容や環境構成に配慮していく。

- - - - - - - - - -

☆一人ひとりの子どもの表情や身振りや言葉など、表現している子どもの気持ちを感じ取り、必要に応じた援助をする。
☆子どもの思いや見立てなどを受け止め、いろいろな遊び方を知らせて、遊びを楽しめるようにする。
☆園の内外で自然にふれられる場や機会を設け、楽しめるようにする。
☆友達との遊びや遊具の取り合いなどのトラブルでは一人ひとりの気持ちを受け止め、相手の気持ちにも気付くようにする。
☆行動範囲が広がっていくので、十分な時間の確保や環境の整備を行なうとともに、遊びが充実するようにしていく。
☆自分からやってみようという気持ちを認めて励ましたり、難しいときには手を貸したりしながらも、子ども自身のやる気を引き出し、満足感が味わえるように関わる。

- - - - - - - - - -

・日中は残暑が厳しく、また、運動会に向けて戸外での活動が多くなるので、午後は一人ひとりの体調に合わせて過ごせるような環境や遊びの工夫をする。
・友達との関わりが増えるため、その日の状況（友達関係の変容　など）を担当の保育者とよく連携する。
・日が短くなって不安に感じる子どももいるので、部屋の採光を工夫して明るくし、楽しい雰囲気で遊べるように配慮する。

○運動会や園外保育などでは、一緒に参加し、自分の子どもだけではなくクラスの友達や他の年齢の子どもたちの様子も見ながら、3歳児の成長を理解してもらう。
○大勢の家族で行事を楽しみながら、親子のふれあいの大切さを感じ取れるように声を掛けるなどして、周りの人との関わりを大切にできるようにしていく。
○寒さに向かっての健康管理の大切さや、生活習慣（生活リズムを守る、衣服の調節、手洗い・うがいの励行）などをお便りなどで家庭に呼び掛ける。

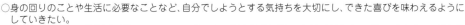

○身の回りのことや生活に必要なことなど，自分でしようとする気持ちを大切にし，できた喜びを味わえるようにしていきたい。 ○安定した気持ちで園生活を送るようになり，仲の良い友達と遊んだり，友達や保育者の手伝いをしたり，異年齢児とふれあったりして行動範囲が広がるようにしたい。 ○友達と一緒に楽しむ中で，遊びに必要な物を描いたり切ったりしながら，様々な表現活動を経験できるようにしていきたい。 ○体験したことや想像したことを自分なりに話すようになる。友達との遊び方が豊かになるようにしたい。 ○曲に合わせて歌ったり踊ったりする姿が見られるようになるので，それぞれの表現を認めながら，様々な表現活動を楽しめるようにしたい。 ○この一年間で成長したことを共に喜び，進級を楽しみにしていけるようにしたい。	**子どもの姿と育てたい側面**

Ⅳ　期　（1〜3月）	**発達の節**

○基本的生活習慣が身につき，自信をもって伸び伸びと行動する。 ○友達と遊んだり話したり歌ったりすることを喜び，一緒に活動しようとする。 ○様々な造形遊びに意欲的に取り組み，自分なりに表現する楽しさを味わう。 ○大きくなる喜びと進級に対する期待をもって生活する。	**ねらい**

○手洗い・うがい，着脱，排せつなどの手順や意味を理解し，見通しをもって自分からしようとする。 ○全身を使った遊びを十分にして，寒くても活動的に元気良く過ごそうとする。 ○4・5歳児の遊びに参加したり，年下の子どもたちとふれあったりして楽しむ。 ○クラスのみんなで一緒に行動したり活動する楽しさを感じる。 ○友達が困ったり泣いたりすると，慰めたり保育者に伝えたりするなど，相手の身になって手助けをしようとする気持ちが出てくる。 ○正月ならではの行事や伝承遊びにふれて遊ぶ。 ○霜柱，氷，雪など，冬の自然を見たりふれたり体で感じたりする。 ○積み木などの共有する物を大切に扱おうとする気持ちをもち，安全に遊ぶ。 ○物や場所の安全な使い方が分かり，自分から気を付けて遊ぼうとする。 ○遊んだ後，片付けをすることできれいになる心地良さが感じられるようにする。 ○遊びの中で感じたことや考えたことを言葉に出して表現する。 ○絵本や紙芝居などをみんなで楽しみ，好きな登場人物になり切って遊ぶ。 ○描いた物や作った物を，保育者と一緒に飾ったり使って遊んだりする。 ○好きな絵本や紙芝居などを使って，ごっこ遊びや表現遊びをする。 ○音楽に合わせて様々な楽器を友達同士で自由に鳴らして遊ぶ。 ○季節や発達に応じて行事に参加し，いろいろなことを表現する喜びを味わったり，友達の表現を見て楽しんだりする。 ○ごっこ遊びを通して，言葉のやり取りを楽しんだり，必要な物を作ったりして遊ぶ。	心と体の健康 人との関わり 環境との関わり 言葉の育ち 表現する力	**指導内容の視点**

○暖房・換気・寒さへの対応をするなど，安全・健康な環境に留意する。 ○好きな友達と一緒に遊ぶ場や，見立てたりつもりになったりして遊べるような遊具や用具などを用意しておく。 ○様々な遊びが発展し，継続していくように遊具や材料の準備や置き方に配慮し，やってみたくなるような空間づくりを心掛ける。 ○4・5歳児と遊ぶ場を共有し，4・5歳児の優しさや頼もしさにふれ，進級に期待をもてるようにする。	**環境構成・援助の要点**

☆基本的生活習慣が身についたか確認し，一人ひとりの自立へ向けて援助していく。 ☆子ども同士で一緒に遊べるような環境を用意したり，保育者も一緒に仲間に入りながら必要に応じ言葉を掛けるようにしたりする。 ☆園生活や家庭内の生活で，3歳児なりに公共心や役割をもって手伝うなどして，役に立ったうれしさを感じられるようにする。 ☆一人ひとりの子どもが，自分なりに伸び伸びと充実した園生活が送れているか把握し，個々の成長を認め，自信をもてるようにする。	**保育者の関わり　養護への配慮**

・異年齢が一緒に遊べるものやゲームやパズルなどを用意し，楽しく過ごせるようにする。 ・風邪やインフルエンザなどが流行しやすい時期なので，一人ひとりの体調を把握して担当保育者と連携する。 ・日中は暖かくても，日が落ちると気温が下がるので，状況に合わせて室温を調整したりカーペットを敷いたりして，暖かく過ごせるようにする。	**ゆったり過ごすために** 〜園で長時間過ごすための配慮〜

○自己主張や自立心が強くなるが，まだ甘えたい気持ちもあることを理解して，温かく受け止めるよう家庭と園で連携を取り合う。 ○発表会などで発表する内容やそのプロセス，目的などを，事前に園便りなどで伝え，保護者から子どもの成長を喜ぶ言葉を掛けてもらうようにする。 ○個人面談で一年間の歩みを保護者と共に振り返り，子どもの成長を喜び合うなど，進級に向けて有意義な機会にする。	**家庭・地域との連携** （幼稚園・保育所・認定こども園・小学校との連携も含む）

4月の計画

安心して過ごせるような関わりを

生活

初めての集団生活となる3歳児、2歳児クラスから進級した3歳児、同じ年齢でも家庭環境や性格、生活環境が異なります。園生活に夢を膨らませている子どもがいれば、不安でいっぱいの子どももいます。3歳児クラスの4月、保育者は、子ども一人ひとりの気持ちを受け止め、安心して園生活が送れるような関わりをしていきましょう。

人との関わり

子どもの様子を見ながら声を掛けたり、気に入った遊具が見つかるように環境を工夫したりしていきたいですね。

季節ごよみ

○園庭にサクラなどの花が咲いている。

○道端にタンポポやツクシの芽が出始める。

○園庭にチョウやダンゴムシ、アリがいる。

○サクラの花びらが散っている。

○新緑の鮮やかな緑色が見られる。

○ヒメリンゴ、ヤエザクラ、ハルジオンなどが咲いている。

○園庭にモンシロチョウが飛んでいる。

○ツツジやシロツメクサなどが咲いている。

○園にこいのぼりや五月人形が飾られる。

遊びへの取り組み

　保育者のスキンシップや丁寧な関わりは、子どもの安定した生活と保育者への信頼関係につながります。まずは、子ども一人ひとりの気持ちに寄り添い、安心して過ごせるような関わりをもつことが大切です。

一緒に遊ぼう

保育なるほど解説!

「子どもが安心・安定を得るまで」

　4月、新しい園生活が始まります。保育者は、一人ひとりがふれあいを通して、見守られている安心や安定した気持ちを得ていくことを願っています。ただしその過程は、一人ひとり異なります。一緒に遊ぶことを求める子どもがいる一方で、自分のロッカーの前でじっとしている子どももいます。時々視線が合って微笑み返すと、はにかんで視線を外しながらも、緊張感が解ける様子が伝わってくる子どももいます。一人ひとりが送るサインを受け止め、安心・安定を得ることを支えていきたいものです。

4月

保育園（認定こども園）

月の計画

※ねらい（… Ⓐ など）が、月案と週案で関連し合っていることを読み取ってください。

クラスづくり

○進級児も新入園児も、新しい環境の中で安心して過ごせるよう、一人ひとりの気持ちを受け止めていきたい。室内では、自分から遊びを見つけられるように、慣れ親しんだ遊具を取りやすいように準備しておく。園庭では春を感じながら、ゆったりと好きな遊びを楽しめるように時間に余裕をもって無理なく過ごせるようにしていきたい。

今月初めの 幼児の姿	ねらい	幼児の経験する 内容
生活 ○進級して新しい場所で過ごすことを楽しんでいる。 ○新入園児は、不安な様子を見せながらも保育者や友達の誘いを受け入れ遊んでいる。 ○簡単な身の回りのことを保育者と一緒にする姿が見られる。	○保育者や友達に親しみをもち、新しい環境に慣れて安心して過ごす。… Ⓐ ○新しいクラスでの生活の仕方を知り、保育者と一緒に行なう。… Ⓑ	○保育者と一緒に遊んだりふれあったりする中で安心して過ごし、新しい環境に慣れていく。 ○自分のロッカーの場所や靴箱、タオル掛けの場所を知る。 ○着脱、手洗い・うがい、排せつ、食事などの生活の仕方を知り、身の回りのことを保育者に手伝ってもらいながら行なう。
人との関わり ○気に入った友達と同じことをしたり、一緒に遊びを楽しんだりする姿が増えてくるが、遊具を取り合う姿も見られる。 ○室内で好きな遊具で遊んでいる。	○好きな場所や、好きな遊具を見つけて遊びを楽しむ。… Ⓒ	○興味をもった遊具や遊びを見つけ、一人で遊んだり、友達と遊んだりする。 ○保育者や友達と遊びを楽しんだり、同じ物で遊んだりする。 ○簡単な製作を楽しむ。
遊びへの取り組み ○春の自然にふれながら、戸外で体を動かしたり、砂遊びや虫探しをしたりして遊んでいる。	○身近な春の自然にふれ、親しむ。… Ⓓ	○みんなで一緒に季節の歌をうたったり手遊びをしたりする。 ○園庭での安全な遊び方を知り、滑り台や砂場などで遊ぶ。 ○園庭で草花を摘んだり虫を見つけたりして、春の自然にふれる。

家庭・地域 との連携
保護者への支援も含む

★園便りやクラス便りで一年間のねらいと行事日程などを伝える。

★登降園時に保育園で楽しんでいる様子や家庭での姿などを伝え合い、保護者が安心できるようにしていく。

★新入園児は無理なく園生活に慣れていけるように、子どもの様子に応じて、可能であれば保育時間の調整などの協力のお願いをする。

健康・食育・安全 への配慮
養護の視点も含む

○一人ひとりの体質（食物アレルギー、熱性けいれん　など）や健康状態を把握し、担任や看護師などの全職員で共有しておく。

○食物アレルギーや食事の量、好き嫌いなどに配慮し、無理なく楽しく食べられるよう、量の調整などをしていく。

○安全に過ごせるように、遊具の使い方を知らせ、けがのないようにしっかり見守る。

一人ひとりに合わせた援助の工夫を、子どもの意欲につないで

幼児クラスとなり、食事や午睡、排せつなど生活環境に変化があります。3歳児クラスは進級・転園・入園などの状況や生活経験も異なります。生活の安定が、活動意欲へとつながっていくことを見据えて、一人ひとりの子どもの気持ちや状況に合わせた援助の工夫をしていきましょう。

環境の構成 と 保育者の援助

新しい環境の中で安心して過ごせるように

○子どもの不安な気持ちや緊張を受け止めながら声を掛け、スキンシップを大切にする。

○集団生活が初めての子どもは疲れが出やすいので、一人ひとりの健康状態をこまめに把握しておく。

簡単な身の回りのことができるように

○靴箱やロッカー、タオル掛けなどは、同じマークや名前シールを貼り、自分の場所を覚えられるようにしておく。

○子どもたちが園生活に慣れていけるよう、一日の流れや物の位置を変えないようにする。

○登降園時の身支度の仕方は丁寧に繰り返し知らせていく。

○食事や排せつなどは、個人差に留意し、一人ひとりに応じたことばがけをする。

好きな遊びを楽しめるように

○保育者間で連携を取り、子どもの成長や発達に合った遊具

（滑り台、乗用玩具　など）の環境を整えていく。

○子どもが遊びたいときに自分で出して遊んだり片付けをしたりしやすいように、遊具の置き場所に写真や絵を貼り、分かりやすくしておく。

○製作やままごとなどのコーナーを使いやすいように構成し、落ち着いて遊べるようにする。

○保育者も一緒に遊びの中に入り、子ども一人ひとりの興味を捉え、好きな遊びが見つかるようにしていく。

春の自然や行事を楽しめるように

○草花や虫に興味をもてるようにポケット図鑑や絵本を手の届く所に用意したり、一緒に見たりしていく。

○草花を摘み、ままごとに使ったり、アリやダンゴムシなどの虫を見つけたりして、子どもの発見に共感し楽しめるようにしていく。

○庭のこいのぼりを見て、こどもの日について、興味・関心をもてるようにする。

ゆったり過ごすために…　～園で長時間過ごすための配慮～

一人ひとりの気持ちを受け止めながら

○新しい場所や新しい保育者など、変化が大きく、緊張や疲れも出るので、健康管理をしっかり行なう。

○どんな遊びに興味をもっているかを見て、慣れ親しんだ遊具を用意していく。（ブロック、ままごと　など）

○時間に余裕をもって過ごせるように、活動のペースをゆっくり進める。

○安心して過ごせているか、一人ひとりの様子を把握しておく。

保育者の チームワーク

★子どもの既往歴、保護者からの連絡・報告について、担任間の連絡ノートなどを活用する。園全体で共有する場合は伝え漏れのないようにする。

反省・評価 のポイント

★新しい環境に慣れ、保育者や友達と安心して過ごしていたか。

★好きな遊びを楽しめるように、準備をすることができていたか。

★一人ひとりの気持ちに寄り添うことができていたか。

4月

保育園
（認定こども園）

週の計画

1週 4/1（月）～6（土）

今週の予定 入園式

週の初めの 幼児の姿

○進級、入園したことを喜び、新しい環境に期待をもって登園しているが、中には不安な気持ちの子どももいる。
○新しい保育者に興味をもち、自分から関わろうとする姿が見られる。
○戸外で体を動かして遊ぶことを楽しんでいる。

※ねらい（… Ⓐ など）が、月案と週案で関連し合っていることを読み取ってください。

ねらいと内容（○と・）

○新しい保育室や環境に慣れる。… Ⓐ Ⓑ
○保育者とふれあいながら、親しみをもつ。… Ⓐ
○興味をもった場所や遊具で遊ぶことを楽しむ。… Ⓒ
・自分のマークを覚え、ロッカーや靴箱、タオル掛けなどの場所を知る。
・保育者に援助されながら、簡単な身の回りのことをしようとする。
・保育者と一緒に好きな遊びをしたり、ふれあったりする。

具体的な環境（◆）と保育者の援助（○）

◆子どものロッカーや靴箱、タオル掛けなど生活に必要な場所が分かりやすくなるよう、マークを付けておく。
○朝の受け入れ時には、保育者が親しみをもって話し掛けたり挨拶をしたりして、安心して園生活が始められるようにする。
○一人ひとりの不安や戸惑いに配慮し、個別に関わり、信頼関係を築けるようにする。
○登降園時の身支度の仕方を丁寧に繰り返し知らせ、一人ひとりの様子に合わせて援助する。

◆2歳児クラスで親しんでいた遊具や、興味をもって遊べるような遊具などを用意し、いつも同じ場所で同じ遊びができるようにする。

○保育者が一緒に遊んだり話し掛けたり、時には見守ったりして、安心して遊べるようにする。
◆子どもが遊具を取り出しやすいように設置するとともに、片付けをしやすいように写真やイラストで表示しておく。

◆食事の席を決め、落ち着いて食べられるようにする。
○一人ひとりに合った食事の量を調節して、無理なく食べられるようにする。
◆トイレの壁に装飾して、明るく安心できる雰囲気にする。
○乳児用トイレと比べ、幼児用トイレはドアが付いていたり便座が大きくなったりするので、不安にならないよう、そばについたり、使い方を丁寧に知らせたりする。
○子どもの親しんでいる歌をうたえるようにする。
（♪：『あくしゅでこんにちは』『いちご』）
○行動範囲が広くなるので、他クラスの職員とも連携を取り、安全に過ごせるようにする。
○保護者には、子どもたちが楽しく過ごしている様子を写真なども使って伝えて安心感をもてるようにする。
○午睡時に不安になる子どももいるので、そばについて安心して入眠できるようにする。

反省・評価のポイント

★新しい環境に少しずつ慣れていたか。
★自分の好きな遊びを見つけて遊んでいたか。

46　　◎ CD-ROM ▶ 📁 4月 ▶ 📄 3歳児_4月_1・2週の計画_保育園

4月

保育園（認定こども園）

週の計画

2週　4/8（月）〜13（土）

今週の予定　進級・入園祝い会

前週の 幼児の姿

○喜んで登園してくる子どもが多いが、登園時に泣いている子どももいる。
○興味から、保育室から出て様々な所へ行く子どももいる。
○新しい遊具やコーナーで遊ぶことに少しずつ慣れてきている。

○保育者と一緒に身の回りのことをしながら、生活の流れを知る。… Ⓑ
○保育者に親しみをもち、安心して過ごす。… Ⓐ
○戸外遊びのルールを知り、好きな遊びを楽しむ。… Ⓒ
・保育者に手伝ってもらいながら、身の回りのことをしようとする。
・保育者と一緒に好きな遊びをする。
・園庭で固定遊具で遊んだり、砂遊びをしたりする。

○朝夕の支度の時間は、子どもが自分のペースで行なえるよう時間に余裕をもつ。
○身の回りのことを自分でしようとしている気持ちを受け止め、温かく見守ったり、難しいところはさりげなく手伝ったりする。
○朝の登園時、子どもの受け入れと朝の身支度が重なり、個別の対応が難しいときは、フリーの保育者や5歳児に手伝いを頼んで対応する。

○排せつ時には、個人差に留意しながら、一人ひとりに合ったことばがけや援助をする。また、失敗したときは「大丈夫だよ」などと声を掛けたり、他児に気付かれない所で着替えられるようにしていく。

◆園庭の固定遊具や遊具が壊れていたり、ねじが緩んでいたりと危険な箇所がないか、事前に確認しておく。
○園庭の使い方を知らせる機会を設け、戸外での安全な遊び方が定着するよう繰り返し伝える。

◆砂遊びが楽しめるように、砂場の道具（カップ、シャベル、バケツ、ざる　など）や、ままごと用のござやマット

などは十分な数を用意しておく。

○遊びが見つからない子どもには、保育者がそばに寄り添い、一緒に興味のある遊びを見つけたり、遊びに誘ったりしていく。
◆草花、ダンゴムシやアリなどを入れる容器を準備する。

◆絵本は、読み聞かせした物を本棚に置くようにして、子どもが興味をもったときに、すぐに見られるようにする。（絵本：『ねこのピート』『しーらんぺったん』）
○絵本や紙芝居は、子どもの集中できる時間の長さを考慮して、まずは短い話から始める。
○進級・入園祝い会に参加して、うたい慣れた歌をうたったり手遊びしたりして、楽しく過ごせるようにする。

のポイント

★身の回りのことを、少しずつ自分でしようとしていたか。
★保育者に親しみ、好きな遊びを楽しんでいたか。

4月　週の計画　保育園（認定こども園）

4月 保育園（認定こども園）週の計画

3週 4/15(月)〜20(土)

今週の予定：保護者会、身体計測、避難訓練

※ねらい(… Ⓐ など)が、月案と週案で関連し合っていることを読み取ってください。

前週の 幼児の姿

○新しい環境に慣れてきて、身の回りのことを自分でしよう とする姿も見られる。
○園庭の遊具で遊んだり、好きな遊びを見つけて楽しんだり している。

ねらい（○）と内容（・）

○新しい環境や保育者に慣れ、安心して過ごす。… Ⓐ
○春の自然やこいのぼりに興味をもつ。… Ⓓ
○体を動かして遊ぶことを楽しむ。… Ⓒ
・保育者と一緒に身支度をしたり遊んだりする。
・草花を使って遊んだり、虫を見つけたりして遊ぶ。
・保育者や友達と体操や追いかけっこをする。

具体的な環境（◆）と保育者の援助（○）

○身の回りのことを自分でしようとする気持ちを大切に しながら、一人ひとりに合ったことばがけをする。
○着替えは時間をずらして少人数ずつで行なうようにし、 一人ひとりを丁寧に見ていく。
○一人ひとりが興味をもっている遊びを把握し、一緒に遊 んだり、更に楽しめる遊びを提供したりしていく。

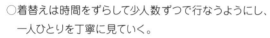

◆戸外に飾られたこいのぼりを見たり、季節の歌をうたっ たり、話をしたりする。
（♪：『こいのぼり』『おはながわらった』『さんぽ』
手遊び：『キャベツの中から』『むすんでひらいて』）
◆積極的に戸外に出て、体を動かしたり、様々な花や虫 などに触れたりして、春の自然を楽しめるようにする。

○アリやダンゴムシなどを一緒に探しながら、発見を喜

んだり驚いたりして共感していく。
（絵本：『ありんこぐんだん　わはははははは』
『999ひきのきょうだいのおひっこし』
『ぼく、だんごむし』）

○4・5歳児と一緒に遊ぶ機会が増えるので、園庭の三 輪車やスケーター、固定遊具を安全に気を付けて使う ことを繰り返し知らせながら、安全に遊べるようにする。
○戸外遊びの際、吹く風の気持ち良さや風に泳ぐこいの ぼりに気付けるようにしていく。
○戸外では、保育者も一緒に追いかけっこや簡単な鬼ごっ こを楽しんで、体を動かして遊ぶ楽しさを味わえるよう にする。
◆避難訓練では、事前に非常ベルの音を聞かせ怖がらな いようにする。ベルが鳴ったら保育者の下に集まるこ とを知らせる。
◆室内では、子どもが自分から好きな遊びが楽しめるよ うに、遊具を取り出しやすい場所に用意しておく。
○子どもの生活や遊びに関わりながら、安定していると きは見守ったり距離を置いたりして、友達と遊べるよう にしていく。

反省・評価のポイント

★新しい環境に慣れ、安心して過ごせたか。
★体を動かして遊んだり、春の自然にふれたりすることを楽しめたか。

4月 保育園（認定こども園）週の計画

4週 4/22（月）〜30（火）

今週の予定 誕生会

前週の 幼児の姿

○好きな遊びを見つけて遊んだり、春の自然にふれたりして楽しんでいる。
○身の回りのことを少しずつ自分でやってみる姿が見られる。
○園に飾ってあるこいのぼりやかぶとに興味をもっている。

○園生活の仕方や流れが分かってきて、安心して過ごす。… Ⓐ
○戸外で体を動かして遊んだり、春の自然にふれたりすることを楽しむ。… Ⓒ Ⓓ
○こどもの日に興味をもち、こいのぼり作りを楽しむ。… Ⓒ
・保育者に見守られながら、簡単な身の回りのことを自分でやろうとする。
・近くの公園に行ったり、近隣を散歩したりする。
・こどもの日の由来を聞いたり、こいのぼりを作ったりする。

○園生活に慣れてくる一方で、心身の疲れが出てくる時期なので、家庭での様子を聞きながら子どもの体調を把握し、安定して過ごせるようにする。
○困ったことやしてほしいことなどの子どものサインをしっかりと受け止め、安心して自分の思いを出せるようにする。
◆3歳児のクラスでは初めての散歩なので、無理のない場所を選んだり、5歳児と一緒に行なったりする。（近くの公園、園の近隣）
◆事前に道路や公園の遊具などの安全を確認し、時間に余裕をもって散歩に出掛ける。
○子どもたちの散歩時のうれしい気持ち、楽しい気持ちに共感し、また行きたいと感じられるようにする。
○歩くスピードに十分に気を付けて、ゆったりした雰囲気で散歩を楽しめるようにするとともに、交通ルールにも気付けるようにする。
◆あらかじめ保育者が作ったこいのぼりを保育室に飾っておき、製作に期待をもてるようにする。
◆好きな遊びをする中で、こいのぼり製作に興味をもった子どもから、4〜5人ずつで作れるように、製作コーナーを設置しておく。
◆こいのぼりは、あらかじめ、こいのぼり形やうろこ形に

切った色画用紙や、丸シールを使用するなどして、その場で完成できるようにする。その際、こいのぼり形やうろこ形などは、人数分より多めに準備する。

○のりやフェルトペンを使うときは、使い方を丁寧に知らせていく。
◆できあがったこいのぼりは、みんなで見られるように、あらかじめ保育室にロープを張ってすぐに飾り、自分で作った喜びを感じられるようにする。
○こどもの日の歌をうたったり、話を聞いたりして、こどもの日に興味をもてるようにする。

反省・評価のポイント

★クラスで初めての散歩を、楽しんだり安全に歩いたりしていたか。
★こいのぼり製作を楽しめたか。

4月 月の計画

幼稚園（認定こども園）

※ねらい（… **A** など）が、月案と週案で関連し合っていることを読み取ってください。

クラスづくり

○初めての園生活に、子どもも保護者も思いは様々である。温かな雰囲気をつくり、担任だけでなく、園の全職員で子どもたちを受け止め、一人ひとりが安心して園生活を過ごし、園は楽しい所、園が好きと思えるようにしていきたい。また、子どもが好きな遊具や用具、家庭で遊んでいた遊具を見つけ、新しい環境の中で楽しんで過ごせるようにしたい。

今月初めの 幼児の姿

生活

○園での遊びを楽しみにしている子どもが多くいるが、保護者と離れることに不安を感じ、泣く子どもや、緊張した表情で過ごす子どもなどもいる。
○身の回りのことを、保育者や5歳児に手伝ってもらいながら自分でしようとする子どもや、やってもらうことを待っている子どもなど、個人差が大きい。

人との関わり

○排せつの自立は個人差が大きく、自立している子どももいれば、紙パンツで過ごす子どももいる。

○ままごとやブロックなど、家庭にある物と同じ物で遊んだり、初めて見る遊具に興味をもち、触ったりする。

遊びへの取り組み

○保育者のする手遊びや絵本、紙芝居などを楽しそうに見たり聞いたりする。
○保育者と一緒に遊んだりそばにいたりすることで、安心している子どももいる。

ねらい

○喜んで登園し、保育者に親しみをもつ。
… **A**

○園生活の仕方を知り、安心して過ごす。
… **B**

○好きな遊具や用具、場所を見つけて遊ぶ。
… **C**

○身近な小動物や園庭の草花などに触れながら親しみをもつ。
… **D**

幼児の経験する 内容

○自分のクラスや担任の名前を知る。
○保育者に親しみをもち、一緒に遊ぶ。
○園での生活を楽しみにして登園する。

○自分の靴箱やロッカーの場所を知る。
○保育者や5歳児と一緒に、靴やかばんをしまう。
○靴の履き替えや排せつ、手洗い・うがいの仕方など、身の回りの生活の仕方を知り、保育者と一緒にやってみる。

○好きな遊具や安心できる場を見つけて遊ぶ。
○砂や粘土の感触を楽しみながら遊ぶ。
○保育者と一緒に歌をうたったり、絵本を見たりする。

○園庭で草花を見たり、アリやダンゴムシを見たりする。
○保育者と一緒に園で飼っている小動物を見たり、餌をやったりする。

家庭・地域 との連携

保護者への支援も含む

★一人ひとりの様子を、送迎時や個人面談などで伝えたり、家庭での様子を聞いたりする。
★排せつに関しては、家庭でのやり方の違いや個人差が大きいため、保護者と十分に情報を伝え合っていく。
★懇談会やクラス便りなどで、子どもたちの楽しそうな様子や経験していることを伝えられるよう、具体的なエピソードを交えながら知らせたり、遊んでいる様子の写真を掲示したりする。また、担任や保護者同士も互いに声を掛けるなど、保護者が安心し、園への信頼感をもてるようにする。

健康・食育・安全 への配慮

養護の視点も含む

- ○みんなで湯茶を飲む、軽食をとるなどの機会を通して、園で飲食する楽しさを感じられるようにする。
- ○アレルギーの有無や対応について、全職員で共通理解を図る。
- ○年度当初に、全職員で園内の安全点検や場の使い方を共通理解しておく。子どもと、園内で行ってはいけない場所などを確認する。

指導計画から学ぼん 保育力アップ

園が楽しいと感じられるように

初めての園生活にドキドキ、ワクワク、少し不安な気持ちをもって登園する子どもたちです。まずは「先生、大好き」「幼稚園、楽しかった」と感じられるような環境の工夫をすることが大切です。同時に、気持ちにゆとりが生まれるよう、好きな遊びや生き物とのふれあいを心掛けましょう。

環境の構成 と 保育者の援助

園生活を楽しみにし、保育者に親しめるように

- ○保育者に親しみをもてるよう、一人ひとりの名前を呼びながら笑顔で挨拶をしたりスキンシップを図ったりする。
- ○保護者から離れることに不安で泣いていたり、緊張していたりする子どもには、優しく声を掛けたりふれあったり、一緒に周りの様子を見たりして、安心して過ごせるようにする。
- ○降園の前に、親しみやすい手遊びをしたり、絵本や紙芝居を見たりして、園で友達と一緒に過ごす時間や、保育者のすることが楽しいという気持ちをもてるようにする。

園での生活の仕方が分かるように

- ○自分の靴箱やロッカーなどの場所が分かるように、個人のマークや名前を貼っておく。
- ○身の回りのことや排せつは、個人差があるため、園全体の保育者と連携を取り、一人ひとりの実態に応じて援助していく。
- ○園生活の仕方や約束事、遊具の安全な使い方などは、具体的な場面を捉えて繰り返し伝えていく。また、イラストやパペッ

トなどを用いて分かりやすく説明していく。

好きな遊びを見つけられるように

- ○好きな遊びを見つけられるように、ままごとや電車など家庭で遊んでいる遊具を使いやすいように置いておく。また、同じ遊具を多めに用意しておき、遊びたい遊具を一人ひとりが使えるようにする。
- ○園で飼っているウサギや金魚、ザリガニなどを、保育者と一緒に見たり、餌をやったりすることで、安心し、興味や親しみがもてるようにする。
- ○保育者も一緒に砂や粘土に触れて遊び、子どもが感触を楽しみながら遊べるようにする。
- ○園庭に咲いている草花を保育者と一緒に見たり、小さな虫を見たりしながら安心感がもてるようにする。
- ○親しみのある音楽を流してみんなで踊る機会をつくり、保育者がすることに興味をもったり、園生活の楽しさを感じたりできるようにする。

ゆったり過ごすために… ～園で長時間過ごすための配慮～

午後の生活の仕方を知り、安心して過ごせるように

- ○預かり保育が始まる子どもには、担当保育者に子どもの様子や健康状態などを連絡する。
- ○不安を感じている子どもには、担任と預かり保育に参加し、一緒に過ごしながら安心して遊べるようにする。

- ○4・5歳児に声を掛けながら、一緒に遊んだり、預かり保育での生活の仕方を教えたりできるようにする。
- ○ゆっくり休息が取れるように、ござやマット、ソファーなどを用意しておく。

保育者の チームワーク

- ★一人ひとりの子どもが安心して園生活を過ごせるよう、保育者間での情報共有を丁寧に行なう。
- ★遊びや排せつの場面など個々に応じた援助の仕方を共通にする。

反省・評価 のポイント

- ★園生活を楽しみにして登園し、保育者に親しみがもてていたか。
- ★一人ひとりが好きな遊びを見つけられるような環境構成や援助ができたか。

4月 幼稚園（認定こども園）週の計画

1週 4/1(月)〜6(土)

今週の予定 入園式

※ねらい(… Ⓐ など)が、月案と週案で関連し合っていることを読み取ってください。

週の初めの 幼児の姿

○園生活を楽しみにする子ども、緊張や不安のために泣いて保護者から離れられない子どもなど、様々な姿が見られる。
○園にある遊具や用具に興味をもつ姿が見られる。

ねらい・内容（○と・）

○喜んで登園して、保育者に親しみをもつ。… Ⓐ
○園の遊具や用具に興味をもち、自分から遊ぼうとする。… Ⓑ
・自分のクラスやマーク、担任を知る。
・保育者と一緒に歌をうたったり手遊びをしたりして親しみをもつ。
・自分の好きな遊具や用具を見つける。
・保育者と一緒に好きな遊びを楽しむ。

具体的な環境（◆）と保育者の援助（○）

◆入園式に向けて会場や壁面装飾などの環境を整えていき、温かい雰囲気の中で子どもを迎えられるようにする。
◆入園式で子どもが興味をもてるような出し物を計画することで、不安な気持ちを少しでも和らげ園生活に期待をもてるようにする。
（5歳児のお祝いの歌と言葉、職員による人形劇 など）
◆入園願書や子どもの個人記録で事前に家庭環境や健康面、個人の特徴について把握しておく。
◆靴箱やロッカー、タオル掛けなどには、名前だけではなく親しみやすいマークを付けておき、自分の場所が分かりやすいようにする。

◆保育室には家庭で親しんでいる遊具を用意しておき、安心して遊びに取り組めるようにしておく。また、ままごとコーナーや絵本コーナーにはござやじゅうたんを敷き、落ち着いて遊べる空間をつくっておく。
（ミニカーや電車、ブロック、人形、塗り絵、ままごとなど）
○登園時には、一人ひとりの名前を呼んで声を掛けたり、手をつないでスキンシップを図ったりして安心できるようにする。また、保護者と離れられない子どもには、保護者に少しの間寄り添ってもらったり一緒に遊んだりするなど、個別に対応し、少しずつ安心して離れられるようにしていく。
○不安がったり泣いたりする子どもの気持ちを受け止め、手をつないだり優しく声を掛けたりして一人ひとりに寄り添っていく。
○保育者も一緒に遊び、関係を築いていけるようにする。
○遊びが見つからない子どもには、興味をもてそうな遊具を見せたり、絵本を読んだりして関わっていく。
○子どもが親しみをもてるような歌や手遊びを取り入れ、保育者と過ごすことを楽しめるようにしていく。
（♪:『チューリップ』
手遊び:『グーチョキパーでなにつくろう』）

反省・評価のポイント

★喜んで登園し、自分から遊ぼうとしていたか。
★園の遊具や用具に興味をもてる環境の工夫や安心して過ごせるような援助ができたか。

4月

幼稚園（認定こども園）
週の計画

2週 4/8（月）〜13（土）

今週の予定 入園を祝う会

前週の 幼児の姿

○入園式を終え、クラスの担任に親しみをもって自分から関わろうとする姿が見られる。一方で、保護者と離れる際に泣いて気持ちを表す姿も見られている。
○自分の好きな遊びを見つけて自分から遊ぶ姿が見られるようになっている。

○保育者や異年齢児に親しみの気持ちをもち、安心して過ごす。… Ⓐ
○保育者と一緒に身の回りのことをやってみながら園生活の仕方を知る。… Ⓑ
・入園を祝う会に参加する。
・保育者と関わりながら遊んだり、絵本の読み聞かせを聞いたりすることを楽しむ。
・保育者や5歳児に手伝ってもらいながら、身の回りのことを自分でやってみようとする。

◆登園時や遊んでいる最中に不安な気持ちを泣いて表す子どもには、一緒に生き物を見たり、餌をやったりして気持ちが落ち着くようにしていく。
（金魚、ウサギ、ザリガニ　など）
○入園を祝う会では、5歳児に部屋まで来てもらい、異年齢児とふれあったり、歌を聞いたりして楽しんで参加できるようにする。
○降園前などにクラスで集まり、歌をうたったり絵本を読み聞かせしたりし、楽しい雰囲気の中で過ごせる時間をつくっていき、園生活に慣れていけるようにする。
○遊びの中で子どもが作ったままごとのごちそうをおいしそうに食べたり、「もう一つ食べたいな」などと言葉を掛けたりして、保育者と関わって遊ぶことが楽しめるようにしていく。

○できあがった塗り絵を飾ったり、「いっぱい遊んで楽しかったね」「また明日も遊ぼうね」などと言葉を掛けたりして、満足感につながるようにしていく。

◆遊具の片付け場所に写真やイラストを表示したり、入れ物を分けたりして、片付けやすい環境を整えておく。
○身の回りの物の始末は、保育者や手伝いに来ている5歳児が声を掛けながら一緒に行なう中で、やり方を知ることができるようにする。また、自分でやってみようとする気持ちを認めていく。

◆ロッカーや靴箱に写真やイラストで持ち物の入れ方を表示しておき、自分で身の回りのことを始末しやすいようにしておく。

○排せつは、時間を見計らって全体や個別に声を掛け、使い方や手洗いの仕方を伝える。失敗した際も不安にならないように丁寧に関わる。

反省・評価 のポイント

★保育者や異年齢児に親しみの気持ちをもち、安心して過ごしていたか。
★園生活の仕方が分かるような援助や環境構成ができたか。

4月

幼稚園（認定こども園）

週の計画

3週 4/15（月）〜20（土）

今週の予定 保護者会、身体計測、避難訓練

前週の 幼児の姿

○新しい環境に少しずつ慣れてきて、気に入った遊びや場で遊んでいる。

○身の回りのことを自分からやってみようとしたり、保育者と一緒にしてみたりしている。

ねらいと内容（○と・・）

○好きな遊びや場を見つけ、安心して遊ぶ。…Ⓒ

○保育者と一緒に身の回りのことをしようとする。…Ⓑ

○みんなで体を動かすことを楽しむ。…Ⓐ

・自分の気に入った遊具や場所で遊ぶ。

・保育者と一緒に身支度や手洗い、排せつなどを行なおうとする。

・保育者やクラスのみんなと一緒に踊ったり、なり切ったりして遊ぶ。

具体的な環境（◆と○）

保育者の援助（○）

○保育者も子どもと一緒に遊びながら、一人ひとりの遊びの様子を把握し、気持ちを受け入れたり、共感したりして安心して遊べるようにする。

○室内と砂場で遊べるように、他の保育者と連携を取りながら、一緒に遊んだり子どもが遊ぶ様子を把握したりする。

◆自分の好きな遊びを見つけて遊びだせるように描画用紙、ブロックなどのコーナーを構成し、遊びかけの状態にしておく。

○手洗い・うがいの仕方を歌やイラストを使って知らせながら、みんなで楽しく取り組めるようにする。

◆所持品を置く場所や、手洗い場で並ぶ場所にイラストや足の形などを貼り、視覚的に分かりやすいようにする。

○個別に、トイレの排せつの仕方を一緒に行なってみたり、待つことや並ぶ場所を伝えたりして、園でのトイレの仕方を知っていけるようにする。

○植物や生き物を一緒に見たり、触れたりしながら、生き物に興味をもったり、安心感を得たりする。

○親しみやすい音楽を流し、自分なりに体を動かしたくなる楽しい雰囲気をつくる。

（♪:『どうぶつたいそう1・2・3』『さんぽ』）

◆十分に体を動かすことができるように、保育室の机やタオル掛けなどを片付けたり、端に移動したりし、広いスペースをつくる。

○避難訓練でサイレンが鳴ることや、どんなことをするのかを事前に知らせ、4・5歳児の避難している様子を見せながら、子どもが不安にならないようにする。

○初めての身体計測では、パネルシアターや絵カードを使って脱ぎ方や脱いだ物をかごに入れることなどを知らせる。

○衣服の着脱や計測を5歳児に手伝ってもらったり、他の保育者と連携したりしながら、計測ができるようにする。

並ぶライン↗

反省・評価のポイント

★好きな遊びや場を見つけ、安心して遊べるような援助ができていたか。

★みんなでリズミカルに体を動かすことを楽しんでいたか。

週の計画

4月

幼稚園（認定こども園）

4週 4/22（月）～30（火）

今週の予定：誕生会

前週の 幼児の姿

○園での流れが少しずつ分かってきている。
○好きな場や遊具を見つけ、遊んでいる。
○身近な遊具で遊ぶことに慣れ、遊びを楽しめるようになっている。

○身の回りのできることを自分でしようとする。… Ⓑ
○園庭での遊び方の約束を知り、体を動かすことを楽しむ。… Ⓑ Ⓒ
○保育者と一緒に新しい遊具に関わったり、遊びに取り組んでみたりしようとする。… Ⓐ Ⓒ
・コップやタオル、連絡帳などを自分のマークの場所に置こうとする。
・園庭の遊び方や遊具の使い方などを知る。
・パスで色を塗ったり、シールを貼ったりする。

○パスやシールなど、遊ぶ場や教材、遊具を少しずつ増やし、使い方を知らせながら、子どもが様々な遊びを楽しめるようにする。
◆牛乳パックの仕切りやござなどでコーナーをつくったり、使っていない場所を片付けたりしながら、遊ぶ場所の広さを保育者が整え、じっくり遊べるようにする。
○身の回りのことや排せつなど、自分でしようとする姿を認めたり褒めたりしながら、またやろうとする意欲につなげていく。
◆こどもの日に向けて、5歳児が作った大きなこいのぼりやかぶと、ショウブの花を、玄関や保育室に飾ったり、歌をうたったりし、行事に親しめるようにする。
（♪：『こいのぼり』）

◆自分のこいのぼりを楽しんで作れるように、あらかじめ、画用紙をこいのぼりの形に切っておいたり、パスやシールを出したコーナーを用意したりしておく。
◆子どもが好きなときに何度でも戸外でこいのぼりを持って遊べるように、壁にペーパー芯や箱などを付けてこいのぼりを取り出しやすいようにしておく。
○3歳児の行動の広がりを予想して、園内の遊具の遊び方や場所の安全確認を行なう。安全な楽しみ方を繰り返し知らせていく。
◆子どもが簡単に扱える砂場の遊具を取り出しやすい所に置き、楽しめるようにする。
○プランターに水をやったり、小動物に餌をやったりし、園庭の草花や小動物に親しめるようにする。
○小さめのおにぎりやクッキー、お茶などを用意して食べる機会をつくり、みんなと一緒に座って食べる経験を増やしていく。
○誕生会に安心して参加できるように、誕生会の内容を話したり、歌をうたったり、誕生児の名前を呼んだりする。

 **反省・評価のポイント**

★戸外の約束事を知り、体を動かすことを楽しめるような援助ができていたか。
★保育者と一緒に新しい遊具に関わったり、遊びに取り組んでみたりしようとしていたか。

日の計画

4月 幼稚園（認定こども園）

4/8（月）

ねらい
○好きな遊びを見つけて遊び、園で過ごすことを楽しむ。

内容
○好きな遊びを見つけて遊ぶ。
○保育者と一緒に遊ぶ。
○幼稚園の遊具や用具に興味をもって遊ぶ。

環境を構成するポイント	予想される幼児の活動	保育者の援助
○遊具をすぐに遊びだせるような場所に置いておく。 ○安心して遊べるように、ござやカーペットを敷いておく。 ○好きな遊びができるように、それぞれの遊具を多めに用意しておく。 ○金魚やザリガニ、ウサギの餌をやれるように用意しておく。 ○楽しい気持ちで歌をうたったり手遊びをしたりできるように、ペープサートやパペットを用いる。 	○登園する。 ○朝の支度をする。 （自分のマークの所にタオルやコップを掛ける、かばんをロッカーにしまう　など） ○好きな遊びをする。 （ブロック、ままごと、粘土、人形、電車、絵本　など） ・保育者と一緒に金魚やザリガニ、ウサギを見たり、餌をやったりする。 ○排せつをする。 ○降園準備をする。 ○歌をうたう。 （♪：『チューリップ』） ○手遊びをする。 （♪：『むすんでひらいて』） ○紙芝居を見る。 （紙芝居：『ごきげんのわるいコックさん』） ○降園する。	○保育者に親しみがもてるように、一人ひとりの名前を呼びながら挨拶をし、スキンシップを図る。 ○ロッカーやタオル掛けの場所に貼ってある自分のマークを伝え、一緒にしまう。 ○遊びを見つけられない子どもには、興味をもてそうな遊具を使って一緒に遊ぶ。 ○不安な様子の子どもには、一緒に生き物を見に行き、安心できるようにする。 ○一緒にトイレに行き、使い方を伝えたり、様子を見て手伝ったりする。 ○楽しめるように、ペープサートやパペットでお話をしてから、歌や手遊びをする。 ○明日も喜んで登園できるように、「先生、待っているね」「明日も一緒に遊ぼうね」などと伝える。 ○安心して預かり保育へ参加できるように、部屋まで一緒に行き、落ち着くまで一緒に遊ぶ。
○自分の持ち物を置く場所が分かるように、マークなどで表示しておく。 ○体を休められるように、ござやマットを敷いておく。	○預かり保育の子どもは部屋を移動する。 ○昼食をとる。 ○食後にゆったりと過ごせるような遊びをする。 ○おやつを食べる。 ○好きな遊びをする。 ○降園準備をする。 ○降園する。	○一緒に昼食の準備を行ないながら、準備の仕方や持ち物を置く場所などを確認していく。 ○様子を見ながら休めるように声を掛けたり、一緒に遊んだりする。 ○降園準備を一緒に行ないながらやり方を伝える。

反省・評価のポイント
★好きな遊びを見つけて遊びを楽しめたか。
★好きな遊びを見つけられるような環境構成の工夫ができたか。

4月

幼稚園（認定こども園）

日の計画

4/18（木）

ねらい
○好きな遊びを見つけて遊ぶ。
○初めての身体計測に安心して参加する。

内容
○園内の自然に関わって好きな遊びをする。
○保育者や友達、4・5歳児と一緒に遊ぶ。
○身体計測に参加する。

環境を構成するポイント	予想される幼児の活動	保育者の援助
○遊具ですぐ遊びだせるように、遊びかけの状態で出しておく。 ○一人ひとりが落ち着いて繰り返し遊べるように、ござやカーペットを敷く。 ○好きな遊びができるように、それぞれの遊具を多めに用意しておく。 ○見つけた虫や摘んだ花を入れる容器を用意しておく。 ○身体計測のための器具を保育室の安全な場所に置いておく。 ○着替えのためのござやカーペットを敷いたり、カーテンを閉めたりする。	○登園する。 ○朝の支度をする。 （タオルやコップを掛ける、かばんをロッカーにしまう　など） ○好きな遊びをする。 （ブロック、ままごと、粘土、人形、電車、絵本　など） ・保育者と一緒に園庭で虫を探す。 ・花を見たり、摘んだりする。 ○排せつをする。 ○絵本を見る。 （絵本：『しろくまのパンツ』） ○身体計測をする。 ・5歳児やフリーの保育者にも手伝ってもらい、服を脱いでかごに入れる。 ・保育者に身長・体重を測ってもらう。 ・手伝ってもらいながら服を着る。 ○降園準備をする。	○保育者に親しみがもてるように、一人ひとりの名前を呼びながら挨拶をし、スキンシップを図る。 ○自分のロッカーやタオル掛けの場所を伝えたり、一緒にしまったりする。 ○安心して過ごせるように、保育者も一緒に園庭に出て、虫を探したり花を見たりして遊ぶ。 ○室内、戸外それぞれの場所で各保育者と一緒に遊びを楽しめるように連携を取る。 ○一緒にトイレに行き、使い方を伝えたり、様子を見て手伝ったりする。 ○初めての身体計測なので、安心して参加できるように、パネルシアターや絵カードで手順を伝える。 ○着替え方、服を置く場所、記録などを5歳児やフリーの保育者と連携しながら、丁寧に一つずつ行なっていく。
○楽しい気持ちで歌をうたったり手遊びをしたりできるように、ペープサートやパペットを用いる。	○歌をうたう。（♪：『チューリップ』） ○手遊びをする。 （♪：『グーチョキパーでなにつくろう』） ○降園する。	○楽しい気持ちで降園できるように、ペープサートやパペットで話をしてから、歌や手遊びをする。
○安心して遊べるように、家庭と同じ遊具を置いておく。 ○体を休められるように、ござやマットを敷いておく。	○預かり保育の子どもは部屋を移動する。 ○昼食をとる。 ○食後にゆったりと過ごせる遊びをする。 ○おやつを食べる。 ○好きな遊びをする。 ○降園準備をして、降園する。	○昼食の準備の仕方や持ち物を置く場所などを一緒に繰り返し確認する。 ○様子を見ながら休めるように声を掛けたり、一緒に遊んだりする。 ○降園準備の仕方を、一緒に行ないながら伝える。

反省・評価のポイント

★好きな遊びを見つけて遊びを楽しめたか。
★安心して身体計測に参加できるような準備や関わりができたか。

CD-ROM ▶ 📁 4月 ▶ 📄 3歳児_4月_18日の計画_幼稚園

5月の計画

園生活の仕方を知り、遊びを楽しめるように

生活

　園生活の流れが分かってきて、身の回りのことを自分でしようとする気持ちが見られるようになってきます。保育者は子どもの自分でしようとする気持ちを受け止め、さりげなく手伝うなどして、できた満足感を味わえるようにしていきましょう。

人との関わり

　園生活に安心感をもった子どもたちは、自分の思いを自分なりのしぐさや言葉で伝えようとします。保育者が子どもの思いを受け止めたり、応えたりして、子どもが自分の思いを出す心地良さを感じられるように心掛けていきましょう。

季節ごよみ

○年長児が作ったこいのぼりが園庭に飾られている。園内には五月人形も飾られている。

○ダンゴムシやアリなどの虫や、池にはオタマジャクシが見られるようになる。

○木々の新緑が鮮やかになり、心地良い風が感じられる。

○アゲハチョウやモンシロチョウが飛び、幼虫も見られるようになる。

○ヒマワリやアサガオの芽が出る。

○隣接する小学校からは運動会の音楽が聞こえてきたり、児童が校庭で練習する姿が見られたりする。

○晴天が続き、日ざしが強くなり、蒸し暑い日もある。夏野菜の苗が少しずつ伸びてくる。

○園庭では、泥遊びや砂場など水を使った遊びが盛んになる。

遊びへの取り組み

　自分の好きな遊びを見つけて楽しむ姿が見られるようになってきます。爽やかな季節ですので、体を十分に動かす戸外での遊びや、春の自然にふれて親しむ機会を設けていきたいですね。

保育なるほど解説！

保護者との連携の第一歩
「保護者と共に」

　新しい園生活に慣れてきて行動的になる5月です。子ども同士のちょっとしたぶつかり合いやいざこざも、よく起きてきます。園生活ではよく見られる光景ですが、我が子を初めて集団生活に送り出す保護者や、第一子の子育てに悩んでいる保護者にとっては、「大変なこと」として受け止められてしまうこともあるでしょう。保護者との連携をつくる第一歩は、こうした場面で、カウンセリングマインドをもって保護者一人ひとりと接し、子どもの成長を共に見守っていく関係をつくっていくことです。

5月の計画

5月 月の計画

保育園（認定こども園）

※ねらい（… Ⓐ など）が、月案と週案で関連し合っていることを読み取ってください。

前月末の 幼児の姿

生活

○園生活の流れが分かり、身の回りのことを少しずつ自分でしようとしている。

人との関わり

○保育者と遊ぶことを楽しんでいる。

○遊びたい遊具や場所が重なり、トラブルになることもある。

○友達と一緒に遊ぶことで親しんでいる。

○保育者や友達と散歩に出掛けたり、好きな遊びを楽しんだりしている。

遊びへの取り組み

○こいのぼりを作り、うれしそうに風になびかせたり、持ち歩いたりして楽しんでいる。

ねらい

○簡単な身の回りのことを自分でやってみようとする。… Ⓐ

○戸外で保育者や友達と一緒に、体を動かすことを楽しむ。… Ⓑ

○自分の思いを、保育者や友達に伝えようとする。… Ⓒ

○身近な自然に親しみ、興味をもつ。… Ⓓ

幼児の経験する 内容

○朝夕の身支度を、保育者に手伝ってもらいながら、できるところは自分でする。

○保育者と一緒に、手洗い・うがい、排せつ、着脱をしようとする。

○保育者や友達と遠足に参加し、一緒に体を動かす。

○鬼ごっこをして、十分に体を動かす。

○保育者や友達と一緒に好きな遊びをする。

○こどもの日の集会に参加し、保育者や友達と楽しんで活動する。

○自分のしたいこと、やってほしいことを、言葉や動作で伝える。

○気に入った場所や遊具を見つけたり、遊びに使う物を作ったり使ったりして、保育者や友達と繰り返し遊ぶ。

○戸外で、水、砂、土や動植物などに触れる。

○栽培物を植え、世話をする。

○行事を楽しみにして製作する。

家庭・地域との連携
保護者への支援も含む

★連休明けは、登園時に不安になったり生活リズムの乱れから不機嫌になったりする子どももいるので、登園時に保護者とのやり取りを丁寧に行なったり、連絡帳で園での体調や様子を知らせ、保護者が安心できるよう配慮していく。

★遠足に各自で弁当や水筒を持参する際には、子どもが扱いに慣れていないことがあるので、保護者に、子どもが食べやすい物や量を知らせたり、使いやすいサイズの見本を見せたりしていく。

健康・食育・安全 への配慮
養護の視点も含む

○連休明けは疲れも出やすいので、ゆったりと落ち着いて遊べる環境を用意しておく。

○気温が高くなる日もあるので、汗をかいたら着替えをするよう声を掛けたり、こまめに水分補給を促したりしていく。

○散歩先の下見を行ない、道順や危険箇所、トイレの場所や数、和式か洋式かなどを確認する。

指導計画から学ぼう　保育力アップ

自分の思いが伝わるうれしさを体験できるように

保育者や子どもたちとの関わりも増え、親しみを感じる中、自分の思いを言葉やしぐさで伝えようとしています。生活や遊びの中で、伝えたい気持ちを受け止め、うなずきや共感、言葉を繰り返すなどしていきましょう。自分の気持ちを自分で伝えるうれしさ、そして、相手に伝わる楽しさを感じられるようにしていきたいですね。

環境の構成と保育者の援助

自分でやろうとする気持ちを大切に

○一日の流れが少しずつ分かってきているので、朝夕の身支度、着替えなど見通しをもったことばがけをしていき、援助が必要なところは手伝い、子どもたちが自分でできそうなところは見守っていく。

○戸外での遊びの後は、活動内容に応じて保育者が一緒に足を洗ったり、手洗い・うがいなどを丁寧に知らせたりしていきながら、きれいになった気持ち良さを感じられるようにしていく。

戸外での遊びを思い切り楽しめるように

○戸外の広い場所で、保育者や友達と一緒に鬼ごっこをして走り回ったり、体操をしたりしながら体を動かす楽しさを味わえるようにしていく。

○心地良い気候を生かして、保育者や友達と一緒に戸外で食事をする楽しさを味わえるようにする。

自分の思いを表現できるように

○友達と同じ遊具を使いたがったり、場所の取り合いで友達とトラブルになってしまったりすることもあるので、十分に遊べるように遊具の個数やスペースを整えていく。

○うれしかったことや楽しかったことを言葉で伝えようとしているときは十分に耳を傾け、うれしさを共感していく。

○宝物入れを製作して、友達と一緒に散歩先での宝物を見つけた喜びやうれしさなどを表現できるようにしていく。

身近な自然に興味をもち、親しめるように

○プランターに植えた夏野菜の生長の様子を、保育者が伝えながら興味をもつきっかけをつくっていく。

○保育者も一緒に、水、砂、土などを一緒に触って感触を味わったりして、解放感を得られるようにしていく。また、虫や植物を発見した子どもの喜びを一緒に味わえるようにしていく。

○願いを込めて、行事に必要な物を製作できるようにする。

ゆったり過ごすために…　〜園で長時間過ごすための配慮〜

安全に遊べるように

○進級して1か月がたち、子どもも園生活に慣れてきたので、遊び方がダイナミックになり、けがなどの危険が予想される。その都度声を掛けたり、保育者が一緒に遊んだりしながら見守っていく。

○戸外で遊んだ日はゆったりと過ごせるように、絵本やパズル、塗り絵などを用意しておく。

保育者のチームワーク

★子どもの発達面や気になる行動（かみ付き、引っかき　など）を保育者同士で情報を共有し、未然に防ぐようにする。

反省・評価 のポイント

★簡単な身の回りのことを保育者に手伝ってもらいながら自分でしようとしたか。

★楽しんで体を動かせるような働き掛けができたか。

★自分の思いを表現できるような関わりができたか。

5月 保育園（認定こども園）

週の計画

1週 5/1（水）〜11（土）

今週の予定　みどりの日、こどもの日の集会、母の日

※ねらい（… Ⓐ など）が、月案と週案で関連し合っていることを読み取ってください。

前週の 幼児の姿

○園での生活の流れが大まかに分かり、安心して過ごしている。

○戸外で体を動かしたり、春の自然にふれたりして楽しんでいる。

○自分で作ったこいのぼりが飾ってあるのを見て喜んでいる。

ねらい（○）と内容（・）

○生活の仕方が分かってきて、安心して過ごす。… Ⓐ

○好きな遊びを保育者や友達と一緒に楽しむ。… Ⓑ Ⓓ

○こどもの日の集会に喜んで参加する。… Ⓒ

・簡単な身の回りのことを、保育者と一緒にしようとする。

・室内や戸外で好きな遊びを見つけ、保育者や友達と遊ぶ。

・こどもの日の由来や話を聞き、こどもの日の集会に参加する。

具体的な環境（◆）と保育者の援助（○）

○朝夕の支度や着脱、トイレの使い方など一人ひとりの子どもに応じて必要な場面で援助していく。自分でしようとする気持ちを大切にし、できたときは認めていき自信へつなげる。

○連休明けは、登園時に不安な子どももいるので、一人ひとりに笑顔で声を掛けたり、保育者がそばについたりして、安心して過ごせるようにする。

○連休中の楽しかった出来事を話す子どもの声に耳を傾け、思いに共感しながら言葉のやり取りを楽しむ。

◆好きな遊びが見つけやすいよう、コーナー遊びの場所を決め、遊具や素材を用意しておく。
（ままごと道具、粘土、ブロック　など）

○保育者が一緒に遊んだり、友達と遊べるよう仲立ちをしたりしていく。

○クラス全体に声を掛けながら、一人ひとりの排尿間隔を把握し、個別にトイレに誘っていく。

○天気の良い日は戸外に出て、砂場遊びや虫探し、体を動かす遊びに誘っていく。

◆虫が集まりやすい場所を事前に準備したり、虫がいる場所を調べたりしておく。

○遊びに入りたそうにしている子どもには声を掛けて誘い、一緒に遊ぶ楽しさを味わえるようにしていく。

◆こどもの日の集会では、3・4・5歳児が作ったこいのぼりをホールに飾っておく。

◆集会で玉入れを楽しめるよう、2色のカラー帽を用意しておく。また、玉入れ用のかごの安全確認をしておく。

◆玉入れではチームに分かれるため、遊び方が分かるよう、4歳児→3歳児→5歳児の順で行なう。また、かごの高さを3歳児は低くして、玉入れのおもしろさを味わえるようにする。

○紙芝居やペープサートで分かりやすく由来を伝え、製作したこいのぼりを紹介し合ったり、玉入れで遊んだりして、楽しい雰囲気で参加できるようにする。

反省・評価のポイント

★保育者や友達と楽しんで遊んでいたか。

★こどもの日の集会に楽しんで参加できるよう、働き掛けることができたか。

5月

保育園（認定こども園）

週の計画

2週 5/13(月)〜18(土)

今週の予定 遠足

前週の 幼児の姿

○安心して過ごす中で、簡単な身の回りのことを自分でやってみようとしている。
○好きな遊びを見つけ、保育者や友達と楽しんでいる。
○こどもの日の集会に参加して楽しんでいた。

○好きな遊びを見つけ、保育者や友達と楽しむ。… Ⓑ Ⓒ
○戸外で体を動かして遊ぶことを楽しむ。… Ⓑ Ⓓ
○遠足に期待をもち、公園で過ごすことを楽しむ。… Ⓓ
・遊びを楽しむ中で、自分の思いを保育者や友達に伝える。
・保育者や友達と、しっぽ取りなどをする。
・徒歩で近くの公園に行き、遊んだり食事をしたりする。

◆子どもの興味のある遊具は数を多く準備しておく。
◆好きな遊びが継続できるよう、ブロックで作った物や描きかけの絵などの置き場所をつくっておく。
○遊びの中で、トラブルになったときには、保育者がそれぞれの思いを言葉にし、伝わるよう仲立ちしていく。

◆戸外で遊んで汗をかいた日は、足を洗えるよう、たらいや足拭きタオルを用意しておく。

○足を洗うときは、保育者がそばにつき、ズボンをまくる、足を洗う、ぬれた足を拭くなど一緒に行ない、やり方が分かるように働き掛けていく。
○「トントントン、開けておくれ、お母さんだよ」など、子どもがイメージできる誘い掛けで楽しめるようにする。遊ぶ中で、子どもの興味に沿って役を変えたりルールを変えたりしながら、喜んでできるようにする。
（しっぽ取り、
おおかみと7匹の子ヤギの鬼ごっこ　など）

◆てるてる坊主の製作では、必要な素材を用意しておく。
（フラワーペーパー、ティッシュペーパー、
ビニールテープ、輪ゴム、丸シール　など）
○保育者が見本で一つ作って手順を知らせたり、遠足が楽しみにできるよう声を掛けたりしながら、期待を持てるようにする。
◆作ったてるてる坊主は、保育室や出入り口など、子どもに見える所に飾る。

◆遠足の行き先は、2歳児クラス時から行き慣れた公園とし、事前に食事の場所やトイレの数、雨天時の予定（ゲーム後、ホールで昼食を食べる）などを園全体で確認しておく。
○弁当を公園で食べることへの期待に共感しながら、遠足を楽しめるよう声を掛けていく。

○公園では、虫探しや草花を見つけて自然にふれて楽しめるようにしていく。また、保育者も一緒になってしっぽ取りを楽しみ、体を動かして遊ぶ楽しさも伝えていく。
◆帰園後は、早く休めるよう、園全体で連携を取り、子どもたちの布団を敷いておいてもらう。

のポイント

★体を動かして遊ぶことを楽しんでいたか。
★公園で過ごすことを楽しめるよう援助できたか。

5月
週の計画
保育園（認定こども園）

5月

保育園（認定こども園）
週の計画

3週

5/20(月)～25(土)

今週の予定：避難訓練、身体計測

※ねらい（…Ⓐ など）が、月案と週案で関連し合っていることを読み取ってください。

前週の 幼児の姿

○保育者や友達と戸外でしっぽ取りなどを楽しんでいる。
○公園へ行って遊んだり、弁当を食べたりすることを喜んでいた。

ねらい○と内容・

○簡単な身の回りのことを自分でしようとする。… Ⓐ
○室内や戸外で好きな遊びを見つけて、保育者や友達と楽しむ。…Ⓑ Ⓒ
○水、砂、土の感触を味わう。… Ⓓ
・保育者に手伝ってもらいながら、できることは自分でしようとする。
・ままごとやブロック、虫探しや砂場などで保育者や友達と遊ぶ。
・水を掛けた砂場で、はだしになって遊ぶ。

具体的な環境◆と保育者の援助○

◆帽子をかぶる、着替えを用意するなどの絵カードを作成し、子どもが次に何をするかが視覚的に分かるようにする。
○着替えの準備や足洗いの仕方などを伝え、自分でやろうとする気持ちを育んでいく。できたところは十分に認め意欲を引き出していく。
○自分からは気付けない子どもには、「外から帰ったら、着替えようね。何を用意すればいいのかな？」と、することに気付けるようなことばがけをしていく。

◆室内と戸外で同時に遊ぶときは、他クラスと連携して室内外の環境を構成し、保育者の視線を確保しておく。
◆スカートやエプロン、お面などは数を多めに用意し、ごっこ遊びを楽しめるようにしていく。
◆気温の高い日は、こまめに水分補給ができるようコップや麦茶を用意する。
○子どもが水分補給をしているか、一人ひとりを確認し、回数や量が少ない子どもには声を掛けていく。

◆日ざしが遮られるように遮光ネットなどを張る。
○戸外に出ている子どもには、時々木陰に誘い、休息を取

れるようにする。

◆カップや型抜き、バケツ、シャベルなどの遊具を用意する。
○保育者もはだしになり、水、砂、土の感触を一緒に楽しめるようにしていく。
○感触が苦手な子どもには無理に誘わず、砂遊びをする友達の様子を保育者と一緒に見たり、子どもの好きな遊びを楽しんだりできるようにしていく。
○手足を洗うときは、見守ったり、手を添えたりしながら、きちんと洗えているか気付けるように声を掛けていく。

○アサガオの種をまいたり、夏野菜（オクラ、ピーマン、トマト　など）を植えたりし、興味をもてるような絵本や紙芝居を用意する。
（絵本：『やさいのおなか』『おやおや、おやさい』）

反省・評価のポイント

★簡単な身の回りのことをしようとする姿を見守り、適切な援助ができたか。
★水、砂、土に触れ、感触や遊びを楽しんでいたか。

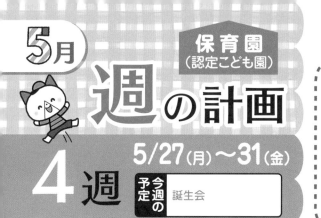

5月

保育園（認定こども園）

週の計画

4週 5/27（月）〜31（金）

今週の予定：誕生会

前週の 幼児の姿

○着替えや足洗いなどできるところは自分でしようとしている。

○好きな遊びを保育者や友達と楽しんでいる。

○水、砂、土の感触を味わって遊んでいる。

○保育者や友達と体を動かして遊ぶことを楽しむ。…Ⓑ

○自分の思いを言葉やしぐさで伝えようとする。… Ⓒ

○自分で作った手作りバッグを使って、公園で散策を楽しむ。… Ⓓ

・体操やしっぽ取りをする。

・要求や思いを言葉や態度で伝える。

・自分の手作りバッグを作り、遊びに使う。

○体操のCDを再生し、保育者も一緒に踊り体を動かす心地良さを味わえるようにしていく。
（♪：『エピカニクス』『昆虫太極拳』）

○しっぽ取りは、子どもの気持ちや意欲に合わせてルールを調整しながら楽しめるようにしていく。

（しっぽを多めに用意し、取られてもまた付けられるようにする。追う人と逃げる人の人数を調整するなど）

○興味を示さない子どもには、無理に誘わず、友達の様子を保育者のそばで見たり、違う場所から応援したりできるようにする。

○好きな遊びを楽しめるよう、時間にゆとりをもち、保育者も一緒になって遊んでいく。

○遊びの中で、自分の欲しい遊具の取り合いやしてほしいことが食い違ってトラブルになったときは、保育者が

互いの思いを受け止め、言葉で伝え合えるように働き掛けていく。

◆事前にポリ袋の縁にカラークラフトテープを貼り、穴をあけてリボンを通しておく。油性フェルトペンで模様を描きやすいよう、袋の中に台紙を入れておく。

◆好きな色の縁取りの袋を選び、模様を描けるように油性フェルトペンを用意する。

○少人数で行ない、油性フェルトペンの使い方を伝えていく。中の台紙を取り出し、完成した手作りバッグを見せ合えるようにする。

◆事前に公園内の危険な物は排除し、子どもが十分に安全に遊べるようにする。

○自分の手作りバッグを持ち、公園で草花や小石などの宝物を探すことや、持ち帰る楽しさを味わえるようにしていく。

○子どもの思いに寄り添いながら「よく見つけたね」「すてきね」などと声を掛けていく。虫や危険な物は、子どもの気持ちに寄り添いながら、どうしたら良いか話し合っていく。「保育園に持って帰ったら、虫さんがおうちへ帰れないね…。見つけた所に戻してあげようか」などと提案する。

反省・評価 のポイント

★自分の思いを言葉で伝えられるような援助ができたか。

★戸外で散策したり、体を動かしたりすることを楽しんでいたか。

日の計画

5/7（火）

ねらい
○保育者や友達と好きな遊びを楽しむ。
○ごっこ遊びやしっぽ取りに参加し、保育者に追い掛けられることを楽しむ。

内容
○しっぽ取りをして遊ぶ。

環境を構成するポイント	予想される幼児の活動	保育者の援助
○朝の支度をスムーズにできるよう、連絡帳入れやタオル掛けなどを分かりやすく表示して置いておく。	○登園する。 ○朝の支度をする。 ○好きな遊びをする。 ○排せつをする。	○連休明けで子どもが朝の支度に戸惑わないよう、見通しをもったことばがけをしたり必要に応じて丁寧に知らせたりしていく。
○走ってぶつからないように、三輪車を片付けて、園庭に線を引いたり、カラー標識を立てたりして、安全に走れるスペースを確保する。 ○しっぽを使いたいときに使えるよう、子どもの取りやすい場所に置いておく。	○帽子をかぶり園庭に出る。 ○好きな遊びをする。 　（砂場、虫探し、三輪車　など） ○保育者のオオカミの声などに興味をもった子どもは、友達と一緒に逃げている。 ○保育者が付けているしっぽに気付いて取ろうとする子どももいれば、走ることを楽しむ子どももいる。	○オオカミのお面やしっぽを付けて子どもたちの近くへ行き、「おいしそうな子ヤギたちはいないか〜」と声を掛けていく。 ○オオカミのお面を着けるときや声を掛けるときは、子どもたちが怖がらずに楽しめるよう、様子を見ながら進めていく。 ○興味をもった子どもには、しっぽがあることを知らせていく。
	○室内に戻る。 ○排せつをする。 ○着替えをする。 ○手洗いをする。 ○昼食をとる。 ○絵本を見る。 　（絵本：『おおかみと7匹の子ヤギ』） ○午睡する。 ○おやつを食べる。	○子どもたちのしっぽを取ったり、保育者のしっぽを取りやすくするためゆっくり走ったりする。
○パズル、ブロックなどの、じっくり遊べる遊具を用意しておく。	○帰りの支度をする。 ○好きな遊びをする。 ○降園する。	

反省・評価のポイント
★保育者に追い掛けられ、しっぽ取りを楽しんでいたか。

5月 **保育園（認定こども園）**

日の計画

5/28 (火)

| ねらい | ○保育者や友達に追い掛けられたり、追い掛けたりして、遊ぶ楽しさを味わう。 |

| 内容 | ○自分の思いを伝えながら、保育者や友達と遊ぶ。
○オオカミや子ヤギになってしっぽ取りをする。 |

環境を構成するポイント	予想される幼児の活動	保育者の援助
○朝の支度がしやすいように、連絡帳入れやタオル掛けなど分かりやすい所に置いておく。 ○三輪車で遊んでいる子どもとぶつかると危険なので、三輪車としっぽ取りで時間を分けて園庭を使っていく。 ○しっぽを多めに用意し、好きなときに参加できるように、取りやすい所に置いておく。 ○子どももなり切れるように、オオカミのお面を用意しておく。	○登園する。 ○朝の支度をする。 ○好きな遊びをする。 ○排せつをする。 ○帽子をかぶって園庭に出る。 ○園庭で準備体操をする。 ○好きな遊びをする。 　（砂場、三輪車、虫探し　など） ○しっぽやお面が置いてあることに気付き、着けて参加する。 ○オオカミ役の保育者から逃げたり、一緒にオオカミになって友達を追い掛けたりする。 ○しっぽを取ったり取られたりしながら、何度も繰り返し遊ぶ。 ○室内に戻る。 ○排せつをする。 ○着替えをする。 ○手洗いをする。 ○昼食をとる。 ○絵本を見る。 　（絵本：『3びきのやぎ』） ○午睡する。 ○おやつを食べる。 ○帰りの支度をする。 ○好きな遊びをする。 ○降園する。	○朝の支度は子どもの姿を見守りながらできたときは褒めたり、必要なところは援助したりしていく。 ○オオカミのお面やしっぽを付けた子どもと役になり切る。 ○走って逃げたり、しっぽの取り方を知らせたりしながら、十分に楽しさを味わっていく。 ○しっぽを取ったり、逃げたりする楽しさを何度か味わったら、オオカミ役・子ヤギ役に分かれて遊ぶ（参加人数によって調整する）。 ○子どもの気持ちや意欲に合わせて、ルールを変えながら楽しめるようにしていく。

反省・評価のポイント　★役になり切ってしっぽ取りを楽しめたか。

5月 月の計画

幼稚園（認定こども園）

※ねらい（… Ⓐ など）が、月案と週案で関連し合っていることを読み取ってください。

クラスづくり

○一人ひとりの気持ちに丁寧に寄り添い、園が安心して過ごせる場になるようにし身の回りのことを一緒に行なう中で、自分でできたうれしさを感じ自信をもてるようにしていきたい。

○遊びたい場や好きな遊具で遊ぶ中で、保育者が仲立ちとなって、友達の存在や友達と一緒に過ごす楽しさを感じられるようにしていきたい。

前月末の 幼児の姿

生活

○保育者に親しみをもち、笑顔で登園する子どもが増えている一方、緊張や不安が見られる子どももいる。

○身の回りのことを保育者や5歳児に手伝ってもらいながら、取り組んでいる。

人との関わり

○自分の好きな場所や遊具を見つけ、楽しんでいる子どももいる一方で、保育者のそばから離れようとしない子どももいる。

○花摘みや虫探しなど春の自然にふれたり、戸外で体を動かしたりして遊んでいる。

○こいのぼりに興味をもち、自分で作ったこいのぼりを飾ったり、持ち歩いたりして喜んでいる。

遊びへの取り組み

○保育者や友達と一緒に、絵本を見たり手遊びをしたりすることを楽しんでいる。

○同じ場や遊具で遊ぶ中で、遊具の取り合いや思いが通らないことなどからトラブルになることもある。

ねらい

○園生活の仕方を知り、保育者に手伝ってもらいながら、自分でやってみようとする。… Ⓐ

○自分の好きな遊びを見つけて楽しむ。… Ⓑ

○保育者や友達に親しみを感じ、一緒に過ごすことを楽しむ。… Ⓒ

○身近な自然にふれながら、戸外で遊ぶ心地良さを感じる。… Ⓓ

幼児の経験する 内容

○身支度、排せつ、着脱など身の回りのことを、保育者と一緒に行なう。

○遊具の使い方や片付け方などの園内の約束事を知る。

○保育者や友達と一緒に昼食を食べる。

○気に入った遊具や場を見つけて、安心して繰り返し遊ぶ。

○製作の材料を使って好きな物を作り、使って遊ぶ。

○保育者や友達がしている遊びに興味をもち、同じ場で遊んだり、まねようとしたりする。

○保育者や友達と一緒に手遊びをしたり、体を動かしたりする。

○戸外で保育者と体を動かして遊ぶ。

○水や砂などの感触を楽しみながら遊ぶ。

○園庭の草花や虫を見たり触ったりする。

○保育者や友達と一緒に飼育物を見たり、餌をやったりする。

○夏野菜の苗を植えたり、夏に咲く花の種をまいたりする。

家庭・地域 との連携

保護者への支援も含む

★連休明けは、保護者から離れることを渋る姿が見られることもある。家庭での過ごし方を聞いて援助に生かしたり、園で遊んでいる様子を伝えたりするなど、家庭との連携を密に取り、保護者も安心できるようにする。

★友達への興味・関心が高まる中で、遊具の取り合いなどから、かみ付いたり押したりするといったトラブルも起こりがちになる。子どもの思いを受け止め、保護者に経緯や対応を丁寧に伝え、信頼関係を築いていく。

★昼食は、みんなで食べる楽しさを大切にしていることを伝える。弁当では食べやすい量や内容を工夫してもらう。

健康・食育・安全への配慮
養護の視点も含む

○保育者や友達と食事をする楽しさを感じられるように環境の工夫をする。

○アレルギーをもつ子どもには特に健康のカルテを把握した上で職員間で連携を図り、健康に配慮する。

○保育時間が長くなることで疲れも出やすくなるので、体調を見ながらゆったりと過ごす時間を設けていく。

○場に慣れてきて行動範囲や動きが広がることから、保育者間の連携を密にし、安全に配慮する。

指導計画から学ぶ 保育力アップ

園生活に慣れ、安心して過ごせるような環境の工夫を！

園生活のリズムや場の使い方にも慣れてきて安心して過ごせるようになってきました。自分の好きな遊びや、親しみをもてる保育者や友達ができることでより楽しく、生き生きと過ごせるように援助することが大切です。

環境の構成と保育者の援助

園生活に慣れ、安心して過ごせるように

○身の回りのことを自分でしようとする気持ちを受け止めながら手伝ったりやり方を知らせたりする。「自分でできた」ことを十分に認め、安心感や満足感をもてるようにする。

○5歳児に場や遊具の使い方を教えてもらいながら園探検をし、園への安心感や興味をもったり、約束事を知ったりできるようにする。

○昼食の時間を楽しみにし、友達と一緒に食べる楽しさを感じられるような雰囲気づくりをする。一人ひとりが無理なく自分のペースで食べられるよう、十分な時間を設ける。

保育者や友達に親しみを感じられるように

○友達や友達の遊びに興味をもてるように、同じ場で遊んでいる中で仲立ちをし、一人ひとりの名前を呼ぶ機会をもつ。

○遊具や順番の取り合い、思いが通らないことなどから起きるトラブルでは、子どもの思いを丁寧に受け止め、友達の思いを伝え、関わり方を知らせていく。

好きな遊びを見つけ、繰り返し楽しめるように

○遊具を分類したり取り出しやすい場所に用意したりして、子どもが自分から遊びだせるようにする。

○遊びに使う素材や遊具を十分に用意し、繰り返し作ったり使ったりすることを楽しめるようにする。

○それぞれの遊びにじっくりと取り組めるように、コーナーをつい立てで仕切ったり、使っていない遊具を片付けて整理したりする。

○遊びを見つけにくい子どもには、保育者が誘い掛けたり、保育者や友達が見つけた物をきっかけにしたりして、遊びや遊具に興味をもてるようにする。

身近な自然に親しめるように

○保育者が一緒に、体を動かして遊んだり、飼育物や身近な草花、虫を見たり触ったりする中で、戸外で遊ぶ楽しさや興味をもったことに共感していく。

○夏野菜の苗や花の種まきを子どもと一緒にし、土に触れたり水やりをしたりしながら、生長に興味をもてるようにする。

ゆったり過ごすために… 〜園で長時間過ごすための配慮〜

安心して遊べるように

○安心して遊びを見つけて楽しめるように、ブロックや塗り絵など、親しみのある遊具を十分な数用意する。

○日中、体をたくさん動かして遊んだ日は、子どもたちの様子を見ながら、落ち着いて過ごせるように配慮する。

○一人ひとりの思いを感じ取りながら寄り添い、保育者とふれあって、安心感をもてるようにする。

保育者のチームワーク

★園や保育者に親しみをもって関われるように、子どもたちの遊びや様子の情報共有を図り、声を掛けたり見守ったりする。

反省・評価のポイント

★身の回りのことを自分なりに、やってみようとしていたか。

★好きな遊びを見つけたり、保育者や友達に親しみを感じながら遊んだりできるような援助や環境構成ができたか。

★身近な自然にふれ、戸外で遊ぶ心地良さを感じられたか。

予定 今週の みどりの日、こどもの日、母の日

※ねらい（… Ⓐ など）が、月案と週案で関連し合っていることを読み取ってください。

前週の 幼児の姿

○園生活に少しずつ慣れ始め、保育者に親しみを感じている。
○好きな遊具や場所を見つけ、遊ぼうとしている。
○こいのぼりを見ることや、作ることを楽しんでいる。

ねらい○と内容・

○簡単な身の回りのことを保育者と一緒にやってみようとする。… Ⓐ
○好きな遊びを見つけ安心して過ごす。… Ⓑ
○こどもの日に興味をもつ。… Ⓑ Ⓒ Ⓓ
・朝の身支度や排せつなど、保育者に手伝ってもらいながら行なう。
・好きな遊具や場所を見つけたり、保育者や友達と一緒に遊んだりする。
・こいのぼりを見たり、歌をうたったりする。

具体的な環境◆と保育者の援助○

○朝や帰りの身支度を保育者も一緒に楽しみながら行なうことで、自分からやってみようとする気持ちをもてるようにする。（タオルを畳むときにリズムをつけて、楽しく畳めるようにする　など）

○トイレに行くことに抵抗を感じている子どもには気持ちに寄り添いながら接し、まずはトイレに行って排せつできたことを一緒に喜ぶなどして少しずつ自信をもてるよう援助する。
◆ままごとや砂場などで使う遊具を多めに用意し、子どもが好きな遊具で遊ぶことを楽しめるようにする。

◆遊具をしまうかごに遊具を描いた表示を付けるなどして、どこに何があるかが分かりやすいようにしておく。
○子どもが好きな遊びや遊具を見つけられるよう、保育者も一緒になって遊んだり誘ったりする。また、一人ひとりの名前を意識的に呼んで関わることで、子どもがより安心感をもてるようにする。
○「おいしそうなごちそうだね」「いただきます」など、子どもと一緒に遊ぶことで、安心感をもてるようにしたり、周りの子どもたちも様々な遊びに興味をもてるようにしたりする。
○晴れた日には積極的に戸外に誘い、4・5歳児や自然との関わりを通して、戸外で過ごすことの楽しさを感じられるようにする。
◆こいのぼりを作ることを楽しめるように、材料を準備しておき、また、作ったこいのぼりを持って遊べるように紙を巻いた棒に付けるなどして援助する。
○クラスでこいのぼりの歌をうたったり、こどもの日があることを知らせたりし、楽しみにできるようにする。
○4・5歳児が作ったこいのぼりも一緒に見ることで、様々なこいのぼりがあることを知るきっかけにする。
○園で飼っているウサギや金魚などを一緒に見たり、触れたりすることで、安心感がもてるようにする。
（♪：『手をつなごう』
手遊び：『ちいさなにわ』『たんぽぽさん』）

反省・評価のポイント

★簡単な身の回りのことを保育者と一緒に行なおうとしていたか。
★好きな遊びを見つけられるよう援助できたか。

5月 週の計画 2週

幼稚園（認定こども園）

5/13（月）〜18（土）

今週の予定　親子遠足

前週の 幼児の姿

○こいのぼりの歌をうたったり、こいのぼりを見たりして過ごしている。
○簡単な身の回りのことを保育者と一緒にしてみようとする。
○園での生活の流れに慣れる一方で、体調を崩したり、登園時に保護者と離れることを嫌がったりする姿も見られる。

○好きな遊びを見つけて楽しむ。… Ⓑ
○保育者や友達と一緒に食事をすることを楽しむ。… Ⓒ
○園庭で身近な自然にふれて楽しむ。… Ⓓ
・保育者や友達と同じ遊具を使ったり、同じ場所で遊んだりする。
・みんなで一緒に昼食の支度をしたり食べたりする。
・タンポポの花やダンゴムシなどを見つけたり触れたりする。

◆遊びのイメージを膨らませて楽しめるよう、ままごとで使うピクニックシートや、砂場で使う鍋やフライパンなどの用具を用意し、また、保育者も一緒に使ってみるなどする。
○保育者も遊びに入り、簡単なやり取りをしたり近くにいる子どもに話し掛けたりするなどして、周りの子どもにもその遊びの楽しさが伝わり様々な遊びに興味をもてるようにする。
○同じ場にいる友達との会話を橋渡ししながら、保育者や友達と過ごすうれしさや楽しさを感じられるようにする。
◆子どもが自分で準備をしようとするように、昼食の準備の仕方を描いたイラストを準備する。
○保育者や友達と一緒に食べるうれしさを感じられるよう、「おいしいね」「○○ちゃんと○○くんの弁当に卵焼きが入っているね」など、話し掛けたり思いに寄り添ったりする。

◆昼食時には子どもの動線を考慮して机の間を広く開けるなどして、危険のないように机や椅子の配置を工夫する。

◆子どもが自然物を集める楽しさを味わえるよう、空きカップや小さなポリ袋などを取り出しやすいように準備する。
○園庭にあるタンポポの花や虫などに、保育者が注目して子どもに知らせ、一緒に近くで見たり触ったりすることで、身近な自然に興味をもてるようにする。
○アサガオの種まき、トマト、オクラ、ピーマンの苗植えをして、植物に興味をもてるようにする。
○5歳児と一緒に園の近くを散歩するなどして、親子遠足を楽しみにできるようにする。
◆親子遠足の行き先の写真を部屋に貼るなどして、期待をもてるようにする。
○親子遠足では、保育者も木や花、虫、動物に細やかに気付いて親子に声を掛けて歩くことで、様々な発見を楽しめるようにする。

反省・評価のポイント

★保育者や友達と一緒に好きな遊びをしたり、食事をしたりすることを楽しんでいたか。
★園庭で身近な自然にふれて楽しめるような援助ができたか。

5月 幼稚園（認定こども園） 週の計画

3週 5/20(月)～25(土)

今週の予定　避難訓練、身体計測

前週の 幼児の姿

○保育者や周りの友達と一緒に遊びながら、少しずつ行動範囲を広げていっている。

○身近な自然物に興味をもち、見たり触れたりして遊ぶことを楽しんでいる。

○保育者や友達と一緒に楽しみながら食事をしている。

ねらい○と内容・

○保育者と一緒に簡単な身の回りの支度をしながら、安心感をもって生活する。… Ⓐ

○好きな遊びを見つけ、保育者や友達と一緒に遊ぶことを楽しむ。… Ⓑ Ⓒ

・食事や排せつ、手洗いの仕方などを知り、保育者に手伝ってもらいながら自分でもやってみる。

・遊具の安全な使い方を知り、使ってみようとする。

・自分の好きな遊びを楽しみながら、周りの友達の遊びに興味をもったり、名前を呼んだりする。

具体的な環境◆と保育者の援助○

○笑顔で挨拶をしたりスキンシップを図ったりしながら、安心感をもって生活できるようにする。

○身の回りのことを自分でやろうとする気持ちを受け止めながら、難しいところは手伝ったり、やり方を伝えたりして、身の回りのことを整える習慣が身につくようにしていく。

◆行動範囲が広がるので、戸外の遊具や砂場など、遊具と場を整備し、危険がないようにする。

○園内にある遊具の安全な使い方を動きやイラストなどを使って分かりやすく伝えていく。特に固定遊具の使い方は繰り返し伝えたり、使い始める時期を検討したりしていく。

（滑り台、ジャングルジム、鉄棒　など）

◆「○○がしたい」と自分から好きな遊びが見つけられるように、保育室のどこに何があるかを分かりやすく整理して配置したり、すぐに遊び始められるよう、見える所

に必要な物を出しておいたりする。

◆お面や紙を巻いた棒、マントなどを見える所に準備したり、種類ごとにまとめて、絵や写真を貼って示しておくことで好きなときに出したり片付けたりできるようにする。

◆遊具や用具の数を多めに準備しておき、友達と一緒に遊びたい気持ちが出てきたときに同じ物を作ったり持ったりできるようにしておく。

○自分の思いが伝えられず手が出たり、物の取り合いになったりしたときには、保育者が気持ちを受け止め、伝えていく。

○遊びの中で、一人ひとりの名前を呼び、保育者や友達に親しみが感じられるようにする。

○みんなで一緒に手遊びや歌、絵本の読み聞かせを楽しむ時間を意識的にゆったりと設け、保育者や友達と一緒に過ごす心地良さを感じられるようにする。

反省・評価のポイント

★保育者と一緒に簡単な身の回りの支度をしようとしていたか。

★保育者や友達に親しみをもって、一緒に遊ぶことを楽しめるような援助ができたか。

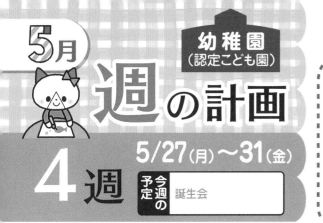

5月 幼稚園（認定こども園）週の計画

4週 5/27（月）〜31（金）

今週の予定：誕生会

前週の 幼児の姿

○身の回りの支度の仕方を覚え、自分でやってみようとする子どももいる。
○友達の持っている物を見て、同じ物を持とうとしたり、一緒にいることを楽しんだりする様子が見られる。
○思いが通らず、手が出てトラブルになる子どももいる。

○保育者と一緒に身の回りの支度をしようとする。… Ⓐ
○保育者や友達と一緒に過ごす楽しさを感じ、親しみをもつ。… Ⓑ Ⓒ
○園庭の草花や虫を見たり触ったりすることの楽しさを感じる。… Ⓓ
・園生活に必要なことを覚え、保育者に手伝ってもらいながら支度をする。
・みんなで一緒に歌ったり、絵本を見たり、踊ったりする。
・積極的に園庭に出て、水や砂で遊んだり虫探しをしたりする。

○身の回りの支度や排せつなど、一人でできないところは手伝いながら、安心してやり方を覚えていけるようにする。自分でやろうとしている子どもは見守り、できた喜びに共感していく。
○食事は、一人ひとりのペースを把握しながら、ゆったりとした雰囲気づくりをし、園で友達と一緒に食事をすることの楽しさを感じられるようにする。
○保育者を目で追っていたり、困ったことを表情で表出したりするなど、保育者に積極的に関わることが難しい子どもの気持ちや困っていることに気付き、しっかりと受け止めていく。
○みんなで歌をうたったり、踊ったりしながら、保育者や友達とふれあい、親しみを感じられるようにする。
　（♪：『おつかいありさん』『おかあさん』
　手遊び：『たんぽぽさん』）
◆使っていない遊具は片付け、一つひとつの遊び場がゆったりと使えるように整理する。
○アリやダンゴムシなどの小さな生き物を見つけたり、捕まえて集めたりする楽しさを感じながらも、小さな生き物にも命があることを伝えていき、親しみをもったり大事にする気持ちをもったりするきっかけになるように

する。
○保育者も一緒に遊びながら、水と砂を混ぜて食べ物に見立てたり、山を作ったりして、その感触の気持ち良さや楽しさに気付けるようにする。また、作った物をみんなで一緒に食べながら「ケーキおいしいね」「いっぱい食べたね」などの言葉を補い、友達との橋渡しをしていく。
○見つけた花や虫、砂と水のおもしろさなど、子どもたちの発見や驚きに共感し、自然への親しみが続くようにする。
◆見つけた物を入れる空き容器やカップを用意する。
○爽やかな風の心地良さを感じられるように、風を使った遊びを提示したり、保育者も積極的に園庭に出て、その気持ち良さに共感したりしていく。
　（くるくる紙テープ、追いかけっこ　など）

 **反省・評価のポイント**

★保育者と一緒に身の回りの支度をしようとしていたか。
★保育者や友達と一緒に過ごす心地良さを感じていたか。
★身近な自然に興味をもてるような援助ができたか。

6月の計画

友達と一緒に遊ぶ心地良さを感じられるように

保育者や友達と追いかけっこやごっこ遊びなど楽しむ姿が見られます。友達と一緒に遊ぶ楽しさを味わえるように、遊具や必要な素材などを子どもたちの手の届く所に準備するなどしておきましょう。

時には、遊具や順番をめぐってトラブルになることもありますが、保育者が仲立ちをするなどして、子どもの成長につないでいきましょう。生活や遊びの仕方に約束があることを、具体的な場面でふれていく中で、子ども自身で気付くような工夫をしていきたいですね。

どうしたの？

○日ざしが少しずつ強くなり、気温や湿度が高くなる。

○苗を植えた野菜の花が咲き始めたり、種をまいた花の芽が生長したりする。

○梅雨入りし、雨の日が多くなる。

○アジサイの花が咲いている。

○園庭でカタツムリなどを見つける。

○蒸し暑い日や雨が降って肌寒い日など、日によって気温差がある。

○日ざしが強い日、気温や湿度の高い日が多くなってくる。

○栽培している野菜が実を付け始める。

遊びへの取り組み

6月は、雨の多い季節です。子どもたちと一緒に雨の音や降り方のおもしろさや、雨上がりの園庭で遊ぶなど、梅雨の季節に興味をもてるような取り組みをしていきましょう。

保育なるほど解説！

「おやくそく」とルールの間

　園生活には、遊びの仲間に入るときに「いれて！」と言う、片付けはみんなでするなど、幾つかの生活や遊びのルールがあります。集団生活を始めたばかりの子どもは、ルールは「おやくそく」として受け止め、保育者との信頼関係に支えられて、守ることができるようになっていきます。つまり、子どもたちは、保育者の一挙一動から、自分はどうしたら良いのかを学んでいくので、ルールに気付いて守っているときにはしっかり褒めて、自分で考えて行動できるようにすることが大切です。

6月

保育園（認定こども園）
月の計画

※ねらい（…Ⓐ など）が、月案と週案で関連し合っていることを読み取ってください。

クラスづくり

○簡単な身の回りのことを自分でしようとする姿を認め、自信や更なる意欲へつながるようにしていきたい。気の合う友達と一緒に遊ぶ楽しさを味わったり、互いの気持ちを知ったりできるように丁寧な対応をして、子ども同士の関わりを大切にしていきたい。また、子どもの興味・関心を捉えて、様々な遊具や素材を用意し、子どもたちで遊びを工夫できるようにしたい。

前月末の 幼児の姿

生活

○安心して園生活を楽しめるようになってきて、難しい部分は手伝ってもらいながらも簡単な身の回りのことを自分でやってみようとしている。

人との関わり

○それぞれの思いがぶつかり合うこともあるが、気の合う友達と同じ遊びをすることを楽しんでいる。

○自分のしたいことやしてほしいことを自分なりに言葉や態度で表現し、伝えようとしている。

○友達に親しみを感じながらしっぽ取りなどを楽しんでいる。

遊びへの取り組み

○自分の好きな場所や遊びを見つけて繰り返し楽しんでいる。

○砂遊びや虫探しなど、積極的に戸外に出て遊んでいる。

○徒歩遠足に行き、初めて戸外で弁当を食べることを喜んでいる。

ねらい

○身の回りのことを自分でしようとする。…Ⓐ

○友達と一緒に遊ぶことを楽しむ。…Ⓑ

○様々な遊具や素材に興味をもち、遊ぶことを楽しむ。…Ⓒ

○梅雨期の自然を見たりふれたりして親しみをもつ。…Ⓓ

幼児の経験する 内容

○保育者に見守られながら、朝や帰りの支度、プール遊びの支度を自分でしようとする。

○手洗い・うがい、戸外遊び後の足洗いなどを自分でしようとしたり、保育者と一緒に行なったりする。

○汗をかくなどして衣服が汚れたときは、保育者に手伝ってもらいながら自分で着替えようとする。

○自分の好きな遊びを見つけ、保育者や気の合う友達とふれあって遊ぶ。

○体を動かす遊びや簡単なルールのある遊びをする。

○保育者や友達に自分の思いを言葉で伝えようとする。

○水、砂、泥などの感触を楽しみながら遊ぶ。

○手作り楽器や本物の楽器など様々な音のする物に触れたり、歌をうたったりする。

○身近な素材を使って、切ったり貼ったりして季節の製作をする。

○昆虫を見たり植物に触れたりする。

○雨の様子を見たり、雨上がりに外に出て遊んだりする。

○アサガオや夏野菜の生長を見たり、心待ちにしたりする。

家庭・地域 との連携
保護者への支援も含む

★汗をかいたり砂遊びをしたりして着替えることが多くなることを伝え、衣服の補充をお願いする。

★プール遊びが始まることをきっかけに、早寝早起き朝ごはんなど生活リズムの大切さを伝える。また、プール遊びに必要な物の準備やプールカードの記入をお願いする。

★友達と関わっている様子やトラブルが起きた際の保育者の対応などを具体的に知らせ、安心感をもってもらえるようにする。

健康・食育・安全 への配慮
養護の視点も含む

○室温、湿度に応じて空調を利用し、過ごしやすい環境を整え、衣服の調節や水分補給を促していく。

○疲れが出たり体調を崩したりしやすい時季なので、一人ひとりの体調の変化に留意し、無理なく過ごせるようにする。

○食中毒など梅雨期の衛生に十分に気を付けていく。

○プール遊びに向けて、約束事、時間配分、子どもの動線などを事前に確認し合い、安全に遊べるようにする。

指導計画から学ぶ　保育力アップ

様々な環境にふれ　興味・関心をもてるように

梅雨期ならではの自然にふれたり、様々な素材や遊具で遊んだりする中で、季節の移り変わりや素材の性質や仕組み、扱い方などに興味・関心をもてるようにしていきましょう。

遊具での遊びでは、安全な使い方も伝えていきたいですね。3歳児なりの発見や気付きを大切にしながら、興味・関心につなげていきましょう。

環境の構成と保育者の援助

"自分で"という気持ちを大切に

○プール遊びの準備や着替えの手順をイラストで分かりやすく表示し、自分なりに取り組めるようにする。

○一人ひとりの自分でしようとする気持ちを大切にし、自信につながるよう、できた喜びに共感していく。

○生活の中で難しい部分は一緒に進めながら、困っているときには優しく声を掛け、一つひとつ丁寧に取り組めるようにする。

友達との関わりを楽しめるように

○ままごと、ブロック、描画などそれぞれの遊びのスペースを確保し、好きな遊びにじっくり取り組めるようにしていく。

○保育者も遊びに加わりながら、友達のすることを見たり、まねたりして一緒に遊ぶ楽しさを味わえるようにする。

○友達との関わりがうまくいかないときもあるので、保育者が仲立ちとなって互いの気持ちを受け止め、遊具の貸し借りや順番など必要な言葉を具体的に知らせていく。

様々な遊具や素材に触れ、親しめるように

○保育者も一緒に水、砂、泥などに触れて遊び、手や足で感触を楽しんだり子どもの気持ちに共感したりする。

○雨の日は室内や廊下でも体を動かせるように遊具を構成したり、簡単なゲームやリズム遊びなどをしたりして楽しめるような工夫をする。

○はさみやのりの使い方を丁寧に知らせ、安全に楽しく製作ができるようにする。

梅雨期の自然に親しめるように

○雨音に耳を澄ましたり、雨上がりに戸外へ出て草花に付いている水滴に触れたりして、梅雨期の自然を感じられるようにする。

○保育者も一緒に水やりや観察を楽しむ中で、花や野菜の生長に興味をもてるようにしていく。

ゆったり過ごすために…　〜園で長時間過ごすための配慮〜

静と動の活動をバランス良く取り入れて

○雨の日が続くと室内で過ごす時間が長くなるので、体を動かす遊びをしたり、好きな遊びにじっくり取り組んだりできるよう過ごし方を工夫する。

○体調の変化が出やすい時季なので、一人ひとりの朝夕の様子を把握して、保護者にも伝えていくようにする。

○友達との関わりが増える一方でトラブルも出てくるので、互いの気持ちを十分に受け止め、友達と一緒に遊ぶ経験を重ねていけるように援助していく。

保育者のチームワーク

★プール遊びでは日頃から緊急時の対応をシミュレーションし、役割分担をして安全に配慮する。

★雨で室内で過ごすことが増えるため、他クラスと活動場所や時間の調整をしていく。

反省・評価 のポイント

★簡単な身の回りのことを自分でしようとしていたか。

★友達との関わりを楽しめるような働き掛けができたか。

★様々な素材に触れる遊びを提供できたか。

★季節ならではの遊びを通して、自然に興味をもてたか。

6月

保育園（認定こども園）
週の計画

1週　6/1（土）〜8（土）

今週の予定　衣替え、歯と口の健康週間、時の記念日、入梅

○オオカミや子ヤギになってしっぽ取りを楽しんでいる。
○保育者や友達に自分の思いを伝えながら遊んでいる。
○散歩に行き、公園で宝物探しを楽しんでいる。

ねらい（○）と内容（・）

○保育者に見守られながら簡単な身の回りのことを自分でしようとする。… Ⓐ
○友達と一緒に体を動かして遊ぶことを楽しむ。… Ⓑ Ⓒ
○製作をしたり作った物で遊んだりすることを楽しむ。… Ⓒ
・手伝ってもらいながら着替えをしたり、手洗い・うがいを自分でしようとしたりする。
・しっぽ取りやリズム遊びをして体を動かす。
・色紙を折ったり、のりで貼ったりして行事の製作をする。

具体的な環境（◆）と保育者の援助（○）

◆戸外遊び後は手足を洗えるように、水をためたたらいやタオルを用意しておく。
○ズボンの裾上げや着替えが難しいところは保育者が手伝ったり、汚れた衣服はポリ袋に入れて片付けるよう声を掛けたりする。
○自分でできたときは十分に褒め、できた喜びに共感していく。
◆好きな遊びができるように、室内では遊具を取り出しやすい場所に置いたり、コーナーを構成したりする。
○友達と遊ぶ中で自分の気持ちをうまく伝えられないこともあるので、保育者が仲立ちとなり代弁したり必要な言葉を知らせたりしていく。
◆晴れた日は戸外で、雨の日でも廊下やホールを使って室内で十分に体を動かせるようスペースを確保する。

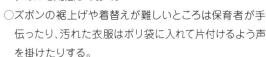

○保育者も一緒に遊び、体を動かす楽しさを感じられるようにする。
（♪：『かえるの合唱』→カエル跳び
　♪：『かたつむり』→高ばい
　などの、イメージしやすい歌や動きを工夫する）
◆腕時計の製作に必要な材料を多めに用意する。
（色紙、文字盤、針を描くためのフェルトペン、
　クラフトパンチ、のり、手拭きタオル　など）
○色紙を細長く折る、のりで好きな型や文字盤を貼る、など作り方を分かりやすく伝え、楽しめるようにする。
○できた作品は保育者が子どもの腕に巻いてマスキングテープなどで留め、遊べるようにする。
（♪：『とけいのうた』）
◆手洗い場にうがいの絵を掲示し、食後にブクブクうがいをしたり、歯と口に汚れが付いていないか自分で見たりできるようにする。
○絵本やペープサートを使って歯の話（何本？ どんな形？ など）をし、興味をもてるようにする。
（絵本：『だーれの は？』『むしばあちゃん』）
○花や夏野菜の生長に気付けるよう、水やりや雑草抜きなどの世話を一緒にしていく。

反省・評価のポイント

★身の回りのことを自分でしようとしていたか。
★保育者や友達と一緒に体を動かせるよう環境を整えられたか。
★行事の製作を楽しめたか。

6月 週の計画

保育園（認定こども園）

2週 6/10(月)〜15(土)

今週の予定 保育参観、父の日

前週の 幼児の姿

○足洗いや着替えなど、難しい部分は手伝ってもらいながら身の回りのことを行なっている。
○友達と好きな遊びを楽しんでいる。
○天気の良い日は、戸外で体を動かして遊んでいる。

○保育者や友達と一緒に、好きな遊びや簡単なルールのある遊びを楽しむ。… Ⓑ
○季節の花に触れ、関心をもって製作を楽しむ。… Ⓒ Ⓓ
○育てている栽培物に関心をもつ。… Ⓓ
・気の合う友達と一緒に遊ぶ。
・絵の具やのりを使って、製作をする。
・育てている野菜や花に水やりをしたり、観察したりする。

◆遊具は、子どもたちが楽しんで遊ぶことができるよう十分な数や種類を用意しておく。また、片付けは保育者が一緒に行ないながら、棚やかごに絵や写真を付けて子どもが片付けしやすいような環境を整える。

○子ども同士で遊んでいるときは見守りながら、必要に応じて仲立ちしていく。同じ遊具が欲しくなったり場所の取り合いなどでトラブルになったりしたときは、子どもの気持ちを聞きながら仲立ちをしていく。

○鬼ごっこやかくれんぼう、フープ取りなどの簡単なルールのある遊びを一緒に遊んでいく。ルールは、初めに保育者がやって見せたり、遊びながら分かりやすく伝えたりしていく。

○以前から遊んでいる『おおかみごっこ』は「トントントンおかあさんだよ」などの掛け声を言って鬼ごっこに発展させていく。

◆アジサイの製作コーナーを構成し、自由に作ることができるようにする。よりイメージをもてるよう、実際のアジサイの花を部屋に飾っておき、見たり触れたりできるようにする。

◆花形に切った台紙に絵の具で模様を描けるよう、筆やスポンジ（割り箸に輪ゴムで留める）を用意する。紫、桃、青などの絵の具を用意して、アジサイの色合いを楽しめるようにする。

◆できた物をアジサイの葉形に切った色画用紙に子どもがのり付けして、部屋に飾り、みんなで楽しめるようにする。

○ピーマンやオクラ、アサガオなど栽培物に水やりをしながら、その生長を一緒に観察していく。また、関心をもてるよう分かりやすい図鑑を置いて、興味のあるときに見ることができるようにする。

反省・評価のポイント

★保育者や友達と一緒に、ルールのある遊びを楽しんでいたか。
★季節の花の製作では、子どもが関心をもって取り組めるような環境の構成ができたか。

※ねらい（… Ⓐ など）が、月案と週案で関連し合っていることを読み取ってください。

前週の 幼児の姿

○簡単なルールのある遊びを楽しんでいる。
○気の合う友達との遊びが続くようになっている。
○絵の具やのりを使って製作することを楽しんでいる。
○栽培物に水やりをしながら、生長を楽しみにしている。

ねらい○と内容・

○水の感触を楽しむ。… Ⓒ
○体を動かして遊ぶことを楽しむ。… Ⓑ
○梅雨期の自然や素材に興味をもつ。… Ⓓ
・カップやじょうろ、水鉄砲などで水遊びをする。
・雨の音を聞いたり、マラカスなどを作ったりして音比べをして遊ぶ。
・一本橋や鉄棒、巧技台のよじ登りなど、体を使って遊ぶ。

具体的な環境◆と保育者の援助○

◆水遊びでは、たらいに水を入れ、カップやじょうろ、水鉄砲などを使って、水の感触を楽しめるように、十分な遊具を用意する。
○泥んこ遊びや色水遊びなども取り入れて、様々な感触や視覚で楽しめるようにする。

○保育者も一緒に雨の様子を部屋から眺めたり、たらいや鍋など様々な素材の容器を雨の降る所に置いて、雨音を楽しんだりする。
○雨上がりに園庭に出て、水たまりやぬれている葉や草に触れたり、アジサイやカタツムリなどを探したりして、梅雨期の自然を体験できるようにする。

◆梅雨の季節に合った絵本を読んだり、歌をうたったりして自然に興味をもてるようにする。

（絵本：『かえるのレストラン』
♪：『かたつむり』『あめふりくまのこ』）

◆ホールに巧技台や一本橋、鉄棒などの構成をして、室内での運動遊びを楽しめるようにする。一本橋やぶら下がり用の鉄棒の下にはマットを敷き、巧技台のそばに

は保育者がついて安全に遊ぶことができる環境を整える。

○巧技台やすべり台などで遊ぶときは、順番や交代などでトラブルになりやすいので、状況を伝えながら子どもたちが気付くことができるよう援助をしていく。

○簡単な手作り楽器を作るための素材を用意する。

（マラカス：空き容器、空き箱、
　　　　　　鈴、小さく切ったストロー
カスタネット：ボトルキャップ
ギロ：片段ボール　など）

○作った物で『かえるの合唱』や『おもちゃのチャチャチャ』を演奏して遊んだり、小さいクラスに披露したりして楽しむ。本物の楽器の音も聞き、比べてみる。

反省・評価のポイント

★体を動かすことを楽しめるような環境を構成できたか。
★子どもたちが梅雨期の自然にふれ、興味をもつことができたか。

6月　保育園（認定こども園）週の計画

4週　6/24（月）〜29（土）

今週の予定　プール開き、避難訓練

前週の 幼児の姿

○水を自由に使い、水遊びや泥んこ遊びを楽しんでいる。
○梅雨期の自然に興味をもち、雨の音や植物がぬれる様子を楽しんでいる。
○室内でも体を使った遊びを楽しんでいる。

○プール遊びの約束や手順を知り、幼児用のプールに慣れる。
○着替えや身支度など、プールに必要な身の回りのことを知る。… Ⓐ
○はさみやのりを使い、切ったり貼ったりして、自由に製作を楽しむ。… Ⓒ
・保育者や友達と一緒にプールに入り、幼児用のプールや水に慣れる。
・プールに入る手順を知り、水着への着替えや衣服の始末など自分でやろうとする。
・七夕飾りを作る。

○プール開きでは、子どもたちがプールへの期待をもてるようにするとともに、プール内では飛び込まない、走らないなどの約束事を絵カードを使って分かりやすく知らせる。

○プールの準備（排せつを済ませること、準備体操をすること、着替えの手順）を分かりやすく伝えていく。準備や片付けは一緒にやりながら丁寧に知らせ、ゆとりをもって進めていく。

○着替えや身の回りの始末は、自分でやろうとする姿を見守り、難しいところは分かりやすく知らせたり、援助したりしていく。

◆プールでの保育者の動きや役割を確認して、連携を取り安全に遊ぶことができるようにする。
　①プールに入って指導する係
　②プールサイドで全体を見守る監視係
　③早く出る子どもなどの担当をする補助係
　④プールに入れない子どもを保育する係　など

○水が苦手な子どもは無理せずに短時間から始め、徐々にプールに慣れていけるようにする。

◆プールの後は、室温を冷やしすぎないよう調節して、ゆったり遊ぶことができる環境を整える。

○盆踊りやリズム体操などは、4・5歳児と一緒に踊る機会をつくり、子どもが楽しめるようにする。

◆細く切った色紙を用意し、はさみを使って製作できるコーナーをつくる。はさみで切った紙をポリ袋に入れて風船にして遊んだり、台紙に貼って作品にしたりする。

○はさみを使うときは保育者がそばにつき、持ち方や使い方を知らせ、安全に使えるように知らせていく。

◆七夕飾りでは、星形に切った色画用紙に絵を描いたり、三角つなぎを作ったりできるよう素材を用意し、自由に製作するコーナーを構成する。

反省・評価のポイント

★保育者同士で連携を取り、プール遊びを安全に行なえたか。
★はさみやのりを使った製作を楽しんでいたか。

6月

幼稚園（認定こども園）
月の計画

※ねらい（… Ⓐ など）が、月案と週案で関連し合っていることを読み取ってください。

クラスづくり

○行動範囲が広がり、周囲への興味も広がってくるので、様々な素材を用意し"楽しそう""やってみたい"と感じられるような環境づくりを心掛けたい。また、友達と一緒に過ごす楽しさを感じられるように、同じ物を持ったり同じ場で遊んだりできるような工夫をする。雨の音を聞いたり雨上がりの園庭に出たりして梅雨期ならではの自然にもふれられるようにする。

前月末の 幼児の姿

生活

○園での生活の流れが分かってきて、自分でしようとしたり、保育者に促されながらしたりしている。

人との関わり

○登園すると、自分の好きな物や場で遊ぶことを楽しむようになってきている。

○保育者に親しみをもち、話し掛けたり一緒に遊んだりすることを喜んでいる。困ったことを言葉や表情などで伝えている。

○友達と同じ場で遊ぶことを喜んでいる一方で、遊具の取り合いになり、トラブルになることもある。

遊びへの取り組み

○保育者や友達と一緒に絵本を見たり歌ったりダンスをしたりすることを喜んでいる。

○クラスで植えた夏野菜に興味をもち、水やりを楽しんでいる。

ねらい

○簡単な身の回りのことを自分でしようとする。… Ⓐ

○保育者や友達と一緒に過ごす中で、好きな遊びを十分に楽しむ。… Ⓑ

○様々な素材や用具に触れて遊ぶことを楽しむ。… Ⓒ

○梅雨期ならではの自然に興味をもち、見たり触れたりして親しむ。… Ⓓ

幼児の経験する 内容

○登降園時の身支度や片付け、昼食の準備などを自分でしようとする。

○水遊びの支度の仕方を知り、保育者に手伝ってもらいながらできることは自分でしようとする。

○興味をもった場や遊具で、自分のしたい遊びを繰り返し楽しむ。

○自分のしたいことや困ったことを、保育者や友達に言葉やしぐさで伝えようとする。

○保育者と一緒に遊びながら、新しい素材に興味をもったり、使い方や遊び方を知ったりする。

○水、砂、泥などの感触を楽しむ。

○栽培物に水やりをしたり、生長を喜んだりする。

○雨の様子を見たり、雨上がりの戸外で遊んだりする。

家庭・地域 との連携
保護者への支援も含む

★泥遊びなどで着替える機会が多くなるため、自分で着脱しやすい衣服を多めに用意してもらうように園便りや掲示などで知らせる。

★友達への興味の広がりとともにトラブルも増えるので、成長過程で必要なことであることをクラス便りや懇談会などを通して伝えていく。

★プールバッグの準備や健康状態の把握、病気に感染した際の連絡方法などを事前に園便りなどで知らせる。

健康・食育・安全 への配慮
養護の視点も含む

○歯と口の健康週間を通して、口の中をきれいにする大切さをペープサートや紙芝居などで知らせる。
○夏野菜の生長を見て、食べ物に関心がもてるようにする。
○高温多湿の日には、保育室内の温度調整をしたり、水分補給などをしたりする。また、疲れも出やすい時季なので、活動の内容を工夫する。

指導計画から学ぼう 保育力アップ

様々な素材・用具に触れて楽しめるように

　子どもたちは行動範囲が広がり、周りのいろいろな用具・素材に触れ始めます。安全に触れることは基本ですが、より豊かな素材経験ができるよう、楽しんで触れられるような環境を構成し、子どもの姿に応じて再構成するなど配慮をすることが大事です。

環境の構成と保育者の援助

身の回りのことを自分でできるように

○登降園時の支度や片付けでは、自分でしようとしている姿を認め、できた喜びに共感したり、きれいになった気持ち良さを伝えたりする。
○プール遊びや水遊び、汚れた後の着替えでは、時間に余裕をもって行なえるようにし、準備や後始末が分かりやすいように絵で表示したり、保育者が一緒に行なったりする。

友達と過ごしながら自分の遊びを十分に楽しめるように

○前に遊んだ物を取り出しやすい場所に用意しておく。
○物の取り合いなどのトラブルのときには、それぞれの気持ちを十分に受け止めながら気持ちを代弁したり、「貸して」など必要な言葉を伝えたり、順番に使うことを知らせたりする。
○同じ場や物で遊べるよう、必要な物を一緒に作ったり、「入れて」「私もやりたい」などの友達と遊ぶために必要な言葉を言えるように伝えながら、一緒に遊んだりする。

様々な素材・用具に触れて楽しめるように

○セロハンテープやのり、はさみ、空き箱、ペーパー芯などの素材を用意しておき、切ったりつなげたりすることを楽しめるようにする。
○保育者も一緒に遊びながら、水、砂、泥遊びなどの楽しさや気持ち良さに共感していく。
○じょうろやバケツ、カップなどを用意しておき、水遊びに抵抗のある子どもも無理なく興味をもてるようにする。

身近な自然に興味をもてるように

○飼育物に餌をやったり、見つけたカタツムリ、アリ、ダンゴムシなどを飼育ケースに入れて目につきやすい場所に置いたりして、興味をもてるようにする。
○雨上がりの戸外に出て水たまりで遊んだり、ぬれた草木に触れたりして梅雨期の自然に親しめるようにする。
○トマトなどの夏野菜に水やりをしながら、生長を楽しみにする気持ちに共感し、興味をもてるようにする。

ゆったり過ごすために… ～園で長時間過ごすための配慮～

天候や気温の変化に配慮して

○雨の日が多くなるので、室内でも体を動かして遊べるように活動や環境を工夫する。
○日中に使用していない遊具を出したり、雨上がりの園庭で遊んだりするなど、遊びが充実するようにする。

○気温や湿度の変化で体調を崩したり疲れが出たりする時季なので、室温や衣類の調節をしたり水分や休息を取れるようにしたりする。

保育者のチームワーク

★雨で室内で過ごす時間が多くなるため、広い場で体を動かして遊べるように保育者間で調整する。
★友達との関わりが多くなり、トラブルも増えるので、一人ひとりの様子を保育者間で共有し合う。

反省・評価 のポイント

★簡単な身の回りのことを自分でしようとしていたか。
★友達と過ごしながら、好きな遊びを十分に楽しめるような援助ができたか。
★梅雨期の自然に親しめるような援助ができたか。

6月

幼稚園（認定こども園）

週の計画

1週 6/1（土）～8（土）

今週の予定 衣替え、歯と口の健康週間、時の記念日

前週の 幼児の姿

○園生活に必要なことを覚え、保育者に手伝ってもらいながら支度をしている。

○保育者や友達と過ごす楽しさを味わっている。

○戸外に出て、砂や水を使って遊んだり、虫探しをしたりして自然とふれあっている。

ねらいと内容

○身の回りの簡単なことを自分でしようとする。…Ⓐ

○保育者や友達と過ごす中で、自分のしたい遊びを楽しむ。…Ⓑ

○梅雨の戸外で自然や生き物に興味をもち、見たり触れたりする楽しさを味わう。…Ⓓ

・保育者に手伝ってもらいながら、朝や帰りの支度、着替えなどを自分でやってみる。

・自分が興味をもった遊具や場所で遊ぶ。

・雨上がりの土の感触や水たまり、アジサイなどを見たり、触れたりする。

具体的な環境と保育者の援助

○身の回りのことを自分でする姿を認め、自分でできたうれしさに共感していく。まだ自分ですることが難しいときには、声を掛けたり、さりげなく手伝ったりして、自分でできたうれしさを感じられるようにする。

◆戸外で手足が汚れても洗えるように、たらいに水を張ったり、タオルを用意したりしておく。また、着替えや片付けが分かりやすいように、イラストや写真を用意して伝えたり、保育者も一緒に行なったりする。

◆自分なりに遊びを楽しみながら、遊びに使う物が作れるように、お面や紙を巻いた棒、ハートや星の形に切った色画用紙、ベルトなどを用意し、様々な物に見立てて作り、好きな役になれるようにする。

○雨上がりの戸外へ出て、水たまりで遊んだり、地面のぬかるみの感触を楽しんだりして、晴れの日とは違う自然の楽しさや新たな発見に共感していく。

（♪：『あまだれぽったん』『とけいのうた』『かたつむり』）

○カタツムリやカエルなどが出てくる絵本を見たり、歌をうたったりして、この時季の生き物に興味をもてるようにする。また、子どもが見つけてきたときには、うれしさに共感する。

（絵本：『ぞうくんのあめふりさんぽ』）

◆戸外で見つけた生き物は飼育ケースに入れ、見やすい場所に置き、一緒に餌をやったり見たりして、興味をもてるようにする。

○食事の際に食べ物をよくかむことを知らせたり、歯磨きやうがいの大切さを紙芝居やペープサートなどで伝えたりして、歯磨きやうがいの習慣が身につくようにする。

（絵本：『はみがきれっしゃ　しゅっぱつしんこう！』）

○製作などではさみを使う際には、落ち着いた雰囲気で取り組めるようにし、はさみを渡す前に使うときの約束を子どもと一緒に確認する。

反省・評価のポイント

★身の回りの簡単なことを自分でしようとしていたか。

★好きな遊びを見つけられるように環境を整備できていたか。

★梅雨期の自然に興味・関心をもって楽しめたか。

6月 週の計画

幼稚園（認定こども園）

2週 6/10(月)〜15(土)

今週の予定 保育参観、父の日

前週の 幼児の姿

○身の回りの簡単なことを自分でしようとしている。
○保育者や友達と一緒に遊ぶことを楽しんだり、自分が興味をもった遊具で遊んだりしている。
○雨上がりに戸外へ出て、水たまりや地面のぬかるみの感触を味わって遊んでいる。

○保育者や友達と一緒に体を動かしたり、同じ場所で遊んだりすることを十分に楽しむ。… Ⓑ
○使いやすい簡単な素材や道具を使って遊ぶことを楽しむ。… Ⓒ
○身近な生き物や栽培物を見たり、触れたりして興味をもつ。… Ⓓ
・音楽に合わせて体を動かしたり、自分なりに役になり切って遊んだりする。
・保育者と一緒に素材や道具の使い方や遊び方を知り、興味をもって使う。
・栽培物の世話をしたり、新たな発見をしたりして生長を楽しみにする。

○友達との関わりの中で、遊具や場所の取り合いでトラブルになったときには、保育者がそれぞれの気持ちを受け止め、「○○を使いたかったんだね」などと気持ちを代弁したり、「入れてって言ってみようか」「同じ物があるか探してみよう」などと具体的な解決策を提案したりする。

◆友達の作る姿を見てまねをしてみたいと思えるように、また繰り返し作ることができるように、素材は多めに用意しておく。

◆雨の日には、落ち着いて遊べる場所のほかに、巧技台やマットなどを用意して、体を動かして遊べる場所を設ける。

○音楽に合わせて保育者や友達と一緒に踊ったり動いたりして、体を動かす楽しさを味わったり、クラスの友達に親しみをもったりできるようにする。
（♪：『かえるのたいそう』『むしむしジャンケン』）

◆はさみで画用紙を切るときなどは、共同で使えるはさみや、切った紙を入れられる皿などの入れ物を用意する。また、画用紙などは、子どもが持ちやすく、切りやすい大きさや硬さの物を用意しておく。

○遊びの中ではさみや様々な素材を出すときは、製作コーナーを用意して、落ち着いて使えるようにする。また、保育者と一緒に使いながら、使い方や遊び方を知っていけるようにする。

○5月に植えた夏野菜の生長に興味をもち、夏野菜ができることに期待がもてるように、保育者も一緒に水やりをする。

◆子どもが扱いやすいじょうろやカップなどを用意して、水やりをしやすいようにする。

○保育参観では、子どもたちの楽しんでいる姿を見てもらえるような雰囲気づくりを心掛ける。また、保護者も子どもも楽しめるようにコーナーを構成する。

反省・評価のポイント

★保育者や友達と一緒に体を動かせたか。
★簡単な素材や道具を使って遊べるように環境を整えられたか。
★栽培物や虫などに興味をもてたか。

6月 幼稚園（認定こども園）週の計画

3週　6/17(月)〜22(土)

今週の予定　身体計測、誕生会、夏至

前週の 幼児の姿

○保育者や友達と一緒に体を動かしたり、同じ場所で遊んだりすることを楽しんでいる。
○使いやすい簡単な素材や道具を使って遊んでいる。
○身近な生き物や栽培物を見たり、触れたりして興味をもっている。

ねらい○と内容⊙

○保育者や友達と同じ場で、自分のしたい遊びをじっくりと楽しむ。… Ⓑ
○片付けや着替えなどを通して、きれいになる心地良さを味わう。… Ⓐ
○自然の様子に興味をもち、自然物の感触を楽しむ。… Ⓓ
・気に入った保育者や友達と一緒に過ごす楽しさを味わいながら遊ぶ。
・遊んだ後の遊具の片付けや着替えを保育者と一緒に行なう。
・雨上がりの園庭で自然にふれたり、水、砂、泥などの感触を味わったりする。

具体的な環境◆と保育者の援助○

◆子どもが興味をもった遊びに進んで取り組めるように扱いやすい大きさに切った色画用紙や巻いた棒、紙テープなどを用意する。
◆セロハンテープやはさみは、座って安全に扱うことができるよう、場所やスペースを用意する。
◆保育者や友達と一緒の遊びを楽しめるようにウレタン積み木や井形ブロックなどの遊具を用意しておく。
○「すてきなおうちができたね」「○○行きのバスですか？一緒に乗せてください」などの言葉を掛け、保育者や友達と同じ場で過ごす楽しさを感じられるようにする。
○子どもが進んで片付けをする姿をしっかりと認め、片付け終わった後には、「きれいになったね」「気持ちが良いね」など、心地良さに共感する。
○季節に合った歌をうたったり、絵本を読んだりして、梅雨期の自然に興味をもてるようにする。
（絵本：『かたつむりののんちゃん』
♪：『あめ』『ながぐつマーチ』）
◆雨の日が続くときには、室内でも全身を動かして気持ちを発散できるように巧技台で場づくりをしたり、ダンスを取り入れて、リズム遊びをしたりする。

（ダンス：『しゅりけん忍者』）
○体を動かして遊ぶ場に怪獣のぬいぐるみをぶら下げておき、保育者と一緒にジャンプしてタッチしたり、マットの上で転がったりして、体を動かす楽しさに共感したり、楽しさを感じられるようにしたりする。

○雨上がりの園庭で水たまりに映った空の様子を見たり、カタツムリを探したり、アジサイなどのぬれた草花に触れたりして、梅雨期の自然に親しめるようにする。

反省・評価のポイント

★保育者や友達としたい遊びをじっくりと楽しんでいたか。
★遊んだ後の遊具の片付けや着替えをして心地良さを味わえていたか。
★水、砂、泥の感触や自然物を楽しめるような援助ができていたか。

6月 週の計画

幼稚園（認定こども園）

4週 6/24（月）〜29（土）

今週の予定：プール開き、避難訓練

前週の 幼児の姿

○保育者や友達と同じ場で、自分のしたい遊びを楽しんでいる。

○片付けや着替えなどを通して、きれいになる心地良さを感じている。

○自然の様子に興味をもち、自然物の感触を楽しんでいる。

○七夕の行事を知り、七夕の活動を楽しむ。… Ⓑ Ⓒ

○プール遊びの準備や約束事を知る。… Ⓐ Ⓒ

○保育者や友達と簡単なルールのある遊びをして、一緒に過ごすことを楽しむ。… Ⓑ

・七夕の由来を知り、はさみやのりを使って製作を楽しむ。

・プール遊びの支度の仕方、約束事などを知り、自分でしようとする。

・保育者や友達と一緒に簡単なルールのある遊びをする。

○絵本や紙芝居で七夕の由来を簡単に伝え、七夕に興味をもてるようにする。

◆5歳児の作った七夕飾りを見に行ったり、見本を置いたりして、どんな物を作りたいかイメージが湧きやすいようにする。

◆材料は多めに用意し、友達と同じ物が作りたい、たくさん作りたいという気持ちが満たされるようにする。

○少人数でできる製作コーナーをつくり、はさみやのりの使い方を伝えていく。

○遊びの中での物や場の取り合いが起きたときには、それぞれの思いをくみ取り、貸してほしいという気持ちを言葉にすることを知らせたり、順番に使うことを知らせたりする。

◆水着の準備や後始末などの手順が分かりやすいように絵カードを用意しておく。

◆衣服の着脱を座ってできるようなござや、脱いだ衣服を入れるかごなどを用意し、子どもがやりやすいようにする。

○着替えの際は、子どもが自分でやろうとする姿を見守り、難しいところを手伝うようにする。

◆じょうろやバケツ、カップなどを用意し、水が苦手な子どもも水遊びに慣れていけるようにする。

○プール遊びでの約束事を、ペープサートや紙芝居などを取り入れて分かりやすく知らせる。

○プール遊びの後は絵を描いたり粘土遊びをしたりして、ゆったりと体を休めることができるようにする。

○友達と一緒に楽しく過ごせるよう、簡単なルールのある遊びを取り入れ、興味をもった子どもから遊びだせるようにする。

（追いかけっこ、むっくりくまさん　など）

○保育者と一緒に水やりをしながら、トマトやオクラ、ピーマンなどの夏野菜の生長（大きさや色づき）に気付き、収穫を楽しみにできるようにする。

 **のポイント**

★七夕製作を通して、七夕に興味をもてるような援助ができていたか。

★プール遊びの身支度を自分でしようとしていたか。

★簡単なルールのある遊びをして、保育者や友達と過ごすことを楽しんでいたか。

第2章　子どもに合わせて計画を立てよう

6月　週の計画　幼稚園（認定こども園）

87

6月

幼稚園（認定こども園）

日の計画

6/12(水)

環境を構成するポイント	予想される幼児の活動	保育者の援助
○子どもの挨拶や身支度の様子を見やすいように、保護者のスペースを空けておく。 ○どのようなコーナーがあるか絵で表示しておき、様々な遊びに興味をもてるようにする。 ○親子で楽しく遊べるコーナーを構成する。 **保育室** ：ままごとコーナー 　家に見立ててままごとができるように、ござやパーティションを用意しておく。 **園庭** ：砂場コーナー 　シャベルやスコップ、バケツなどを多めに用意する。 ：運動コーナー 　巧技台を使って、ジャンプする場やトンネルを作っておく。 ：シャボン玉コーナー 　シャボン玉用のストローや容器を用意しておく。 ○手や足を洗うたらいや、タオルを用意しておく。 ○ゆったりとした雰囲気で過ごせるように、場を区切ったり、絵本やパズルなど様々な種類の遊具を用意したりしておく。	○登園する。 ・挨拶をして身支度をする。 ○集まる。 ・親子でふれあえる手遊びをしたり、歌をうたったりする。 ○好きな遊びをする。 　室内：ウレタン積み木、 　大型積み木、ままごと　など 　園庭：砂場遊び、巧技台、 　シャボン玉　など ○片付けをする。 ○排せつ、手洗い・うがいをする。 ○歌をうたう。 　(♪:『かえるの合唱』) ○絵本を見る。 　(絵本:『かえるのレストラン』) ○降園する。 ○預かり保育の部屋へ移動する。 ○昼食をとる。 ○食後の休息を取る。 ○好きな遊びをする。 ○片付ける。 ○おやつを食べる。 ○降園準備をする。 ○降園する。	○子ども一人ひとりに挨拶をして、笑顔で迎える。 ○親子で遊ぶことに期待がもてるような言葉を掛け、遊びのイメージを広げていく。 ○好きな遊びが十分に楽しめるように各コーナーの様子を見て、保育者も一緒に遊んだり、盛り上げたりする。また、見ているだけの子どもには無理強いせず、徐々に親しめるようにする。 ○運動コーナーでは体を動かす楽しさに共感しながら、安全に遊べるように配慮する。 ○保育者もはだしになって砂場で水や砂の心地良さを伝えていく。また、実際に触れて感触を楽しんでいる姿に共感していく。 ○親子で楽しかったことを振り返る機会をつくり、一緒に遊ぶ楽しさを思い出しながら帰りの挨拶をする。 ○落ち着いて楽しく遊べるように保育者も一緒に遊んだり誘ったりする。 ○明日に期待をもてるよう言葉を掛け、一人ひとりと挨拶をする。

反省・評価のポイント

★親子で好きな遊びを見つけて楽しめたか。
★水、砂、泥に触れたり、体を動かす楽しさを感じたりできるように援助できたか。

6月 幼稚園（認定こども園）

日の計画 6/25（火）

ねらい	○保育者や友達と一緒にプールやたらいで水に触れる心地良さを味わう。 ○水着の着替えなどを自分でしようとする。
内容	○保育者や友達と一緒に水の感触や気持ち良さを感じる。 ○着替えの手順や約束を知り、保育者に手伝ってもらいながら自分なりにしようとする。

環境を構成するポイント	予想される幼児の活動	保育者の援助
○前日に楽しんでいた遊びを、引き続き楽しめるように準備しておく。 ○登園後、栽培している夏野菜に水やりをして生長に気付いたり、収穫を楽しみにしたりできるように、保育室の近くに置いておく。 ○水着の着脱の手順や約束を絵で表示して、丁寧に伝える。 ○無理なく水の感触を楽しめるように、たらいやビニールプールなどを用意し、少しずつ親しめるようにする。 ○水遊びが楽しめるように、透明なカップや空き容器を多めに用意しておく。  ○疲れが出やすい時間帯なので、子どもたちの様子を見ながら、ゆっくりと過ごせるような場をつくる。	○登園する。 ・挨拶をする。 ・身支度をする。 ○好きな遊びをする。 　（ブロック、ままごと、描画　など） ○片付けをして、排せつをする。 ○水着に着替える。 ○準備体操をする。 ○プール遊びをする。 　（切ったホースやスポンジの魚つかみ、空き容器のシャワー、動物に変身して遊ぶ　など） ○着替えをする。 ○水分補給をして、休息を取る。 ○昼食の準備をし、昼食をとる。 ○好きな遊びをする。 ○片付けて、降園準備をする。 ○絵本を見る。 　（絵本：『10ぴきかえるのプールびらき』） ○降園する。 ○保育者と一緒に預かり保育の部屋へ移動する。 ○好きな遊びをする。 ○片付けをして、おやつを食べる。 ○休息を取る。 ○降園準備をして、紙芝居を見る。 　（紙芝居：『かえるケロスケ』） ○降園する。	○明るく挨拶をして、子どもたちを受け入れる。 ○一人ひとりの様子を見たり、プールカードを確認したりして、健康状態を把握する。 ○着替えは自分でしようとする姿を大切にし、見守りながら難しいところは援助する。 ○保育者も水に触れることで、水の感触や心地良さを味わえるようにする。 ○一人ひとりの水の慣れ方に合わせて空き容器のシャワーを掛けたり、ホースの魚を取ったりして楽しめるようにする。 ○プールの後は水分や休息を促す。 ○絵本に出てくるプール開きから、今日の活動の楽しさを感じられるようにし、明日以降のプール遊びへの期待へとつなげる。 ○預かり保育の担当者に、日中の活動内容や一人ひとりの様子を伝え、健康状態を共有できるようにする。 ○「楽しかったね」「また遊ぼうね」など言葉を掛け、明日に期待をもてるようにして挨拶をする。

反省・評価のポイント

★保育者や友達と一緒に水の感触や心地良さを味わえたか。
★着替えの手順や約束を分かりやすく伝え、自分なりに取り組む姿を認めたり、安全に配慮したりできたか。

7月の計画

夏を安全で健康に、楽しく過ごせるように

生活

　気温の上昇とともに、プール遊びや水遊びが活発になってきます。園生活にもすっかり慣れ、行動もダイナミックになってきます。保育者は時間に余裕をもって遊びを進めたり、子ども自身で支度がしやすい環境を整えたりしていきましょう。

人との関わり

　遊びを楽しむ中で、プール遊びの約束や安全に気を付ける大切さを伝えていきましょう。保育者は子どもの健康状態の把握や熱中症への配慮、人員配置や遊びの内容などの工夫をして、子どもたちにとって楽しいプール遊びとなるようにしていくことが大切です。

季節ごよみ

○晴れた日には、水遊びや
　プール遊びを楽しむこと
　ができる。

○七夕飾りを作り、保育室
　やササに飾っている。

○気温が高い日、蒸し暑い
　日、急に雨が降ったりし
　て天候の変化がある。

○梅雨明け時期になり、日
　ざしが強くなる。

○栽培している夏野菜の実
　が変化し、草花はつぼみ
　をつけ始める。

○日ざしが強くなり、暑い
　日が続く。

○アサガオやフウセンカズ
　ラなどの花が咲き始める。

○地域の夏祭りが行なわれ
　る。

○気温が上昇し、日ざしが
　ますます強くなる。

○夏野菜が収穫できるまで
　に育ち始める。

○セミの鳴き音が大きくな
　り、抜け殻を見つける。

遊びへの取り組み

　7月は七夕や夏祭りなど楽しい行事がある時季で
す。子どもたちが楽しみにできるような行事である
よう心掛けましょう。

保育なるほど解説!

「保育記録のまとめ」

　学期末などに日々の保育記録を読み返す
と、その時々には気付かなかったことに心が
留まり、改めて子ども理解や保育者としての
自分自身の関わりを反省することがあります。「なるほど、そうだったのか」と納得し、そ
の子どもへの関心がより深まっていきます。
「保育記録をまとめる」ということは、これま
での点と点の記録を連続して見ることで線と
して見えることを見出し、その内面で発達し
つつあることに気付くことであり、子どもと
共に暮らす保育者ならではの理解です。

7月の計画

7月 月の計画

保育園
（認定こども園）

※ねらい（… Ⓐ など）が、月案と週案で関連し合っていることを読み取ってください。

クラスづくり

○プール遊びや色水遊びなど夏ならではの遊びを通し、夏の生活の仕方を身につけながら解放的に遊ぶ楽しさを味わえるようにしたい。また、友達との関わりが広がる一方で、自分の思いがうまく伝わらずトラブルになることも多く見られるので、保育者が一人ひとりに丁寧に関わりながら仲立ちをし、一緒に遊ぶ楽しさを感じられるようにしたい。

前月末の 幼児の姿

生活

○着替えや朝夕の支度の仕方が分かるようになり、簡単な身の回りのことを自分でしようとしている。

人との関わり

○保育者や気の合う友達と好きな遊びを一緒に楽しんでいる。

○少しずつルールを理解できる子どもが増え、簡単なルールのある遊びを一緒に楽しんでいる。

遊びへの取り組み

○身近な物や様々な素材に興味をもち、一緒に製作を楽しんでいる。

○遊びや絵本で見た物に興味を示し、保育者や友達と話をしたり、まねをして遊んだりする。

ねらい

○夏の生活の仕方を知り、身の回りのことを自分でしようとする。… Ⓐ

○保育者や友達と一緒に、夏の遊びを楽しむ。… Ⓑ

○保育者や友達と一緒に遊ぶ楽しさを感じる。… Ⓒ

○夏に楽しめる素材を使って、簡単な製作を楽しむ。… Ⓓ

○夏の自然や栽培物にふれ、興味をもつ。… Ⓔ

幼児の経験する 内容

○プール遊びや水遊びの準備・後始末など、できないところは保育者に手伝ってもらいながら、自分でしようとする。

○汗をかいたときには衣服を着替え、保育者に促されて水分補給をしたり休息を取ったりする。

○夏の遊びをする中で、水の感触や心地良さを感じる。

○プールでの約束事を知り、楽しんで遊ぶ。

○簡単なルールのある遊びを保育者や友達とする。

○保育者や友達に自分の思いを言葉で伝えようとする。

○絵の具、寒天ゼリー、片栗粉、野菜に触れ、感触を味わったり表現したりする。

○プール遊びや水遊びで使うペットボトルシャワーなどの製作をする。

○天候や気温に合わせて場所を考え、木陰や室内で過ごす。

○ササ飾りを見たり集会に参加したりする。

○夏祭りで盆踊りをする。

○戸外で、植物や虫を見つけたり、栽培物に触れたりするなど、夏の自然にふれる。

家庭・地域 との連携
保護者への支援も含む

★プールカード（健康チェック票）に体温や健康状態を毎日記入してもらい、子どもの体調について把握し合う。また、家庭でも十分な休息が取れるよう呼び掛ける。

★汗をかいたり水にぬれたりして着替える機会が増えるので、衣服を多めに用意してもらう。

★夏の感染症について便りや口頭で伝え、気温差で体調を崩しやすい子どももいるので、異変があったときには早めの受診を勧める。

健康・食育・安全への配慮
養護の視点も含む

○暑さによる不調や疲れが出てくるので体調の変化に気を付け、ゆったりと過ごせるようにする。

○夏野菜の生長や変化に気付き、触れることで食への興味につなげていく。

○プール遊びや水遊びでは、保育者同士の役割分担をして安全に配慮しながら楽しめるようにする。

指導計画から学ぶ
保育力アップ

夏の遊びを楽しむ中で、約束事や健康に過ごす大切さに気付けるように

気温がますます上がってくる7月には、プール遊びや水遊びなどの楽しい遊びがたくさんあります。遊びでの約束を守ることが安全に遊びを楽しめること、休息や水分補給が健康に過ごせることにつながることを知らせていきたいですね。子どもが安心して遊べる環境を整えながら、約束事や健康に関心をもてるようにしていきましょう。

環境の構成と保育者の援助

夏を健康に過ごせるように

○室内外の温度差・湿度に留意しながら、子どもたちが快適に過ごせるよう、こまめに室温調整を行なう。

○戸外でも水分補給ができるようにしたり、木陰で遊ぶよう促したりして熱中症を予防する。

○汗をかいたり水でぬれたりしたら、衣服を着替えるよう促し清潔に過ごせるようにする。

夏の遊びを楽しめるように

○プール遊びや水遊びの約束事は具体的な場面を捉えて、絵カードなどで繰り返し伝え、その都度知らせていく。

○プール遊びや水遊びでは、子どもの体調を見ながら休息の時間を取るようにする。

○ペットボトル、たらい、水鉄砲、空きカップなど、様々な遊具や材料を用意し様々な遊びが楽しめるようにする。

○水に入ったり顔に水が掛かるのを嫌がる子どももいるので、水位を調節しながら保育者と一緒に入って、水に親しめるようにしていく。

友達と楽しく遊べるように

○友達と一緒に遊びたいという気持ちを受け止めながら、遊びに誘ったり自分の気持ちを言葉で表すように働き掛けたりして、一緒に遊ぶきっかけをつくっていく。

○簡単なルールのある遊びでは、ルールや約束事を分かりやすく伝え、繰り返す中で友達と遊ぶ楽しさを感じられるようにしていく。

夏の自然に興味をもてるように

○セミの声を聞いたり、抜け殻などを見たりして、喜びや驚きに共感していく。

○興味をもった子どもがすぐに見られるように、虫の絵本や図鑑を用意しておく。

○夏野菜やアサガオなどを見たり触ったりし、生長や変化に気付けるようにする。

○育てている野菜を見に行ったり水やりの世話をしたりして、匂いや感触を楽しめるようにしていく。

ゆったり過ごすために… ～園で長時間過ごすための配慮～

快適に過ごせる環境を

○汗をかいたときは着替えやシャワーをして、清潔に過ごせるようにことばがけをする。

○室温の調節をしたり、水分補給がいつでもできるようにしたりして環境を整えておく。

○日中にプール遊びをした日は疲れが出やすいので、休息が取れるような遊びを取り入れる。
（パズル、塗り絵、折り紙　など）

保育者のチームワーク

★活動や遊びの様子など報告し合いながら、一人ひとりの健康状態を把握し、情報共有をする。

★プール遊びでは、保育者間で指導・監視・誘導・連絡係などの役割分担をし、安全に配慮する。

反省・評価のポイント

★夏の生活の仕方を知り、身の回りのことを自分でしようとしていたか。

★夏の遊びを十分に楽しむことができていたか。

★身近な物で遊びに取り組めるような環境構成ができていたか。

7月

保育園（認定こども園）
週の計画

1週

7/1（月）〜6（土）

今週の予定　七夕集会、七夕

○プール遊びの約束や準備を知り、プールでの遊びを楽しんでいる。

○はさみやのりを使って、七夕製作を楽しんでいる。

ねらい○と内容・

○夏の生活の仕方を知り、支度をやってみようとする。… Ⓐ

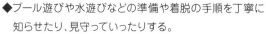

○プール遊びや水遊びを通して、水に触れることを楽しむ。… Ⓑ

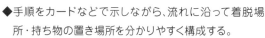

○七夕の由来に興味をもち、集会に参加する。… Ⓑ

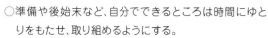

・保育者に手伝ってもらいながら、自分で着替えや身の回りのことをやろうとする。

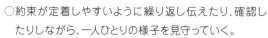

・水の感触や心地良さを感じて遊ぶ。

・七夕集会に参加したり、ササ飾りを見たり、みんなで歌をうたったりする。

具体的な環境◆と保育者の援助○

◆プール遊びや水遊びなどの準備や着脱の手順を丁寧に知らせたり、見守っていったりする。

◆手順をカードなどで示しながら、流れに沿って着脱場所・持ち物の置き場所を分かりやすく構成する。

○準備や後始末など、自分でできるところは時間にゆとりをもたせ、取り組めるようにする。

○約束が定着しやすいように繰り返し伝えたり、確認したりしながら、一人ひとりの様子を見守っていく。

◆子どもたちが水遊びを楽しめるように、じょうろやバケツ、空き容器などを手に取りやすい場所に置いておく。

○保育者も一緒に遊びながら、楽しむ姿を見せて水が苦手な子どもも水に触れられるように徐々に誘っていく。

◆ペットボトルを人数分用意し、絵を描きやすい大きさに切っておく。切れ目の部分は前もってアイロンを当てて丸め、けがにつながらないように配慮する。

○油性フェルトペンの使い方やペットボトルの持ち方を知らせて、好きな模様を描きやすいようにする。

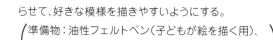

（準備物：油性フェルトペン（子どもが絵を描く用）、ペットボトル、はさみ、カッターナイフ　など）

◆大きなササを用意し、玄関やホールなど見える所に飾る。

○絵本や紙芝居で七夕の由来を知らせたり、七夕の歌をうたったりする。ササに飾られたササ飾りを見ることで、興味をもったり、集会に向けて期待を高めていけるようにしたりする。

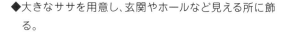

◆夏祭りに向けて、盆踊りの曲を流したり、保育者が踊って見せたりする。

○保育者のまねをしたり、音楽に合わせて体を動かしたりし、友達と一緒に踊る楽しさを味わえるようにしていく。

（盆踊り：『エビカニクス音頭』『月夜のポンチャラリン』　など）

反省・評価のポイント

★身の回りのことを自分でしようとする環境ができていたか。

★プール遊びや水遊び、七夕集会を楽しんでいたか。

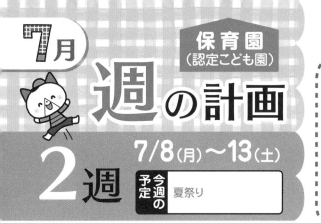

7月

保育園（認定こども園）

週の計画

2週 7/8（月）〜13（土）

今週の予定：夏祭り

前週の 幼児の姿

○夏の生活の仕方を知り、プール遊びなどの支度を自分で
やってみようとする姿が見られる。
○プール遊びや水遊びで水に親しみ楽しんでいる。
○自分なりの表現で製作したり、踊りや歌を表現したりして
いる。

○保育者や友達と一緒にプール遊びや水遊びを楽しむ。… **B**
○簡単なルールを知り、体を動かすことを楽しむ。… **C**
○夏祭りを楽しむ。… **B**
・プールで全身を使って遊んだり、色水で遊んだりして、水に親しむ。
・巧技台やフープ、トンネルを使って体を動かして開放的に遊ぶ。
・夏祭りに参加し、4・5歳児のお店屋さんごっこのお客さんになったり、盆踊りを踊ったりする。

○こまめに水分や休息を取りながら、子どもの健康状態
を把握し安定を図っていく。また、日ざしの強い日には
日陰に入り、休むようにする。
○プールに入れない子どもは、絵本を見たり、ままごとを
したり、体調を見ながらたらいで水遊びをしたりするな
ど、落ち着いて過ごせるようにする。
◆色水遊びでは、水に色づいていく様子や混ぜたときの
色の変化が分かりやすいように、透明の容器を準備し
ておく。
（ペットボトル、プラスチックのカップ　など）
○クレープ紙（3×3cm）を使って、色水作りをしたり、手
作りのペットボトルじょうろやじょうごで遊んだりする。

◆巧技台で遊ぶときは、順番を守り押さないで遊ぶなど
約束しながら、子どもたちの様子に合わせて高さを調
節・構成する（3歳児のジャンプの高さ＝10〜30cm）。
○危険のないように、手を添えたり声を掛けたりと、一人
ひとりが安心して巧技台で遊べるようにしていく。

◆夏祭りに向けて製作した物を飾って、装飾したり音楽を
かけて盆踊りをしたりして、楽しい雰囲気の中で参加で

きるようにする。
（盆踊り：『東京音頭』『炭坑節』『エビカニクス音頭』
など）
○夏祭りでは盆踊りをみんなで踊ることを通して、保育者
や友達と音楽に合わせて、体を動かす楽しさを感じら
れるようにしていく。
○他クラスの製作物やお店屋さんごっこをしている姿を
見ながら、作ることに興味をもてるようにする。また、
簡単な言葉のやり取りをして楽しめるように援助した
り、戸惑っている子どもには保育者も一緒に買い物を
したりして、楽しめるようにする。

◆夏の草花や虫の絵本を読んだり、図鑑を本棚に置いた
りしながら、いつでも見られるようにしておく。
（カブトムシ、カマキリ、セミ、アサガオ　など）
○子どもたちの発見・気付きに共感したり、「お花、大きく
てきれいだね」「キュウリはざらざらしているね」などの
言葉を掛けたりして、子どもが感じたことを言葉にする
きっかけづくりをしていく。

のポイント

★楽しんでプール遊びができるように援助することができたか。
★十分に体を動かせるように環境を整えられたか。
★夏祭りに楽しんで参加していたか。

7月 保育園（認定こども園）週の計画

3週 7/15（月）〜20（土）

今週の予定： 海の日、避難訓練、身体計測、誕生会

前週の幼児の姿

○友達や保育者と一緒に、色水を作ったり使ったりして遊んでいる。

○巧技台に登ったり、ジャンプして降りたりして、様々に体を動かす気持ち良さを味わっている。

○夏祭りで、盆踊りや買い物を友達と楽しんでいる。

ねらいと内容

○水着の着脱や後始末を自分でしようとする。… Ⓐ

○遊びや活動の中で、自分の思いを伝えようとする。… Ⓑ

○夏野菜に興味をもち、野菜のスタンプ遊びを楽しむ。… ⒹⒺ

・プール遊びの支度を自分でできるところはしようとする。

・ルールの確認をしながら、保育者や友達と遊ぶ。

・育てている野菜に触れたり夏野菜を使ってスタンプ遊びをしたりする。

具体的な環境（◆）と保育者の援助（○）

◆同じ手順でできるようにプール遊び用のプールバッグや着替え、タオルの置き場を決めておく。また繰り返しの中で覚えながら取り組めるようにする。

○準備や始末の様子を見守りながら、自分でやろうとする姿を十分に認めていき、意欲につなげていけるようにする。

◆ルールがあることを知り、十分に体を動かして遊べるように遊びに合った広さの場所を確保する。
（鬼ごっこ、しっぽ取り、巧技台遊び、ボール遊びなど）

○遊んでいく中で保育者や友達と一緒に遊ぶ楽しさを感じられるようにルールや約束を分かりやすく伝える。

○子ども同士で思いを伝え合えず、トラブルになったときには保育者が代弁したり言葉を補ったりしながら仲立ちとなるようにする。

○子どもたちの様子を見ながら、ボールやしっぽ取り用のテープなどの準備を行ない、いつでも遊べるようにする。

◆育てている野菜を見に行ったり、水をやったりして匂いや感触を楽しむ機会を設けるなど、興味をもてるようにする。
（オクラ、ピーマン、トマト　など）

◆テーブルの数に合わせてスタンプ台や野菜の数を調節し、構成しておく。
（見本以外の野菜は子どもが持ちやすい大きさにあらかじめ切って分けておく）

○クラス内に製作コーナーを設けて、少人数で好きな野菜や色を選びながらスタンプ遊びができるようにする。

○スタンプ遊びに使う野菜を見たり触ったりする。また、実際に切って断面を見て、形の違いや変化が分かるようにする。

○野菜の持ち方や色の付け方、スタンプの仕方を知らせ、様子を見守りながら、一人ひとりの姿に合わせてことばがけや援助をしていく。

○子どもたちが十分遊びを楽しめるように、保護者には前もって活動を知らせ、衣服の準備をしてもらう。

反省・評価のポイント

★自分でやろうとする姿を十分に認め、意欲につなげられたか。

★子どもに分かりやすいように、環境を構成したりルールを伝えたりできたか。

★好きな遊びを見つけて、じっくり楽しんでいたか。

7月

保育園（認定こども園）

週の計画

4週　7/22（月）〜31（水）

今週の予定

前週の 幼児の姿

○ルールや約束を知り、友達や保育者と楽しく遊んでいる。
○栽培している野菜に興味をもち、遊びに使って様々な模様ができることを楽しんでいる。

○プール遊びを保育者や友達と楽しむ。… Ⓑ
○体を動かしたりゲームをしたりして、友達と一緒に遊ぶ楽しさを味わう。… Ⓒ
○夏に楽しめる素材で、開放感のある遊びを楽しむ。… Ⓑ Ⓓ
・フープくぐりや玩具拾いをして、全身で水の心地良さを味わう。
・友達と一緒にルールのある遊びや体操、リズム遊びをする。
・ゼリーや溶いた片栗粉を使ったボディペインティングをして、感触や心地良さを味わう。

◆プールの水位や遊具の種類は子どもたちの状態を見ながら調節、構成する。
○一人ひとりがプール遊びを楽しめるように、水に対する反応や行動などに合わせてグループ分けをして遊ぶ様子を見ていく。
○ワニ歩きやアヒル歩きなどをして体を水に慣らし、フープくぐりや沈めた玩具を拾ったりしながら段階を踏んで遊びを広げていけるようにする。
○プールの周りを走らない、押したり引っ張ったりしないなど、プール遊びの約束を再確認しながら、安全に遊べるようにする。

◆プール遊びの後には、体を休めてゆったりと過ごせるように、落ち着いた遊びができるスペースを用意しておく。
（ままごと、絵本、パズル、ござやマットを敷く　など）
○着替えや遊ぶ場所の空調を調節し、体を冷やさないようにする。
◆雨天時やプール遊びができない日にも体を動かして過ごせるように体操やリズム遊び、ゲーム遊びなどを準備しておく。
○保育者や友達と体を動かしたり簡単な身体表現をした

りしながら、楽しい雰囲気の中で過ごせるようにする。

◆戸外で全身を使って遊べるよう、ゼリーペインティング・片栗粉ペインティング用の、色分けした材料をボウルに分けておき、遊び終わった後にすぐに体を洗い、着替えられるようにしておく。

（色分け用のボウル、絵の具、湯、片栗粉、タオル、雑巾、足拭きマット、ござ、シート　など）

○体を拭く場所、着替える場所を分け、分かりやすいようにタオルや衣服を置いておく。
○抵抗のある子どもには、やって見せることで楽しさを伝えていく。
○子どもが楽しんで遊べるよう十分な量の材料を用意し、感触や色が混ざるおもしろさを感じられるように援助していく。

反省・評価のポイント

★プール遊びの中で遊びを広げて楽しんでいたか。
★友達と一緒に遊ぶ楽しさを味わえるような援助ができたか。
★夏に楽しめる素材で、感触や開放感を楽しんでいたか。

7月 保育園（認定こども園）

日の計画

7/1（月）

ねらい
○自分のペットボトルのシャワーを作ることを楽しむ。
○プール遊び、水遊びへの期待をもつ。

内容
○好きな形を選んだり、思い思いの絵を描いて、楽しんで製作する。
○作品を見たり、プール遊び、水遊びの話を聞いたりする。

環境を構成するポイント	予想される幼児の活動	保育者の援助
○好きな遊びが楽しめるようなコーナーを構成しておく。また、コーナー遊びの一角にペットボトルのシャワーの製作コーナーを用意し、グループごとに子どもを呼んで少人数で楽しめるようにする。 ・テーブルに、様々なサイズのペットボトルのシャワー（事前にアイロンで切り口を丸める）と油性フェルトペンを用意しておく。 ・テーブルにはビニールシートを敷いておく。 ○作ったペットボトルシャワーをみんなで見たり、水遊びの紙芝居を読んだりして、期待をもてるようにする。	○登園する。 ・朝の支度をする。 ○好きな遊びをする。 　（ブロック、ままごと、パズル　など） ○やりたい子どもからコーナーへ行って、ペットボトルのシャワー作りをする。 ・自分の好きな形のペットボトルに油性フェルトペンで好きな絵や模様を描き、完成させる。 ○飾った作品を見る。 ○好きな遊びをする。 ○排せつ、手洗いをする。 ○紙芝居を見る。 　（『ねずみくんとかばくんのみずあそび』） ○昼食をとる。 ○午睡をする。 ○おやつを食べる。 ○帰りの支度をする。 ○好きな遊びをする。 ○降園する。	○挨拶をしながら一人ひとりの健康状態を把握する。 ○製作のコーナーに準備物や見本を置き、興味が湧くような働き掛けをする。 ○全員が経験できるようにする。 ○平面の描画とは違って描きにくいので、必要な場合は援助をしたりことばがけをしたりして、楽しく取り組めるようにする。 ○できた子どもの作品を仕上げ、飾っていく。 ○作品を見ながら子どもたちの思いに共感し、プール遊び、水遊びで使用する期待がもてるようなことばがけをする。 ○紙芝居や絵カードなどを使って、プール遊び、水遊びへの期待や約束事を話す。

反省・評価のポイント
★一人ひとりが集中して取り組めるような環境構成をし、援助することができていたか。
★自分の好きなように描くことを楽しめたか。
★ペットボトルのシャワーを使った遊びへの期待をもてたか。

7月 保育園（認定こども園）

日の計画

7/8（月）

ねらい
○保育者や友達と一緒に色水遊びを楽しむ。
○色を混ぜると変化することに興味をもつ。

内容
○保育者や友達と一緒に様々な色を混ぜたり、ごっこ遊びをしたりする。

環境を構成するポイント	予想される幼児の活動	保育者の援助
○好きな遊びが楽しめるようなコーナーを構成しておく。 ○園庭にテーブルを置いて、様々な色の水をたらいなどに用意し、バケツやカップを使ってすくって遊べるようにする。 ○色水などで汚れてもよい衣服を用意してもらう。 ○着替えがしやすいように、テーブルに替えの衣服やタオルを置き、手順に沿って一人ひとりができるようにする。 	○登園する。 ・朝の支度をする。 ○好きな遊びをする。 　（ブロック・ままごと・パズル　など） ○片付けをし、排せつをする。 ○色水遊びをする。 　（たらい、バケツ、じょうご、カップ　など） ○片付けをする。 ・シャワー・着替えなどをする。 ○水分補給をする。 ○好きな遊びをする。 ○片付けをする。 ○排せつ・手洗いをする。 ○昼食をとる。 ○紙芝居を見る。 　（『ルカちゃんとイルカ』） ○午睡をする。 ○おやつを食べる。 ○帰りの支度をする。 ○好きな遊びをする。 ○降園する。	○挨拶をしながら、一人ひとりの健康状態を把握する。 ○登園したら好きな遊びが見つけられるように、コーナーを構成しておく。 ○一人ひとりが楽しめるようにじょうごを全員分用意するなどし、じっくりと遊び込めるようにする。 ○カップやバケツに入れて、色を混ぜるなどして、色の変化に気付けるようにする。「トマトジュースがブドウジュースに変身したね」などの会話をし、色が変化するおもしろさに共感する。 ○シャワー後の体拭きは保育者が手伝い、タオルの片付けや衣服の片付けなどを自分で行なえるようにする。 ○夕方の保育は疲れが出やすいので、休息を取れるような遊びを取り入れる。 　（パズル・塗り絵・折り紙　など）

反省・評価のポイント

★色水遊びを楽しみながら、色の変化や見立て遊びを楽しめるような援助ができていたか。
★色の変化のおもしろさに気付き、色水遊びを楽しんでいたか。

7月 月の計画

幼稚園（認定こども園）

※ねらい（…Ⓐ など）が、月案と週案で関連し合っていることを読み取ってください。

クラスづくり

○水を使った遊びやプール遊びなど、夏ならではの遊びの楽しさを十分に味わえるようにしたい。また、友達との関わりが増えてくる中で、自分の思いがうまく伝えられなかったり相手の思いに気付かなかったりしてトラブルになることも多い。保育者が一緒に関わりながら、互いの気持ちを伝えるなどの工夫をして、友達と関わって遊ぶ楽しさを感じられるようにしていきたい。

前月末の 幼児の姿

生活
○園での生活の流れが分かり、身の回りのことを自分でしようとする姿が増えてきている。

人との関わり
○友達のしていることに気付き、まねをしたり一緒に遊ぼうとしたりしている。

○友達との関わりが増える中で、物や場の取り合いなどからトラブルになることがある。

遊びへの取り組み
○栽培物に興味をもち、水やりを楽しんだり生長や開花を喜んだりしている。

○気に入った遊びや場で繰り返し遊ぶことを喜んでいる。

○水、砂、泥などに触れて遊ぶことを楽しんでいる。

ねらい

○身の回りのことを自分でしようとする。…Ⓐ

○好きな遊びを十分に楽しみながら、友達に関心をもち、関わって楽しむ。…Ⓑ

○保育者や友達と水遊びを楽しむ。…Ⓒ

○身近な夏の自然に親しむ。…Ⓓ

幼児の経験する 内容

○身の回りの支度、昼食の準備や片付けなどを自分でしようとする。

○水遊びやプール遊びの支度の仕方を知り、できることは自分でしようとする。

○好きな遊びや場を見つけて、自分のしたい遊びを繰り返す。

○遊びの中で気の合う友達や異年齢児と関わりをもつ。
○自分の思いを言葉やしぐさで相手に伝えようとする。

○プール遊びに喜んで参加する。
○安全に遊ぶための約束事を守ろうとする。

○花、絵の具などの素材や用具を使って遊ぶ。

○栽培物に水やりをしたり、生長を喜んだりし、育てた野菜を見たり食べたりする。

○梅雨明けの日ざしの強さ、雷雨、夕立などに興味をもつ。

家庭・地域 との連携
保護者への支援も含む

★水遊びやプール遊びの際の健康状態を把握し、家庭と連絡が取り合えるよう、プールカードや連絡一覧表などを準備する。

★夏に多い感染症や熱中症に関する情報や予防策を事前に知らせる。発生の際は速やかに状況を伝え、家庭でも体調の変化に留意してもらうなど連携を取り合えるようにする。

★夏休みの過ごし方や配慮事項、地域の行事などの情報について、保護者会や配布物などを通して伝えていく。

健康・食育・安全 への配慮
養護の視点も含む

○室内の温度を調節し、水分補給を促し、熱中症への対策を行なう。

○夏野菜を収穫し、友達と一緒に食べる喜びが味わえるようにする。

○プールの水質検査を行ない、水温や衛生に留意する。また、暑さ指数なども参考にし、実施を判断する。

指導計画から学ぼう　保育力アップ

友達に関心をもって関われるように

　用具や素材を使って取り組んできて、暑いこの時季は水遊びの経験も増えてきました。集団生活で遊ぶ中で、常に友達との関わりがあります。言葉による伝え合いの始まりです。分かってもらえるように相手に伝えることは、より良い社会生活を送るためにもとても大事なことです。行きつ戻りつするかもしれませんが、じっくりと育てていきたいものです。

環境の構成と保育者の援助

身の回りのことを自分でできるように

○登降園時の支度、片付け、食事の準備や片付けなどを自分でしている姿を認めながら、自分でできた喜びが感じられるようにしていく。

○プール遊びや水遊びの支度、始末が自分でできるように、時間やスペースにゆとりをもち、一人ひとりの状態に応じて声を掛けたり手伝ったりしていく。

友達と関わって楽しく遊べるように

○友達の遊んでいる姿が目に入るように場づくりの工夫をしたり、友達に興味をもっている気持ちに共感したりする。遊びの中で友達と関わるきっかけをもてるようにしていく。

○トラブルのときには、それぞれの気持ちに寄り添い、思いを受け止めながら、互いの気持ちを代弁したり、必要な言葉、順番などに気付けるようにしたりしていく。

夏の遊びを十分に楽しめるように

○プール遊びの楽しさ、解放感を感じている姿に共感し、水に親しめるような雰囲気をつくる。

○プール遊びのような大勢での遊びに抵抗のある子どもも徐々に水に親しめるように、プールのそばに水鉄砲、じょうろなどの少人数で遊べる遊具を用意しておく。

身近な夏の自然に親しめるように

○トマトなどの夏野菜を収穫したり、アサガオの花が咲いたことを一緒に喜んだりして、驚きや喜びの気持ちが感じられるようにする。

○梅雨明けの強い日ざし、日陰の涼しさ、雷雨、夕立、虹など、この時季ならではの自然事象に保育者が関心を示して子どもに広げ、興味をもてるようにする。

ゆったり過ごすために…　～園で長時間過ごすための配慮～

暑さや水遊びによる疲れに配慮して

○日中の暑さや水に入った疲れが出ることが考えられる時季なので、一人ひとりの状態をよく見て健康状態に留意する。

○休息が取れるよう、ござなどを敷いて場をつくったり、体を休めながら遊べる物を準備したりする。

○風鈴、打ち水、夕涼みなど、涼しさを感じられる物を保育の中に取り入れていく。

保育者のチームワーク

★プール遊びや水遊びに関して、安全管理や支度などで、どこに援助が必要となるかを常に保育者間で確認・共有し、役割を明確にして連携を取り合って進めていくようにする。

反省・評価 のポイント

★身の回りのできることを自分からしようとしていたか。

★好きな遊びを十分に楽しみながら友達との関わりをもつことができていたか。

★夏の自然に親しめるような援助はできたか。

7月 幼稚園（認定こども園）週の計画

1週 7/1(月)〜6(土)

予定 今週の 七夕

○好きな遊びの中で、ササ飾りやステッキなどを保育者と一緒に作って喜んでいる。
○プールでは、保育者に手伝ってもらいながら着替えたり、魚釣りやじょうろで水を掛けることを楽しんだりしている。
○保育者や友達と追いかけっこをすることを喜んでいる。

ねらいと内容

○身の回りのことを保育者に手伝ってもらいながら自分でする。… Ⓐ
○好きな遊びを楽しみながら、友達との関わりを喜ぶ。… Ⓑ
○水遊びを保育者や友達と楽しむ。… Ⓒ
・登降園時の支度を自分でしたり、プールの準備を手伝ってもらいながら自分でしたりする。
・砂場、ままごと、ササ飾り作りなど自分の好きな遊びを十分に楽しんだり、友達と関わったりする。
・プールで遊んだり水遊びをしたりする。

具体的な環境と保育者の援助

○登降園時の支度では自分でできるようになったことを認め、習慣になるようにする。
○プール前の着替えでは、一人ひとりの様子に応じてできないところを手伝いながらできるようになったことを認めていく。また時間にゆとりをもって準備する。
◆前日の続きや友達同士の関わりをもちやすいように、遊びに必要な物を目につく場所に置いておいたり、つい立てやござなど場所を仕切れる物を用意しておいたりする。(砂場での遊び、ままごと　など)

○気に入った場所で遊んでいる様子を見守っていく。友達のしていることに興味をもっているときには「入れて」「一緒にしよう」など遊びに必要な言葉を伝えていく。
○トラブルが起きたときには双方の思いを受け止め、必要な言葉や相手の気持ちを伝えるなどする。

◆ササを目につく場所に飾ったり、引き続きはさみやのりを使ってササ飾りを作れるように製作コーナーに材料を用意しておいたりする。
○遊びの中で引き続きはさみやのりの使い方を伝えていく。自分で作れたうれしさに共感したり、できた物を飾り満足感が味わえるようにしたりする。
◆七夕の歌をうたったり絵本を見たりして七夕を楽しみにできるようにする。
（絵本：『10ぴきのかえるのたなばたまつり』
♪：『たなばたさま』『きらきら星』
ダンス：『ほしぞらカーニバル』）
○プール遊びや水遊びに慣れてきてプールの周りを走るなど危ないことをするときがあるので、クラスで約束事を再度確認したり、個別に危ないことを伝えたりする。
○保育者も一緒にプールに入りながらスキンシップを図り、安心して水で遊ぶ楽しさを感じたり解放感が味わえるようにしたりする。
○たらいやプールの水の温度の違いに気付いた際には、気付きを受け止め一緒に不思議がったり共感したりする。
（♪：『水あそび』）

反省・評価のポイント

★身の回りのことを保育者に手伝ってもらいながら自分でできたか。
★好きな遊びを楽しみながら、友達と関われるような援助ができたか。
★水遊びを保育者や友達と楽しめたか。

7月 幼稚園（認定こども園）週の計画

2週 7/8（月）〜13（土）

今週の予定 避難訓練、身体計測

前週の 幼児の姿

○気の合う友達と同じ場で遊ぶことを喜んでいる。
○プールの着替えに慣れてきて楽しみながら水遊びをしている。
○七夕では自分で作ったササ飾りが飾られるのを喜んでいる。

○好きな遊びや水遊びを保育者や友達と一緒に楽しむ。… Ⓑ Ⓒ
○身近な植物や虫を見たり触れたりして興味をもつ。… Ⓓ
・保育者や友達と一緒に、ままごとや砂遊び、水遊びなどをする。
・育てている野菜に水やりをしたり、チョウチョウやバッタ、カブトムシなどの虫を見たり触れたりする。

◆前日に楽しんだ遊びの続きができるように遊びの種類ごとに遊ぶ道具をかごに入れ、目につく場所に置いておく。また、気の合う友達とそれぞれが関われるように、場を分けるござやつい立てなどを多めに用意する。
○保育者も一緒に遊びながら、「○ちゃんと△ちゃん、お出掛けなのね、いってらっしゃい」「おそろいのステッキすてきね」など友達を意識できるような言葉を掛けていく。興味があっても仲間に加われないときには、「先生と一緒に入れてって言ってみよう」など、保育者が一緒に遊びに入りながら仲間に入れるようにする。
◆たらいや固形せっけん、ハンカチなどを用意し、洗濯ごっこをしたり、アサガオやオシロイバナ、絵の具などを使って色水遊びができるようにしたりする。

○洗濯ごっこや色水遊びなどで、子どもが気付いたことや感じたことに共感し、一緒に遊びを楽しんでいく。

○遊びの合間に水分補給を促したり、活動が切り替わる際にクラス全体で水分補給ができるようにしたりする。
○暑くて疲れやすくなるので、水遊び後はゆったりと過ごせるように遊びや活動を工夫する。
◆育てている夏野菜が実っている様子に気付くように、子どもたちの目につきやすい場所にプランターを置く。
◆子どもと一緒に、咲き終わった花を集めて、見たり、色水遊びに使って遊んだりできるようにする。
○一緒に見ながら大きくなる様子や色づく様子など変化に興味をもてるようにする。
◆捕まえたダンゴムシ、アリやバッタなどを飼育ケースに入れてみたり、5歳児が飼っているカブトムシを見せてもらったりして興味をもてるようにする。

絵本：『やさいのパーティおおさわぎ』
『かぶとむしのぶんちゃん』
『せんたくかあちゃん』
♪：『トマト』

反省・評価 のポイント

★好きな遊びや水遊びを保育者や友達と一緒に楽しめたか。
★身近な植物や虫を、見たり触れたりして興味をもてるような援助ができていたか。

第2章　子どもに合わせて計画を立てよう

7月　週の計画　幼稚園（認定こども園）

7月 幼稚園（認定こども園）週の計画

3週 7/15(月)～20(土)

今週の予定 海の日、誕生会、終業式

※ねらい（… Ⓐ など）が、月案と週案で関連し合っていることを読み取ってください。

前週の 幼児の姿

○友達のしている遊びに興味をもち、一緒に遊んでいる。

○水遊びの着替えを自分なりにやろうとしている。

○夏野菜の実りに気付き、収穫を楽しみにしている。

 ねらいと内容

○水の感触を味わいながら、プール遊びや水遊びを楽しむ。… Ⓒ

○夏の栽培物に興味をもち、見たり触れたりする。… Ⓓ

○学期末の大掃除をして、夏休みがくることを知る。… Ⓐ

・保育者や友達と一緒に、プール遊びに参加したり水遊びを楽しんだりすることで水に親しむ。

・夏野菜に水やりをしたり収穫をしたりする。

・保育室の棚や遊具などの掃除をしたり終業式に参加したりして、夏休みを楽しみにする。

具体的な環境と保育者の援助

◆プール遊びや水遊びの支度の仕方や、後始末が習慣づくように、時間にゆとりをもったり絵で表示し分かりやすく伝えたりする。

○水の中で遊ぶ楽しさを感じられるように、保育者も一緒にワニやカエルになり切ったり動いたりする。

○友達と一緒に遊ぶ楽しさを感じられるように、「○○ちゃんと一緒だね」などの声を掛ける。

◆戸外で遊んだ後は、水分補給を促し休息が取れるように部屋を涼しくしておく。

◆日ざしが強いときには、パラソルやテントで日陰をつくったり、プールを中止し、涼しくした室内でゆったりと過ごしたりして、熱中症を予防する。
（絵本：『かたづけやさーい』『なつやさいのなつやすみ』）

○水やりなどの世話をすることで、栽培物を身近に感じ生長を楽しみにできるようにする。

○実った野菜はクラスみんなで収穫し、食べるうれしさを感じられるようにする。また、おいしいと思う気持ちに共感していく。

○1学期を振り返り、楽しかった出来事を話したり掃除したりして、夏休みを迎える準備をする。

◆保育室の棚や遊具などの掃除が行えるよう、扱いやすい大きさの雑巾を用意しておく。

○きれいにすると気持ちが良くなることを保育者が言葉に出しながら、大掃除に取り組めるようにする。

○終業式に参加する中で、夏休み後の登園が楽しみになるように話したり、安全に夏休みを過ごせるように分かりやすく約束事を伝えたりする。

 **反省・評価のポイント**

★プール遊びや水遊びを楽しみ、水の感触を味わえたか。

★夏野菜の世話をしたり収穫をしたりして、興味をもてたか。

★大掃除で使った物をきれいにする心地良さを味わえるような援助はできたか。

◎ CD-ROM ▶ 📁 7月 ▶ 📄 3歳児_7月_3・4週の計画_幼稚園

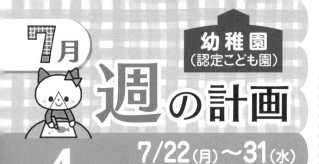

7月 週の計画

幼稚園（認定こども園）

4週 7/22（月）〜31（水）

今週の予定 夏期保育、夕涼み会

前週の 幼児の姿

○保育者や友達と一緒にプール遊びや水遊びを楽しんでいる。
○夏野菜の世話をして収穫を喜んでいる。
○大掃除を通して夏休みを知り、楽しみにしている。

○保育者や友達と一緒に夏の遊びを楽しむ。… Ⓒ
○好きな遊びを見つけたり、異年齢児との関わりをもったりする。… Ⓑ
・プール遊びをしたり、夕涼み会に参加したりして、友達やいろいろな人とふれあって遊ぶ。
・異年齢児と一緒に遊んだり、過ごしたりして、親しみをもって生活する。

○夏期保育ではプール遊びが楽しめるように、水鉄砲やフープなど使う道具を見せて、遊びに期待がもてるようにする。
◆プール遊びの約束を絵カードなどで再確認し、安全に配慮する。
○準備体操は夕涼み会でも使う曲をかけ、夕涼み会のことも楽しみにできるようにする。
◆水鉄砲やじょうろ、フープなどで遊べるようにして、プール遊びが苦手な子どもも楽しく水に親しめるようにする。

○異年齢児との関わりがもてるように、夕涼み会で遊ぶ的当てや輪投げゲームで、一緒に遊ぶ機会をつくる。
○夏期保育中は異年齢児との関わりが多くなるので、不安そうな子どもには、名前を知らせたり手をつないだりして、異年齢児に親しみがもてるような援助をする。
○保育者同士で子どもの情報を共通理解し連携を取る。
○5歳児が捕まえたセミを見せてもらったり、いる場所を教えてもらったりして、一緒に遊ぶ機会をつくる。
○5歳児が育てた野菜を食べたり、自分たちが育てた野菜を5歳児に食べてもらったりして、様々な野菜をみんなで味わえるようにする。

◆親子で夕涼み会に参加し楽しめるように、輪投げコーナーや魚釣りコーナー、ヨーヨーコーナーなどを構成し、雰囲気づくりをする。

○盆踊りでは保育者も一緒に踊り、楽しい雰囲気をつくる。さりげなく声を掛けたり見守ったりして、参加する楽しさを感じられるようにする。
○地域の夏祭りやお祭りがあることを伝え、期待がもてるようにする。

絵本：『くだものおばけやしき』
　　　『たこしんごう』
　　　『なつペンギン』

反省・評価のポイント

★プール遊びや夕涼み会を楽しんでいたか。
★様々な保育者や友達と楽しい時間を過ごせるような環境構成や援助ができたか。

8月の計画

健康に配慮し、一人ひとりが夏を楽しめるように

生活

　水の慣れ方には個人差があることに配慮し、グループにしたりプールの水の高さを調整したりして、子ども一人ひとりが遊びを楽しめるようにしていきましょう。暑さ指数が高いときなどでは、室内遊びや異年齢児と親しめるような遊びを取り入れ、子どもたちにとって充実した時間となるような工夫も心掛けていきたいですね。

人との関わり

　この時季は水遊びなどで着替えることが多くなってきます。着脱の仕方や衣服の始末など確認していきましょう。

季節ごよみ

○セミの鳴き声が増え、園庭でカナブンなどの昆虫が見られる。

○夏野菜の収穫が続く。

○真夏日や猛暑日が多くなる。

○アサガオやヒマワリなどの季節の花がたくさん咲いている。

○暑い日が続き、入道雲や夕立も見られ天候が変わりやすい。

○休みをとる家庭が増え始め、異年齢や他クラスと一緒に過ごす時間が多くなる。

○夏野菜が終わりの時季を迎えたり、草花が種を付け始めたりする。

○登園する子どもが増え、同年齢での保育に戻る。

遊びへの取り組み

幼稚園児は、初めての夏休みです。今まで遊んでいた保育者や友達と会えない不思議や寂しさを感じているかもしれません。夏期保育を実施したり、暑中見舞いを出したりして、2学期の登園を楽しみに待てるようにしましょう。

保育なるほど解説！

「自ら学ぶ姿勢をもって研修に臨む」

保育者の資質向上には、研修は欠かせません。ところが、保育の現場では、毎日の忙しさに紛れ、なかなか園外研修に出にくい、また園内研修も、保育の長時間化のため継続的に取り組めないという実情を聞きます。また、一方では、研修というと、園長先生から「今度、○○研修に行ってください」と言われて出掛けるなど、受け身に捉えられているところもあります。夏の研修では、自らを振り返り「保育者としての自分」に必要な研修を考える機会にして、これからのキャリア・デザインを描いてみませんか。

8月 月の計画

※ねらい(…Ⓐ など)が、月案と週案で関連し合っていることを読み取ってください。

前月末の 幼児の姿

生活

○夏の生活の仕方が分かり、身の回りのことを保育者に手伝ってもらいながらしようとしている。

○プールや水遊びを楽しんでいる。

人との関わり

○保育者や友達と、鬼ごっこなどの簡単なルールのある遊びを楽しんでいる。

○自分の思いをうまく伝えられず、トラブルになることもある。

遊びへの取り組み

○自分で作ったペットボトルシャワーを使って水遊びを楽しんでいる。

○夏野菜の生長を見たり、スタンプで遊んだりして親しんでいる。

ねらい

○夏の生活の流れが分かり、意欲的に自分でしようとする。…Ⓐ

○異年齢児と関わって生活することや遊ぶことを楽しむ。…Ⓑ

○夏ならではの遊びやルールのある遊びを十分に楽しむ。…Ⓒ

○夏の自然に興味・関心をもつ。…Ⓓ

幼児の経験する 内容

○意欲的にプールの準備や後始末を自分でやろうとする。

○保育者に促されながら、水分や休息を取り元気に過ごす。

○シャワー後は自分で体を拭こうとしながら、難しい部分は保育者に手伝ってもらう。

○4・5歳児と生活したり、同じ場で遊んだりする。

○4・5歳児がしている遊びをまねて遊ぶ。

○保育者や友達と好きな遊びをしたり、自分の好きなコーナーで遊んだりする。

○水の感触を味わいながら、喜んでプール遊びや水遊びをする。

○プールでの約束事や安全な遊び方を知り、保育者や友達とプール遊びをする。

○音楽に合わせて体を動かしたり、簡単なゲームをしたりする。

○保育者や友達に自分の思いや経験したことを言葉で伝えようとする。

○花火の製作で吹き絵を楽しんで行なう。

○冷たい水が温まることや、突然の雷雨など夏ならではの自然事象を体験する。

○夏野菜やアサガオの生長を見たり、カブトムシなどの虫に親しんだりする。

家庭・地域との連携
保護者への支援も含む

★暑い日が多くなり、体調を崩しやすくなるので健康状態をプールカードに記入してもらったり、登園時に伝えてもらったりして、家庭と連携していく。

★衣服を着脱する場面が多くなるので、子どもが自分で着脱しやすい服を用意してもらうよう伝える。

★休みの様子を伝えてもらったり、園での遊びの様子やできるようになったことを伝えたりしながら子どもの成長を家庭と共有する。

健康・食育・安全 への配慮
養護の視点も含む

○夏の疲れも出る頃なので、一人ひとりの体調を把握し、適宜、健康観察をしていく。
○育てている夏野菜の栄養など分かりやすく伝え、食材に関心をもったり、苦手な野菜も食べてみようと感じたりできるよう働き掛けていく。
○プールでの約束事を再確認していく。

指導計画から学ぶ（保育力アップ）

異年齢児に親しみ、遊びを楽しむ

夏はふだんと違い異年齢児と遊ぶ機会が多くあります。4・5歳児が遊ぶ姿に憧れたり、まねをして遊んだりするなど3歳児なりの刺激を受け成長していきます。4・5歳児と一緒に遊ぶ中で工夫するおもしろさや協力する楽しさなどを味わえるような体験ができるようにしていきたいですね。

環境の構成と保育者の援助

健康に楽しく過ごせるように
○夏の生活でできるところは自分で行なえるよう見守っていく。できたことを認め自信や次の意欲へとつなげられるよう声を掛ける。また、一人では難しいところは手や言葉を添え、必要な援助をし、できた喜びへとつなげていく。
○感染症などがはやる時季なので、家庭との連絡を細やかにし、体調把握をしていく。

暑い夏を楽しめるように
○プール遊びを楽しめるよう、数人のグループで入ったりフープや宝探し用の遊具を用意したりしていく。水位などに注意しながら安全に遊べるようにする。
○水を使った様々な遊びやシャボン玉遊びを経験できるよう準備、計画する。
○夏祭りで楽しんだ遊具なども用意し、室内遊びも充実できるようにしていく。
○子どもの声に耳を傾けて、伝えようとする気持ちを受け止めていく。

異年齢児と過ごすことを楽しめるように
○生活の流れをできるだけ変えずに過ごせるよう、異年齢児クラスの担任とも連携を取っていく。
○少人数で遊べるコーナーを構成し、好きな遊びを楽しめるようにしていく。
○遊具や場所の取り合い、思いのぶつかり合いが起こったときはそれぞれの気持ちを保育者が言葉にして伝えたり、言葉で伝えられるよう仲立ちしていったりする。

夏の自然に興味をもって関われるように
○日ざしの暑さや突然の雷雨など夏ならではの自然事象にふれたときの子どもの驚きや発見、気付きに共感していく。
○夏の野菜や植物を収穫したり、カブトムシなどを4・5歳児に見せてもらったりして親しめる機会をつくっていく。
○絵本や紙芝居で海や祭り、花火など夏ならではの情景に親しめるようにする。また、製作を通しても季節を感じられるようにする。

ゆったり過ごすために… ～園で長時間過ごすための配慮～

好きな遊びをじっくりと楽しめるように
○好きな遊具でじっくりと遊べるよう、絵本やパズル、ままごと、ブロックをそろえ、コーナーをつくって落ち着いて遊べるようにしていく。
○室温の調整や水分補給を適宜行ないながら健康に過ごせるようにしていく。

保育者のチームワーク
★異年齢児で一緒に過ごすときは、子どもが安心して過ごせるよう一人ひとりの友達関係や様子などを伝え合う。休み明けで不安な子どもには担任が寄り添えるよう連携を取っていく。

反省・評価 のポイント
★できることは自分でしようとしていたか。
★夏ならではの遊びを楽しめたか。
★4・5歳児と楽しく過ごせるような配慮ができたか。

第2章 子どもに合わせて計画を立てよう

8月 月の計画

8月 週の計画

1週 8/1（木）〜10（土）

今週の予定：立秋

前週の 幼児の姿

○様々な遊び方をしながらプール遊びを楽しんでいる。
○ペインティング遊びで絵の具の感触を楽しんでいる。

ねらい（○）と内容（・）

○プール遊びの支度が分かり、できるところは自分でしようとする。… Ⓐ
○プール遊びや水遊びを保育者や友達と一緒に楽しむ。… Ⓑ Ⓒ
○育てているアサガオや夏野菜に興味をもつ。… Ⓓ
・脱いだ衣服を畳んだり、水着を自分で着たりしようとする。
・色水遊びをしたり、水中でフープくぐりをしたりするなど、様々な水遊びをする。
・夏野菜を見たり食べたり、アサガオの花びらで色水遊びをしたりする。

具体的な環境（◆）と保育者の援助（○）

◆プール遊びの支度がスムーズにできるよう用意する物をイラストにして確認できるようにする。
○衣服の畳み方を知らせ、自分でできるところは見守り認めることばがけをしていく
○アヒルやワニなど動物の動きを取り入れたリズム遊びをして楽しみながら体を動かす。
（体操：『月夜のポンチャラリン』『エピカニクス』）
◆プールではダイナミックに遊びたい子どももいれば、顔に水が掛かるのが嫌な子どももいるので、遊び方によってはグループごとに入ったり、水位を調節したりして無理なく楽しめるようにしていく。
○保育者もワニになって子どもたちとワニ泳ぎをしたり、みんなで連結して電車ごっこをしたりして楽しめるようにする。
◆ワニ泳ぎでフープくぐりができるようフープを用意したり、宝探しができるよう水に沈む玩具を用意したりしておく。
◆たらいに水を入れ、絵の具（赤、青、ピンク、緑　など）を色別に溶かしておく。プラスチックの空き容器、ペットボトル、じょうろ、ひしゃくなどの用具を用意する。用具の取り合いでトラブルに発展してしまうこともあるのでみんなが使えるような個数を準備しておく。

○色水をすくってカップに入れる楽しさを繰り返し十分に味わえるようにしたり、色水が混ざると色が変化することに気付いたり、発見したりしたことに共感していく。
◆子どもたちが水鉄砲で的当てができるよう、発泡スチロールに絵を描き少し離れた固定遊具や場所に掛けておく。

○プランターに植えてある夏野菜（トマト、オクラ、ピーマン）を見に行ったり触ったりする。「どんな味がするんだろうね」「給食に出てくるかな？」と興味をもてることばがけをする。
○ポリ袋に水を入れ、アサガオの花びらを入れてもんだりちぎったりしながら、色水ができる楽しさを一緒に味わったり変化に共感したりしていく。

反省・評価のポイント

★プール遊びの支度を自分でしようとしたか。
★プール遊びを楽しめるような働き掛けができたか。

8月

週の計画

2週 8/12(月)〜17(土)

今週の予定 山の日の振替休日、お盆

前週の 幼児の姿

○色水遊びやプール遊びを楽しんでいる。
○夏野菜を見たり食べたりしている。

第2章 子どもに合わせて計画を立てよう

8月 週の計画

○友達と一緒にふれあいながら水遊びを楽しむ。… Ⓑ Ⓒ
○4・5歳児に親しみをもちながら夏の生活を一緒に楽しむ。… Ⓑ
○身近な夏の自然にふれて親しむ。… Ⓓ
・洗濯ごっこやシャボン玉遊びなどをする。
・異年齢児と一緒に同じ部屋で遊んだり食事をしたりして過ごす。
・夏の暑さを感じたり、カブトムシやセミの抜け殻を見たり触ったりする。

◆暑さ指数を確認したり、職員体制をみて安全にプール遊びができるかどうか判断して準備していく。
◆シャボン玉遊びができるよう容器やシャボン液を用意しておく。また、シャボン液がこぼれて滑らないようにぞうきんを用意し、安全に楽しめるようにする。
○シャボン玉遊びを始める前に、子どもたちと一緒にストローを吹き、息がストローから出ていることを確認し、吹く息でシャボン玉ができるおもしろさを味わえるようにしていく。その際、シャボン液を吸い込まないよう伝える。
○保育者が実際にシャボン玉を作って見せたり、やり方を丁寧に知らせたりしていく。
○「大きいシャボン玉ができたね」「屋根まで飛ぶかな?」と、どこまで飛んでいくのか追い掛けたり歌をうたったりしながら、シャボン玉遊びの楽しさを味わっていく。
◆たらいに水を入れ、ふだんままごと遊びで使用しているハンカチや人形の服などをせっけんを使い、洗濯ごっこで洗えるように用意しておく。
○泡ができるのを楽しんだり、「いいにおいだね」「きれいになるかな」とことばがけし、洗濯の気持ち良さを味わったりしていく。

（絵本：『せんたくかあちゃん』
♪：『洗濯物ゴシゴシ』）

○洗い終えたハンカチや服は干して「乾いたらまた使おうね」と期待をもてるようなことばがけをしていく。
○プラスチックの空き容器に冷たい水を入れ、太陽の日ざしに当て、水の温度が変化することを子どもたちと一緒に発見したり、滑り台や鉄棒を触って「夏の日ざしでとっても熱くなるんだね」と暑さを感じたりしていく。
◆異年齢児と過ごすときは、安心して過ごせるように3歳児保育室を使用し、生活の流れを大きく変えないようにしていく。
○異年齢児との食事では、アレルギーに注意して職員間で食材や座席の配置などを確認していく。
◆5歳児が飼育しているカブトムシやセミの抜け殻などを見える所に置き、自由に見たり触ったりできるようにする。
○突然の雷雨や虹などを見て、驚きや怖さ、美しさに共感したりしていく。

反省・評価のポイント

★夏ならではの遊びを楽しめたか。
★安心して異年齢児と過ごせるような環境を整えられたか。

8月 週の計画

3週 8/19(月)〜24(土)

今週の予定 身体計測、避難訓練、誕生会

※ねらい(… Ⓐ など)が、月案と週案で関連し合っていることを読み取ってください。

前週の 幼児の姿

○シャボン玉遊びや洗濯ごっこを楽しんでいる。
○4・5歳児と一緒に遊んだり、食事をしたりして一緒に過ごしている。

ねらいと内容

○保育者や友達と夏休みの出来事を話したり聞いたりして、言葉のやり取りを楽しむ。… Ⓑ
○絵の具を吹いて偶然にできる模様を楽しむ。… Ⓒ
○避難訓練に参加し、プール遊び中の避難の仕方を知る。… Ⓐ Ⓒ

・夏休みの出来事、経験したことを保育者や友達と伝え合う。
・ストローで吹き絵をする。
・保育者の指示を聞き安全に避難をする。

具体的な環境と保育者の援助

◆夏休みを取った子どもは、久しぶりの登園で不安になったり寂しくなったりする姿が予想されるので、安心できるように気持ちに寄り添ったり一緒に遊びながら楽しめる環境をつくったりしていく。

○夏休み明け、保護者と体調の確認をしたり連休中にどこに出掛けたかなどを聞き、話したいけれどうまく言葉で表現できない子どもにさりげなく言葉を補ったりしていく。

○夏休みの出来事をうれしそうに話したり、保育者や友達に聞いてほしそうにしている姿を受け止め耳を傾けていく。
「○○ちゃんはどこに行ったの?」と質問をして、言葉を引き出せるようにしていく。

○吹き絵で花火の製作をする。

◆黒い厚紙、絵の具、筆、ストロー、ふきんを用意する。

○厚紙に絵の具を垂らし、ストローで「フー!」っと勢いよく吹くように説明する。厚紙の位置をずらしながら何度も繰り返し吹き、花火のようにしていく。

○「花火みたよ!」「今度○○で花火大会があるね」とやり取りをしたり絵本を見たりしながら、楽しく製作をできるようにしていく。
(絵本:『ねこのはなびや』)

○プール遊びでは、友達の遊んでいる姿を見て刺激を受け顔に水をつけようとする姿や頑張る姿を認めて自信につなげていく。

◆プール・水遊び中に災害が起こった場合を想定して、避難訓練を実施する。安全に避難できるように保育者間で役割分担や必要な物などを確認しておく。

◆避難時に使用するTシャツを家庭から持ってきてもらい、自分の物がすぐ分かるように名前付きのゴムでくくって袋に入れて置いておく。またプールや水遊び中は上履き入れや避難リュックも近くに置いておく。

○避難指示は、子どもたちが不安にならないよう落ち着いて声を掛ける。水着の上からTシャツを着るように伝え、足元が滑りやすいので気を付けて安全な場所に促していく。

反省・評価のポイント

★吹き絵を楽しんで取り組めたか。
★プール遊びの避難訓練で職員との連携は取れていたか。

8月 週の計画

8/26(月)〜31(土) 4週

今週の予定

前週の 幼児の姿

○夏休みの出来事を保育者や友達と話したり、聞いたりして、言葉のやり取りをしている。
○プール遊び時の避難訓練で、落ち着いて行動している。

○夏の遊びや生活でできるところは自分でしようとする。… Ⓐ
○保育者や友達と一緒にコーナー遊びを楽しむ。… Ⓑ
○ルールのある遊びを楽しむ。… Ⓒ
・プール遊びや汗をかいたときのシャワー後の体拭きは、自分でできるところは自分でする。
・友達と一緒に魚釣りや金魚すくいなど、夏祭りを再現して遊ぶ。
・ストップゲームや椅子取りゲームなどをする。

◆汗をかいたらシャワーを浴びて清潔に過ごせるようにする。
◆水分補給をこまめにしたり、休憩を取りながら室内でも無理なく過ごせるようにしたりしていく。
○シャワー後の体拭きは自分でしようとする気持ちを受け止め、見守ったり、難しい部分は手伝ったりしていく。
○イラストに描いてある夏の支度で準備する物を見て、自分で用意する姿を見守ったり、援助が必要な子どもには「どうしてほしい?」と聞いて手伝ったりしていく。自分でできることを褒めて自信につなげていけるように働き掛ける。
○「あと○回でプール終わるね」と子どもたちに残りの回数を知らせ、最後のプールでは思い切り楽しめるようにしていく。
◆プール納めに渡すメダルを用意しておく。
◆雨が降ったり、気温が下がってプールで遊べない日は、無理せず室内で楽しく遊べる環境を整えていく。
◆魚釣りコーナー、金魚すくいコーナーなどに分け、子どもたちが好きな遊びを選べるようにする。
◆青いビニールシート、小さいバケツ、さお(棒状の先端にたこ糸をつるし磁石をくっつける)、魚(ゼムクリップ付き)、金魚、ボール、すくい網などを構成する。

○夏祭りで5歳児が使用した魚釣りや金魚すくいの遊具を借りて、釣ったりすくったりする楽しさを一緒に味わえるようにしていく。
○魚を釣れたことへの喜びを一緒に感じたり、集中して魚を釣る姿を見守ったりしていく。
○友達と同じ遊具や場所を使いたいときは、保育者が仲立ちとなり気持ちを代弁していきながら一緒に遊ぶ楽しさを味わえるようにしていく。
○室内で体を動かして遊べるように、ストップゲームや椅子取りゲームを楽しめるようにする。
○みんなで音に合わせてストップしたり、椅子取りゲームでは全員が座れる体験を何回かしたりして、全員が楽しめるようにする。

反省・評価のポイント

★シャワー後の体拭きを自分でしようとしたか。
★コーナー遊び(魚釣り、金魚すくい)を楽しめる環境が整えられたか。

8月

日の計画

8/6(火)

ねらい
○保育者や友達と好きな遊びを楽しむ。
○水に親しみ、プール遊びを楽しむ。

内容
○保育者や友達とままごとやブロックなどの好きな遊具で遊ぶ。
○プールに入り、ワニ歩きや宝探しをする。

環境を構成するポイント	予想される幼児の活動	保育者の援助
○暑さ指数を確認しプール遊びの体制をとる。 （監視役、プール指導役　など） ○プールに水を張り、薬剤を入れる。 （子どもの膝下くらい） ○プールの近くに水遊び用のカップやじょうろなどを用意する。 ○ホールやテラスなど、子どもが体を動かしてもぶつからない場所を用意していく。 ○フープや宝探しが楽しめる遊具を準備しておく。 ○水着を脱いだ姿が外から見えないよう目隠しを用意する。  ○パズル、ブロックなどのじっくり遊べる遊具を用意しておく。	○登園する。 ○朝の支度をする。 ○好きな遊びをする。 　（ままごと、ブロック、パズル　など） ○排せつをする。 ○水着に着替え、プール遊びの用意をする。 ○体操をする。 　（♪『月夜のポンチャラリン』） ○保育者と一緒に水に入りワニ泳ぎを楽しんだり、宝探しを楽しんだりする。 ○プールに入らない子どもは、近くで水遊びを楽しむ。 ○プール遊びに参加できない子どもは、4・5歳児と一緒に室内で好きな遊びをする。 ○シャワーを浴び、服を着る。 ○排せつをし、水分補給をする。 ○好きな遊びをする。 　（描画、ブロック、絵本　など） ○手洗いをし、昼食をとる。 ○絵本を見る。 　（絵本：『あしたプールだ がんばるぞ』） ○午睡する。 ○おやつを食べる。 ○帰りの支度をする。 ○好きな遊びをする。 ○降園する。	○体調や体温を確認し、プール遊びの可否を把握する。 ○子どもの意欲を受け止めながら、水着、水泳帽の着脱など必要な部分は援助していく。 ○保育者も一緒に踊り、体を動かす。 ○水が顔に掛かるのを嫌がる子どもと、ダイナミックに遊べる子どもを分け、順にプールに入る。 ○プールに入るのを嫌がる子どもは、プール遊びが見える所で水遊びを楽しめるようにする。 ○他クラスの保育者と連携し、プールに入れない子どもも安心して遊べるようにしていく。 ○自分でできないところは一緒に行なっていく。 ○早く眠くなってしまう子どもは、体を横にできるようにする。 ○プール遊びで楽しかったことを聞くなどして、明日のプール遊びに期待をもって降園できるようにする。

反省・評価のポイント

★好きな遊びを十分に楽しめていたか。
★水に親しめるような働き掛けができたか。

 CD-ROM ▶ 📁 8月 ▶  3歳児_8月_6日の計画

8月

日の計画

8/27（火）

ねらい
○友達と関わり、好きな遊びを楽しむ。
○保育者や友達と一緒に、プール遊びの楽しさを味わう。

内容
○保育者や友達と魚釣りや描画、ブロックなど好きな遊びを楽しむ。
○イルカジャンプや宝探しなど、友達と好きなプール遊びをする。

環境を構成するポイント	予想される幼児の活動	保育者の援助
○プールに水を張り、薬剤を入れる。（最初は子どもの膝下くらい） ○幾つかの遊びのコーナーをつくり、どこで何の遊びができるか分かるようにする。 ○フープなどを準備しておく。 ○水を足していき、膝くらいの高さにする。 ○床がぬれると滑って危険なので、部屋の入り口に足拭き用のマットを敷く。 ○日中とは違う、じっくり遊べる遊具を用意しておく。（ブロック、絵本　など）	○登園する。 ○朝の支度をする。 ○好きな遊びをする。 　（魚釣り、描画　など） ○排せつをする。 ○水着に着替え、プールの用意をする。 ○体操をする。 　（♪：『エビカニクス』　など） ○少人数でプールに入り、好きな遊びを楽しむ。 ・友達と一緒にフープをワニ泳ぎで通ったり、イルカジャンプをしたりする。宝物を水の中から拾ったり保育者と手をつないで水につかったりする。 ○プールから上がり、できるところは自分でしながら支度をする。 ○排せつをし、水分補給をする。 ○好きな遊びをする。 　（ままごと、パズル　など） ○手洗いをし、昼食をとる。 ○絵本を見る。 　（絵本：『ぶたさんちのプール』） ○午睡する。 ○おやつを食べる。 ○帰りの支度をする。 ○好きな遊びをする。 ○降園する。	○体調や体温を確認し、プール遊びの可否を把握する。 ○できたことを認め、できないところはさりげなく手伝う。 ○保育者も一緒に踊り、体を動かす。 ○10人程度のグループに分け、それぞれが好きな水遊びを楽しめるようにする。 ○プール遊びでできるようになったことを周りの友達に知らせ、喜び合えるよう働き掛けていく。 ○やろうとする気持ちを受け止め認めていく。必要なところは援助する。 ○プール納めですることや意味を知り、期待をもてるよう話し掛けていく。

反省・評価のポイント
★好きな遊びを友達と楽しめるような働き掛けができたか。
★保育者や友達と一緒にプール遊びを楽しめていたか。

9月の計画

様々な遊びを楽しめるように

生活

　夏の疲れや長い休みで生活リズムが取り戻せず不安定になる子どももいます。ゆったりとした環境の中、安心して過ごせるようにしていきましょう。久しぶりの登園（集団生活）を楽しみにしている子どももいれば戸惑う子どももいます。家庭との連絡を密にし、子どもの様子を把握し、気持ちを受け止めていきましょう。

人との関わり

　家庭で経験したプールや花火のことなどを話したり再現したりして遊ぶことも楽しいですね。気候の変化や虫や草花などにふれる機会を設け、子どもの興味や気付きにつないでいきましょう。

季節ごよみ

○残暑の厳しい日が続く。

○久しぶりにクラス全員がそろい、友達との再会を喜んでいる。

○地域で防災訓練が行なわれる。

○園庭にトンボやバッタなどの虫が見られるようになる。

○アサガオや、フウセンカズラの種が取れる。

○満月が近づき、月がきれいに見えるようになる。

○トンボやバッタ、カマキリなどの虫がよく見られるようになり、虫の声も聞こえるようになる。

○年長児がリレーをしたり、応援の練習をしたりしている。

○少しずつ朝夕の気温が下がり、涼しさを感じられるようになる。

○澄んだ青空やいろいろな形の雲が見られるようになる。

○台風がくることが多くなる。

遊びへの取り組み

夏の遊びを体験した子どもたちは、友達との遊びが楽しくなっています。友達と一緒に遊びたい気持ちを受け止め、ルールのある遊びや運動、リズム遊びなど様々な遊びを楽しめるようにしていきましょう。

保育なるほど解説！

「『幼児期運動指針』をヒントに」

近年、体の操作が未熟な子どもが増えていることから、「幼児期運動指針」（文部科学省）では、「多様な動きが含まれる遊びを楽しもう」「楽しく体を動かす時間をつくろう」「安全に楽しく遊ぶことができる環境をつくろう」を軸に、保護者向けには、親子で楽しく体を動かすことを薦め、生活全体で運動を楽しむことを提案しています。保護者にその趣旨を伝え、親子のふれあいを通して体を動かす喜びを味わい、生涯スポーツが楽しめるような体づくりの基盤をつくっていきたいものです。

9月 月の計画

※ねらい（…Ⓐ など）が、月案と週案で関連し合っていることを読み取ってください。

クラスづくり

○登園を楽しみにする子どもも多い中、休み明けで不安定な子どもがいるので、様子を把握しながら、一人ひとりが十分に楽しめるように援助していきたい。
○身の回りのことや基本的生活習慣のことでは、まだ個人差が大きいので、一人ひとりのペースを大切に進めていきたい。
○保育者や友達と一緒に初秋の自然にふれたり、体を動かしたりする楽しさを感じられるようにしていきたい。

前月末・今月初めの 幼児の姿

生活

○久しぶりの登園の子どもは、保育者や友達と関わったり、遊び始めたりする。

○プール遊び、水遊びを喜び、着替えや遊んだ後の始末の仕方も分かり、自分でしようとしている。

人との関わり

○4・5歳児との関わりが増え、一緒に遊んでもらったり、4・5歳児の遊びに興味を示したりしている。

○夏休みの出来事を思い出し、保育者にうれしそうに話をすることでふれあいを楽しんでいる。

遊びへの取り組み

○ザリガニやセミの抜け殻を見つけて触っている。

○プール遊びなどのダイナミックな遊びを経験し、活発に遊んでいる。

ねらい

○生活の流れがおおよそ分かるようになり、簡単な身の回りのことを自分でしようとする。…Ⓐ

○保育者や友達と一緒に、体を十分に動かすことを楽しむ。…Ⓑ

○様々な活動に興味・関心をもち、参加して楽しむ。…Ⓒ

○自然にふれ、夏から秋の季節の移り変わりを肌で感じる。…Ⓓ

幼児の経験する 内容

○生活の流れに沿って、保育者のことばがけで朝の支度や手洗いなどの身の回りのことをしようとする。
○保育者に見守られながら、着脱・排せつなどを自分でしようとする。
○防災訓練に参加し、防災を身近に感じる。

○4・5歳児の運動会の練習を応援したり、走ったり、追いかけっこをしたりして、体を動かす。
○保育者と一緒に歌ったり、リズムに合わせて踊ったりと体を動かして表現する。
○簡単なルールのある遊びや巧技台で順番を守ったり交代したりして遊ぶ。
○巧技台を使って、跳んだり、登ったりして楽しむ。
○祖父母や保育者と一緒に遊んだり、親しみをもったりする。

○経験したことや、楽しかったことなどを保育者や友達に伝えたり再現したりして遊ぶ。
○散歩をしながら、交通ルールを知る。
○花の種を取ったり、虫を探したりする。

家庭・地域との連携
保護者への支援も含む

★夏休みに家庭で経験したことを聞くなどして、保育に生かせるようにしていく。
★防災訓練に参加してもらい、災害時の引き取り方法を確認し合い、防災の大切さを共有していく。
★運動遊びが多くなるので、動きやすい服装や靴を用意してもらう。
★敬老の日の集いについてお知らせして、祖父母の参加を呼び掛ける。

健康・食育・安全 への配慮
養護の視点も含む

○残暑が厳しいので、遊んだ後は、こまめに水分補給をし、涼しい場所で休むことを伝える。

○月見団子を作ったり、ススキを飾ったり、クリ・カキなどの秋に実る作物に触れたりし、季節の移り変わりを感じられるようにする。

○園内外の点検や、避難リュックの確認をし、保育者の防災意識を高める。

○園庭遊具の点検を行ない、安全に遊べるようにする。

指導計画から学ぶ 保育力アップ

様々な遊びを楽しめるよう環境の工夫を！

4・5歳児と一緒に活動したり、競技を応援したりする中で「やってみたい」「楽しそう」といった気持ちが芽生えてきます。巧技台や玉入れなどの遊具や用具を活用したり、十分に体を動かすことができるような場を確保したりして、様々な遊びを楽しめる場の工夫をしていきましょう。子どもが興味・関心をもてるような環境を整えることが大切です。

環境の構成 と 保育者の援助

身の回りの簡単なことができるように

○見通しをもって、着替えや支度など、身の回りのことを自分でしようとする姿を見守りながら、できたことを認め、自信へとつなげていく。

○保育者も一緒に手洗い・うがいを行ない、やり方を知らせていく。

保育者や友達と体を十分に動かすことを楽しめるように

○保育者も一緒になって、みんなで体を動かす楽しさを伝えていきながら、体を動かす遊びに入りたがらない子どもには、友達の様子を見て興味を示したときに仲間に入れるように声を掛けていく。

○友達との遊びが活発になってきているので、ルールのある遊びを取り入れたり、巧技台で遊ぶときは使い方や順番を知らせたりして、友達と一緒に体を動かすことを楽しめるようにしていく。

活動や行事に期待をもって参加できるように

○プール納めに参加して、楽しかったことを振り返り、来年のプール遊びに期待をもてるようにする。

○日々の遊びが運動会への興味や期待につながるようにし、4・5歳児の運動する姿を見たり、一緒に行なったりする。

○敬老の日の集いでは、祖父母や保育者と一緒に体操をしたり、歌や手遊びを披露したりする。

○日頃から「ダンゴムシのポーズ」をしたり、防災頭巾をかぶったりして、防災を身近に感じられるようにしておく。

季節の移り変わりを感じられるように

○戸外の草花を見たり花を摘んだり、花の種を集めたり、木の実を探したりする。

○空の色や雲の形などを見たり、トンボを見つけたりする子どもたちの喜びや驚きに共感し、季節の移り変わりに気付けるようにする。

ゆったり過ごすために… ～園で長時間過ごすための配慮～

一人ひとりの体調に合わせて

○夏の疲れが出やすい時季なので、ゆっくりくつろげるような場所を用意する。

○残暑が厳しいので、水分補給をこまめに行なうようにする。

○空調設備を利用して心地良く過ごせるようにし、室内の環境や遊びを工夫する。

○日中の様子や体調について、担当の保育者との連絡を密にする。

保育者のチームワーク

★行事に無理なく参加できるように、保育者間の連絡を密にする。

★運動会に向けての打ち合わせでは、競技内容や園庭の使い方を確認し合う。

反省・評価 のポイント

★身の回りのできることを、自分でしようとしていたか。

★保育者や友達と一緒に体を動かすことを楽しんでいたか。

★初秋の自然にふれ、季節の移り変わりや自然に興味・関心をもてるように働き掛けられたか。

9月 週の計画

1週 9/2(月)〜7(土)

今週の予定 プール納め、防災訓練

※ねらい(… Ⓐ など)が、月案と週案で関連し合っていることを読み取ってください。

前週・週の初めの 幼児の姿

○友達と好きな遊びを楽しんでいる。
○プール遊びや水遊びに慣れ、楽しんでいる。
○着替えや身の回りのことを自分でしようとしている。

ねらい(○)と内容(・)

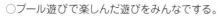
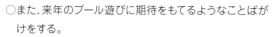

○プール遊び、水遊びを楽しむ。… Ⓑ
○保育者や友達に興味をもち、一緒に遊ぶ楽しさを味わう。… Ⓑ
○防災訓練に参加し避難の仕方を知る。… Ⓐ
・友達と一緒にプール遊びを楽しんでいる。
・夏休みに経験したことを再現して遊んだり、巧技台などの遊具を使って遊んだりする。
・保育者の指示を聞き、防災訓練に参加する。

具体的な環境(◆)と保育者の援助(○)

◆子どもたちがプール納めに安心して参加できるように準備をする。
○プール遊びで楽しんだ遊びをみんなでする。
○また、来年のプール遊びに期待をもてるようなことばがけをする。
◆暑い日には、まだ、シャワーを浴びることもあるので着替え、タオルを自分の場所から出して準備できるようにする。
○着脱などを自分でやろうとしている姿を見守ったり、子どもの様子によって手伝ったりする。
◆安全に遊べるように巧技台などの点検をしておく。
○巧技台、箱などを準備し、バスや電車などイメージが膨らみやすいようにする。
◆経験した楽しかったことなどをごっこ遊びで再現して遊べるよう、様々な素材を用意しておく。
（用具：段ボール板、空き箱、リボン　など
遊び：電車ごっこ、水族館ごっこ　など）

○子どものやりたい気持ちを大切にし保育者も一緒に遊び、安心して楽しめるようにしていく。
◆飛んで降りたりして遊べるように、巧技台や一本橋を準備する。
○安全を考えて、マットを準備したり、ぶつからないように走る方向に注意しながら、上ったり、下りたりすることを楽しめるようにする。また、必要に応じて、さりげなく援助していく。

◆防災訓練では避難用具の中身や数などを確認しておく。
（防災頭巾、避難リュック　など）

◆防災について、絵本やカードを使い、子どもが防災を意識できるようにしていく。
○「お・か・し・もの約束」を子どもたちに分かりやすく伝え、絵で表示する。
○「ダンゴムシのポーズ」をやってみせたり、一緒にやってみたりする。
○職員間で役割分担を明確にして共有し、子どもが混乱しないよう配慮する。

反省・評価のポイント

★一人ひとりのペースでプール遊びを楽しめていたか。
★友達に興味をもち、一緒に楽しめるような援助ができたか。
★保育者の話を聞き、防災訓練に参加できたか。

9月 週の計画

2週 9/9(月)〜14(土)

今週の予定：中秋の名月

○経験したことや楽しかったことを保育者や友達に話をして
　いる。
○生活リズムが戻ってきて安心して生活している。
○防災訓練に参加し、「ダンゴムシのポーズ」をしている。

○身の回りのことを自分でしようとする。… Ⓐ
○友達と一緒に体を動かして遊ぶことを楽しむ。… Ⓑ
○月見の行事に興味をもつ。… Ⓓ
・保育者に見守られながら着脱、手洗い・うがい、排せつなどの身の回りのことを自分で行なう。
・かけっこやリズムにのって、体を動かして遊ぶ。
・月見の装飾作りを通して、みんなで一つの作品を作ることを楽しむ。

◆スムーズに着替えができるように、着替えを取り出しや
　すいように置いておく。
○残暑が厳しいので、汗をかいたときは声を掛け、着替え
　を促していく。
○着替えでは、自分でできたことを褒めながら、難しいと
　ころは必要に応じてさりげなく手伝ったりする。
◆様々な競技や体操などに取り組めるように楽しい雰囲
　気づくりをする。
○走る、飛ぶ、登るなどの動きができるよう巧技台を構成し、
　さりげなく補助をしながら、危険のないよう配慮する。
○簡単な振り付けの踊りを取り入れ、みんなと一緒に踊っ
　たり、動いたりする楽しさを感じられるようにする。
　（♪：『まじめ忍者』）
○保育者も一緒にリズムに合わせて走ったり、止まったり
　して、子どもが体を使って遊ぶ楽しさを味わえるように
　する。
○忍者ごっこを楽しめるように、忍者のお面を用意するな
　どして、保育者も巧技台に登ったり、隠れたりして一緒
　に遊ぶ。
◆満月の装飾を作り、その他の供え物と一緒に子どもに
　見やすい所に飾る。

○製作に必要な物を準備する。黒い大きな紙に円を描い
　ておき、黄色系の端紙を用意する。
　（のり、のり台紙、手拭き　など）
○黄色い紙を貼っていくと大きな月になることを知らせ、
　みんなで作れるようにする。
○作ることを戸惑っている子どもには、保育者も一緒に作
　り、みんなで仕上げる楽しさを知らせる。
○その他の供え物の装飾もできるように、月の下に折り
　紙のウサギを貼り付けたり、月見団子（粘土で丸めた
　物）を飾ったりして、月見に期待をもてるようにする。

反省・評価のポイント

★自分でできる身の回りのことをしようとしていたか。
★体を動かして遊ぶことを楽しんでいたか。
★秋の自然に興味をもてるような援助ができたか。

※ねらい(…**A** など)が、月案と週案で関連し合っていることを読み取ってください。

前週の 幼児の姿

○汗をかいたら、着替えをしている。
○体を動かして遊ぶことを楽しんでいる。
○月見の装飾作りを楽しんでいる。

 ねらい(○)と内容(・)

○保育者や友達と一緒に体を動かす楽しさを味わう。… **B**
○祖父母や保育者に親しみをもつ。… **C**
○秋の虫や草花に触れ、興味をもつ。… **D**
・走ったり、飛んだり、音楽に合わせたりして体を動かすことを楽しむ。
・「敬老の日の集い」に参加し、祖父母や保育者とふれあう。
・虫や草花を見つけて遊ぶ。

 具体的な環境(◆)と保育者の援助(○)

◆楽しく体を動かせるように、CDやCDプレーヤーを用意し、音楽をかけてダンスなどを楽しめるようにする。
○遊びの中で、保育者もダンスを踊ったり体操をしたりして、体を動かすことに興味をもてるようにしていく。
（体操：『おやつたーべよ。』『まじめ忍者』）

◆走る、くぐる、跳ぶなど運動道具を用意し、遊びながら、体を動かす楽しさを味わえるようにする。
（巧技台、ネット、フープ　など）
○様々な動きを楽しめるように声を掛けたり、誘ったりしながら、やってみようという気持ちをもてるようにする。
○巧技台では、危険のないように見守り、声を掛けたり補助したりしていく。
◆「敬老の日の集い」があること知らせ、祖父母や保育者と一緒に体操をしたり、歌をうたったりすることに期待をもてるようにする。

○様々な祖父母とふれあいを楽しめるように、友達の祖父母と遊んだり、保育者と一緒に楽しんだりできるように配慮する。

♪：『とんぼのメガネ』
体操：『おやつたーべよ。』
じゃんけん肩たたき（負けたら5回肩を叩く）

◆虫や草花の図鑑を用意し、ポリ袋や虫かごを準備しておき、見つけたときに入れられるようにする。
○保育者も一緒に虫や草花を探したり、見つけたりする中で、子どもたちの驚きや喜びを受け止めたり、共感したりしていく。
（バッタ、アキアカネ、オシロイバナ）

反省・評価のポイント

★保育者や友達と体を動かして楽しむことができていたか。
★祖父母や保育者と楽しく過ごすことができたか。
★秋の自然物を見つけることができていたか。

9月

週の計画

4週

9/23(月)〜30(月)

今週の予定　秋分の日、誕生会

前週の 幼児の姿

○祖父母や保育者と楽しく遊んでいる。

○友達と一緒に体を動かすことを楽しんでいる。

○身近な虫を探したり、草花を摘んだりしで遊んでいる。

○体を十分に動かし、ルールのある遊びや運動遊びを楽しむ。… **B**

○秋の自然にふれ、興味や親しみをもつ。… **D**

○5歳児と一緒に散歩を楽しむ。… **D**

・かけっこ、玉入れ、巧技台でダンスをするなど、体を動かして遊ぶ。

・色が変化してきた葉を見たり、クリやカキなど秋の収穫物に触れたりする。

・5歳児と一緒に歩いたり、木の実を探したりする。

◆様々な競技に期待をもって、取り組めるように楽しい
　雰囲気づくりをする。

○4・5歳児の競技やかけっこなどを見たり、応援したり、
　一緒に玉入れをするなどして、運動遊びを楽しめるよ
　うにしていく。

○ダンスは、衣装を身に着けることで活動に変化を加え、
　楽しみながらできるようにする。

○一人ひとりの頑張りを認め、やる気や自信をもてるよう
　にことばがけをしていく。

　（♪:『運動会のうた』『ガンバリマンのうた』）

◆かけっこやダンスなどの活動に合わせて広い場所へ移
　動したり、事前に確保したりしておくなど保育者間で連
　携し、伸び伸びと楽しめるようにする。

○保育者も一緒にダンスをしたり体を動かしたりしなが
　ら、安心感をもって取り組めるようにする。

◆秋の収穫物に興味・関心がもてるように、クリやカキ、
　ブドウ、ナシ、ミカンに触ったり、匂いをかいだりできる
　ようにしておく。

　（♪:『くだもの列車』）

◆木の実や草花など、秋の自然にふれ、拾った物を持ち帰
　れるようにポリ袋など準備しておく。

○前日に顔合わせをして、5歳児と一緒に散歩に行くこと
　を楽しみにできるような雰囲気づくりする。

○道の歩き方、信号の見方など出発前に話しておく。

○公園内の安全や木の実、草花の場所などをあらかじめ
　確認しておく。

○職員同士、見守りの立ち位置など確認し、安全に遊べる
　ようにする。

9月

週の計画

のポイント

★保育者や友達と一緒に運動遊びを楽しんでいたか。

★秋の自然に興味をもてるように準備ができたか。

★5歳児と散歩を楽しんでいたか。

9月 日の計画

9/10(火)

ねらい
○月見の行事に興味をもつ。
○保育者や友達と一緒に体を動かすことを楽しむ。

内容
○月見の装飾を作る。
○忍者になって踊ったり、体を動かしたりして遊ぶ。

環境を構成するポイント	予想される幼児の活動	保育者の援助
○好きな遊びがすぐ楽しめるようにコーナーに分けたり、保育室を構成したりする。	○登園する。 ○挨拶をする。 ○身の回りの支度をする。 ○好きな遊びをする。 （ブロック、パズル、ままごと、月見の装飾の製作）	○子どもが登園してきたら、明るく元気に挨拶をし、健康状態を確認する。 ○遊んでいる姿を見守りながら安全を確認する。 ○事前に準備した装飾に、興味をもってきた子どもに作り方を知らせる。 （のりの塗り方）
○大きな紙(黒)を広げておく。 ○必要な物を近くに用意しておく。 （黄色系の端紙、のり、のり台紙、手拭き）	○保育者が月見の製作を準備している姿に興味を示し始める。 ・黄色系の端紙にのりを塗って黒い紙に貼っていく。 ・色紙でウサギを折る。 ・粘土で月見団子を作る。 ・製作が終わったら手を洗い、好きな遊びに戻り楽しむ。 ○遊んだ物を片付ける。 ○帽子をかぶり、園庭に出る。	○黄色い紙を貼りつけるところを知らせる。 ○色紙でウサギ、粘土で団子を作れるようにする。 ○月見のイメージの中、忍者になって、歌『つきまでいこう』をうたう。 ○子どもたちの様子を見ながら、合図を出すなどの変化をつけ、止まったり動いたりする動きの変化を楽しめるようにしていく。
○CD『まじめ忍者』を準備しておく。	○合図に合わせて走ったり、止まったりする。 ○リズム遊びをする。 （♪：『まじめ忍者』） ・忍者になって体を動かして遊ぶ。	○「すてきな忍者になったね」など、子どもたちの楽しさに共感していく。 ○みんなで忍者になり切って遊べるようにお面を用意する。
○着替えに必要な物を分かりやすく表示しておく。 ○保育室の室温・湿度に十分に配慮する。	○保育室に戻り手洗い、排せつ、着替えをする。 ○昼食の準備をして食事をする。 ○午睡をする。 ○おやつを食べる。 ○降園の準備をする。 ○好きな遊びをする。 ○降園する。	○水分補給を促すよう、声を掛ける。 ○繰り返しの踊りを保育者も一緒に楽しんでいき、子どもに興味をもてるようにする。 ○自分でできるところは見守り、場合によっては手助けをする。

反省・評価のポイント

★月見の行事に興味をもてたか。
★体を動かし、保育者や友達と一緒に楽しんで遊べていたか。

9月

日の計画

9/25(水)

ねらい	○自分の好きな遊びで友達と関わって遊ぶ。 ○4・5歳児と一緒に運動遊びを楽しむ。
内容	○自分のしたい遊びを見つけて楽しむ。 ○4・5歳児クラスのかけっこを見たり、一緒に玉入れをしたりする。

環境を構成するポイント

○すぐに遊べるように遊具や、絵本などのコーナーを構成しておく。
○使いやすい素材を準備し、自由に楽しめるようにしておく。

○かけっこや競技用のCDを用意する。
○子どもたちが扱いやすい大きさや好きな色のポンポンを用意する。

○いつでも水分補給ができるようにしておく。
○木陰で応援できるようにする。

○食後は、絵本を見て静かに過ごせるようにする。
○気温に留意し、心地良く過ごせるようにする。

予想される幼児の活動

○登園する。
○挨拶をする。
○身の回りの支度をする。
○好きな遊びをする。
　（ブロック、パズル、折り紙）
○ごっこ遊びをする。
　（ままごと、おうちごっこ、
　忍者ごっこ　など）
○遊んでいた物を片付ける。
○帽子をかぶって戸外に出る。
・4・5歳児のかけっこを応援する。
・一緒に玉入れを楽しむ。
・4・5歳児と一緒に競技を行ない、楽しむ。
○保育室に戻り手洗い、排せつ、着替えをする。

○昼食の準備をして食事をする。
○午睡をする。
○おやつを食べる。
○降園の準備をする。
○好きな遊びをする。
○降園する。

保育者の援助

○登園してきたら、明るく元気に挨拶をし、子どもたちの様子をよく見る。

○保育者も一緒に遊びながら、楽しむ。

○一緒に片付けたり、見守ったりする。
○楽しく応援できるようにポンポンを用意しておく。
○4・5歳児と一緒に競技することを伝える。
○テラスの木陰で一緒に応援したり、玉入れをしたりすることで楽しんで参加できる雰囲気をつくっていく。
○勝ち、負けなども一緒に喜んだり、励ましたり、子どもの心に寄り添いながら進めていく。
○子どもたちと一緒に、保育者もポンポンで応援して楽しむ。

○楽しい雰囲気で食事ができるように、今日の給食の献立について話をする。

反省・評価のポイント

★自分の好きな遊びを見つけて、友達と遊ぶことを楽しんでいたか。
★4・5歳児と一緒に競技を楽しめるような援助ができたか。

◎ CD-ROM ▶ 　9月 ▶ 　3歳児_9月_25日の計画

10月の計画

友達と体を動かして遊ぶ楽しさを味わえるように

生活

運動会の経験を通して、子どもたちは体を動かして、十分に遊びを楽しめるようになりました。友達と言葉を交わしたり、おもしろそうな遊びを見つけたりして、活発に遊んでいます。

人との関わり

戸外へ出て季節を感じながら、友達と一緒に体を動かして遊ぶ楽しさを味わえるように、固定遊具や運動用具の活用や簡単なルールのある遊びなどを取り入れていきましょう。4・5歳児がしている運動遊びを3歳児なりにまねて楽しめるようにしていきます。

季節ごよみ

○日ざしは強いが、木陰では爽やかな風が吹く日もある。

○運動会が近づき、園内に用具や装飾が増え、運動会の雰囲気になる。

○青空が美しく、雲の動きがよく見える。

○朝夕は涼しくなり、日中の気温差が大きい。

○カキが色づいたり、サツマイモのツルが茂っていたりする。

○木の実が色づき始め、落ち葉も見られるようになる。

○ドングリやマツボックリを集めて持ってくる子どももいる。

遊びへの取り組み

園庭や公園などで虫を探したり、木の実や葉を拾ったりして秋の自然に興味をもって親しめるようにしていきます。収穫したサツマイモや葉の形比べや製作をするなど、自然物を使った取り組みを取り入れていきたいですね。

保育なるほど解説！

「『共同の感覚』から
『協同の芽生え』へ」

園生活では、いろいろな場面で、子どもたちが「友達と一緒」を楽しむ姿と出会います。「気の合う友達と一緒にいたい」「仲間だから遊具を譲り合う」など、まさに「友達と関わることが楽しい」という感覚です。5歳児頃になると、共通の目的をもって活動する協同的な遊びを楽しむようになりますが、その前提としては、3歳児、4歳児のときに体験する「共同の感覚」が不可欠です。まさに、「共同の感覚」を十分に楽しんできたからこそ、協同することができるようになるのです。

10月の計画

10月 月の計画

※ねらい(… Ⓐ など)が、月案と週案で関連し合っていることを読み取ってください。

クラスづくり

○保育者や友達と遊ぶ中で、体を動かす楽しさや気持ち良さを感じたり、みんなでゲームを楽しんだりして、運動会につなげられるようにしたい。また、運動会で経験したことを遊びに生かしたり、気の合う友達と一緒に繰り返し遊んだりできるような環境を整えていくようにする。
○秋の自然にふれる機会をもち、保育者も一緒に関わりながら身近な自然に興味・関心がもてるようにしていきたい。

前月末の 幼児の姿

生活

○生活の流れがおおよそ分かり、身の回りの必要なことを自分でしようとしている。

○戸外で走ったり、巧技台から飛び降りたり、音楽に合わせて体を動かしたりすることを楽しんでいる。

人との関わり

○クラスの友達と体を動かして遊ぶことを楽しんでいる。

○4・5歳児の活動の様子を見て、まねたり、やってみようとしたりする。

遊びへの取り組み

○気の合う友達を見つけ、一緒にいることが楽しいと感じている一方、遊びの中で思いが通らずにトラブルになることもある。

○園庭で花や種を見つけて喜んでいる。

ねらい

○身の回りのことを自分からしようとする。… Ⓐ

○保育者や友達と一緒に体を動かして遊ぶことを楽しむ。… Ⓑ

○自分の思いを伝えながら、友達と関わって遊ぶ楽しさを味わう。… Ⓒ

○秋の身近な自然にふれて親しむ。… Ⓓ

幼児の経験する 内容

○登降園時の支度や手洗い、うがいなどの身の回りのことを自分からしようとする。

○遊んだ後の片付けや汚れた後の着替えを自分でしようとする。

○保育者や友達と一緒に、リズムにのって踊ったり巧技台で体を動かしたりして遊ぶ。

○保育者や友達と簡単なルールのある遊びをする。

○自分のしたい遊びを気の合う友達と一緒に繰り返し遊ぶ中で、思いを伝える。

○保育者や友達と遊びに必要な物を作って遊ぶ。

○木の実や落ち葉などを拾い集めたり、遊びに使ったりして自然にふれる。

○イモ掘りを通して土の感触を味わったり土の中にいる虫に触れたりする。

家庭・地域との連携
保護者への支援も含む

★運動会へ向けての子どもたちの様子をクラス便りや降園時に伝え、当日の姿だけでなく運動会までの過程を通して、子どもが成長してきたことが保護者に伝わるようにする。
★運動遊びや戸外での遊びが増えるので、調節しやすい衣服を用意してもらう。
★友達との関わりが多くなり、思いを伝えられずトラブルになることもあるので、園でのトラブルの内容や保育者の対応を伝えて保護者が安心できるようにする。

健康・食育・安全 への配慮
養護の視点も含む

○体を動かす機会が増えるので、水分の補給をしたり、休息を取れるようにしたりする。
○朝夕と日中の気温差が大きくなるので、衣服の調節をしたり汗をかいた後の着替えを促したりする。
○サツマイモの収穫をして、ふかしたり焼いたりし、みんなで楽しく味わえるようにする。

体を動かして遊ぶ楽しさをみんなで体験しよう

戸外で友達と一緒にかけっこをしたり、簡単なゲームをしたりなど、体を動かして遊ぶ楽しさを体験し、みんなで遊ぶ楽しさを十分に味わえるようにしていく。「できる？ できない？」で判断するのではなく「おもしろい！ もっとやりたい」など、自分から夢中になって楽しめるような工夫をしていきましょう。

環境の構成と保育者の援助

自分からしようとする気持ちをもてるように
○時間にゆとりをもって衣服の着替えや身の回りのことなどを自分から進んで行なえるようにする。できたことを褒めたり認めたりし、周囲の子どもも意欲をもてるようにする。
○遊びの内容の変化から、遊具などを整理し、新たに遊びに使う物が増えたときにはかごなどを用意して、子どもたちが自分で取り出しやすく片付けやすいように環境を再構成する。

体を動かして遊ぶ楽しさを味わえるように
○体を動かして遊ぶ楽しさを感じられるように巧技台やマット、平均台などを用意しておき、保育者も一緒に遊ぶ。
○運動会で自分なりに表現したり体を動かしたりして参加できるように保育者も楽しい雰囲気で参加する。
○運動会の余韻を楽しめるように、4・5歳児の衣装や道具などを借りて準備しておいたり、教えてもらう機会をつくったりする。

友達と一緒に遊ぶ楽しさを感じられるように
○気の合う友達との関わりが多くなり、ごっこ遊びが盛んになるので、保育者も一緒に遊びに入りながら友達とのつながりを感じられるようにする。
○簡単なルールのある遊びを取り入れ、みんなで集まったり友達と一緒に遊んだりする楽しさを感じられるようにする。
○友達と遊ぶ中で思いがうまく伝わらないときには、保育者が代弁したり補ったりしながら、自分の思いが相手に伝わるうれしさを感じられるようにする。

秋の自然にふれ、親しみがもてるように
○戸外で遊ぶ中で木の実や葉を拾い集めたり、イモ掘りを通して土の感触を味わったり収穫したりする喜びを感じられるようにする。
○春先に咲くチューリップやクロッカスの球根を植え、生長を楽しみにできるようにする。

ゆったり過ごすために… ～園で長時間過ごすための配慮～

日中との活動のバランスを配慮して
○運動会に向けて、戸外での活動が多くなることが考えられるので、午後は一人ひとりの体調に合わせて遊べるように戸外で過ごす時間を調節したり、ゆったりと過ごせる場所を確保したりする。
○夕方になると気温が下がるので、衣服を調節したり室内の温度に気を付けたりする。
○日中の活動の様子や体調を担当保育者に引き継ぎ、必要に応じて保護者に伝えていく。

保育者のチームワーク
★4・5歳児と交流しながら運動会に向けて活動したり運動会後に使用した衣装や道具を貸し借りしたりできるように保育者間で打ち合わせをしておく。

反省・評価 のポイント
★保育者や友達と体を動かして遊ぶことを楽しめたか。
★思いを伝えながら友達と関わって遊べるよう援助ができたか。
★秋の身近な自然にふれて楽しむことができたか。

10月

週の計画

1週 10/1（火）～5（土）

今週の予定 衣替え、運動会

前週の 幼児の姿

○ダンスやかけっこを保育者や友達と一緒にすることを楽しんでいる。

○道の歩き方や信号に慣れ、散歩に出掛けることを楽しんでいる。

ねらい○と内容・

○片付けや着替えなどを自分からしようとする。… Ⓐ

○ごっこ遊びなど好きな遊びを繰り返し楽しむ。… Ⓒ

○運動会を楽しみにし、体を動かしたり喜んで参加したりする。… Ⓑ

・登降園時の支度や、汗をかいた後の着替え、遊んだ後の片付けなどを自分からしようとする。

・気の合う友達とままごとやショーごっこ、忍者ごっこなどで遊ぶ。

・運動会に向けて、かけっこをしたり、リズムに合わせて踊ったりして楽しむ。

具体的な環境◆と保育者の援助○

○登降園時の支度の様子を見守りながら、自分でできた喜びを感じられるように、できたことを認めたり必要なところは手伝ったりする。

◆遊んだ後の片付けが自分たちで進んでしやすいように、遊びの様子に応じて箱を用意したり掲示をしたりする。

◆体を動かして遊ぶ楽しさを感じられるように巧技台やダンスの曲、音楽機器を用意しておく。

○保育者も一緒にダンスを踊ったり忍者になり切って巧技台で体を動かしたりしながら、体を動かす楽しさを感じられるようにする。

○運動会への期待がもてるように絵本を見たり、4・5歳児と一緒にダンスを踊ったりゲームをしたりする。

◆運動会に向けてみんなで活動する時間が多くなるので、みんなで活動する時間と好きな遊びを楽しむ時間とのバランスを考えて構成する。

○運動会では、思い切り走ったり保護者と一緒に踊ったり競技に参加したりするうれしさに共感する。

○4・5歳児の練習の様子や運動会当日の姿を一緒に見ながら、「かっこいいね」「○ちゃんのお兄ちゃんすてきだね」などと声を掛け、憧れの気持ちに共感する。

○運動会当日の雰囲気に戸惑う子どももいるので、温かく受け止めたり、保育者も一緒に走ったり応援したりして楽しい雰囲気を感じられるようにする。

◆運動会への準備では、クラスで使う衣装や競技の道具などを最終確認するとともに、職員間で連携し置き場所、順番を共通認識しておく。

　絵本：『むしたちのうんどうかい』『よーいどん！』
　　　　『やさいのうんどうかいおおさわぎ』
　♪：『運動会のうた』

反省・評価のポイント

★片付けや着替えなどを自分からしようとしていたか。

★ごっこ遊びなど好きな遊びを繰り返し楽しめるような援助ができたか。

★運動会を楽しみにし、体を動かし喜んで参加していたか。

10月

週の計画

2週　10/7（月）〜12（土）

今週の予定　避難訓練

○運動会を楽しみにし、かけっこやダンス、玉入れなどの競技に喜んで参加している。
○気の合う友達と一緒に遊ぶことを楽しんでいる。

○生活の中で必要な身の回りのことを自分で行なおうとする。… Ⓐ
○気の合う友達と一緒に自分たちの好きな遊びを楽しむ。… Ⓒ
○身近な秋の自然にふれて遊ぶ。… Ⓓ
・登降園時の支度や着替え、片付けなどを自分からする。
・気の合う友達と運動会ごっこをしたり、ままごとなどのごっこ遊びをしたりする。
・木の実や落ち葉を拾ったり、拾った自然物を使って遊んだりする。

○片付けや着替え、手洗いなど必要なことを自分からしようとする姿を見守る。きれいになった様子を認め、次への意欲につながるようにする。

◆好きな遊びを気の合う友達と一緒に楽しめるように、遊びに必要な物を手に取りやすい所に準備しておく。
○子どもの作りたい物が作れるような材料を用意しておくとともに、はさみやテープなどの道具の使い方を援助しながら一緒に作る。

（空き箱、色画用紙、リボン、カラーポリ袋、
セロハンテープ、ビニールテープ　など）

○遊びに必要な物がはっきりしてくるので、思いをしっかり受け止めながら保育者も一緒に作っていく。

（忍者ごっこのお面、服、
キャラクターごっこの衣装　など）

○遊びのイメージが友達にも伝わりやすいように、保育者も遊びに入りながら「おじゃまします」「○ちゃんたちはお出掛けに行くのね」など声を掛けていく。

◆自分たちが運動会で使った道具やダンスの曲、4・5歳児が使った道具や曲などを準備しておいたり、教えてもらう機会をもったりする。

○楽しかった運動会を再現して繰り返して遊べるように保育者も一緒に遊びに入りながら楽しい雰囲気をつくる。

◆戸外や散歩先で拾った木の実や落ち葉を集められるように、カップや袋を用意しておく。

（♪：『大きな栗の木の下で』『まつぼっくり』
絵本：『すっぽんぽんのすけ』『どんぐりにんじゃ』）

のポイント

★身の回りのことを自分からしようとしていたか。
★気の合う友達と一緒に好きな遊びを楽しめるような援助ができたか。
★身近な秋の自然にふれて遊んでいたか。

10月

週の計画

3週 10/14（月）〜19（土）

予定 今週の ▸ 体育の日、身体計測

※ねらい（…Ⓐなど）が、月案と週案で関連し合っていることを読み取ってください。

前週の 幼児の姿

○4・5歳児の衣装や道具を借りて運動会ごっこを楽しんでいる。

○戸外や散歩先で木の実や落ち葉を拾ったり集めたりして、音を出したり試したりしている。

ねらい○と内容・

○保育者や友達とごっこ遊びを楽しむ。…ⒷⒸ

○保育者や友達と一緒に体を動かして遊ぶ楽しさを味わう。…Ⓑ

○秋の自然物にふれたり、遊びに取り入れたりする。…Ⓓ

・気の合う友達とごちそうを作ったり役になり切ったりして遊ぶ。

・鬼ごっこやリレーのまねをするなど、簡単なルールのある遊びを楽しむ。

・木の実や落ち葉を拾ったり、遊びに使ったりする。

具体的な環境◆と保育者の援助○

◆心地良い秋の風を感じ取れるように、天気の良い日には保育者も積極的に戸外に出て遊ぶようにする。

◆ブランコやジャングルジムなどの固定遊具の遊び方を子どもたちと一緒に再確認したり、安全面を保育者間で確認したりする。

○保育者も一緒に遊びに入り、運動会で見たリレーのまねや鬼ごっこなどの簡単なルールを確認しながら友達と体を動かす楽しさを味わえるようにする。

◆集めた木の実や落ち葉を遊びの中で楽しめるように、種類ごとに箱に入れて用意し、自由に出し入れできるようにしておく。

○落ち葉のお面やドングリのケーキを作ったり、カップにドングリを入れて音が出ることに共感したり、音楽に合わせて自分なりに表現したりして、秋の自然にふれて楽しめるようにする。

◆ドングリや虫の絵本を手に取りやすい所に置いたり、歌やダンスを取り入れたりして秋の自然に興味をもてるようにする。

（絵本：『どんぐりむらのどんぐりえん』）
（♪：『どんぐりマン』）

◆子どもの遊びや動きに合わせて場を構成したり、遊びで使う物を準備したりしておく。

○子どもの思いやイメージを受け止め、遊びに必要な物を一緒に用意したり、場づくりをしたりする。

○遊びの仲間に保育者も入りながら、一人ひとりの子どもがそれぞれの遊びを楽しめるようにする。

反省・評価 のポイント

★保育者や友達と一緒に体を動かして遊ぶことを楽しんでいたか。

★ごっこ遊びが楽しめるようなことばがけや援助ができたか。

10月

週の計画

4週 10/21（月）〜31（木）

今週の予定　誕生会、イモ掘り

前週の 幼児の姿

○運動会ごっこを楽しんでいる。
○鬼ごっこやしっぽ取りなど簡単なルールのある遊びを楽しんでいる。
○気の合う友達とごちそうを作ったり、役になり切ったりして遊んでいる。

○自分の思いを伝えながら友達と同じ場で遊ぶことを楽しむ。… ⓒ
○秋の自然に親しみ、自然物を使って遊ぶことを楽しむ。… ⓓ
・自分のなりたいものやイメージをしぐさや言葉で表現する。
・イモ掘りを経験したり掘ったイモを食べたりして、秋の自然にふれる。
・イモのスタンプで絵の具遊びをする。

◆引っ越し鬼などで使う線を引いたり、しっぽ取りのしっぽを手に取りやすい場所に置いておいたりする。
○簡単なルールを理解して、友達と体を動かして遊ぶ楽しさを味わえるようにする。
◆役になり切ったり、気に入った遊びを繰り返し楽しんだりできるようにござや持ち運びのできるじゅうたん、段ボール板の仕切り板などを用意しておく。
○ごっこ遊びで役になり切って遊ぶ中で、自分の思いをしぐさや言葉で表現する楽しさを感じられるよう、思いを受け止めながら一緒に遊ぶ。
○同じ場にいる友達にも思いや考えが伝わるように保育者が子どもの言葉を補ったり、代弁したりする。
○クロッカスやチューリップの球根をプランターに植え、世話の仕方を伝え、「大きくなるといいね」「どんな花が咲くかな？」と会話をして、生長を楽しみにできるようにする。
◆イモ掘りに期待がもてるよう、手遊びをしたり、絵本や紙芝居を用意したりする。
（絵本：『さつまのおいも』『おいもをどうぞ！』）
（♪：『やきいもグーチーパー』　など）

◆シャベルや手拭きタオル、たらいなどイモ掘りに使う物を準備し、イモ畑までの道のりや行き方（例：5歳児と手をつないで歩いて行く）など、必要に応じて保育者間の連携を取る。
○イモ掘りでは土の感触を味わったり、出てきた虫に驚いたり、収穫の喜びを感じたりできるよう声を掛け、イモの大きさや形など子どもの気付きに共感する。

○「おイモ掘り楽しかったね」と会話をしながら、焼きイモやふかしイモを食べて「甘いね」「おいしいね」など子どもの気付きに共感する。
○スタンプ遊びのコーナーをつくり、イモや片段ボールなどに触れて、形の違いのおもしろさに共感しながら楽しめるようにする。

反省・評価のポイント

★イモ掘りをしたり、掘ったイモを食べたりして、秋にふれることを楽しんでいたか。
★自分の思いをしぐさや言葉で表現する援助ができたか。

ねらい
○運動会で楽しかったことを、保育者や友達と再現して遊ぶ。
○好きな遊びを気の合う友達と一緒に楽しむ。

内容
○保育者や友達と踊ったり玉入れをしたりして体を動かす。
○気の合う友達と一緒に作りたい物を作ったり、なり切ったりする。

環境を構成するポイント	予想される幼児の活動	保育者の援助
○前日に楽しんでいた遊びや、好きな遊びがすぐに行なえるように、コーナーをつくっておく。 ○気の合う友達と同じ遊びができるように、必要な物を多めに用意しておく。 ○役になり切って遊べるようにお面や空き箱などを用意し、イメージした物を作ったり身に着けたりできるようにする。 ○運動会で使った道具や気に入った曲などを準備しておき、みんなで余韻を楽しめるようにする。 ○4・5歳児のしていた踊りを教えてもらい、一緒に楽しめるように、時間や場所を確保しておく。 ○戸外で遊んだ後は、水分や休息を取れるように時間のゆとりをもつ。 ○日中の疲れが出やすい時間帯なので、ゆったりと過ごせるような場をつくる。	○登園する。 ・挨拶をして支度をする。 ○好きな遊びをする。 ・室内でままごとや製作などをする。 ・園庭で4・5歳児と運動会で踊った曲を、一緒に踊る。 ・玉入れやかけっこを一緒にするなど。 ○片付けをする。 ○昼食の準備をし、昼食をとる。 ○降園準備をする。 ○紙芝居を見る。 　（紙芝居：『いちについてよーいどん』） ○降園する。 ○保育者と一緒に預かり保育の部屋へ移動する。 ○好きな遊びをする。 　（ままごと、絵本、パズル、描画　など） ○片付けをして、おやつを食べる。 ○休息を取る。 ○降園準備をする。 ○絵本を見る。 　（絵本：『きのみのケーキ』） ○降園する。	○笑顔で受け入れながら、体調などの変化がないか様子を見る。 ○登園後の支度の様子を見守り、自分でしたい気持ちを受け止めていく。また、自分で行なった姿を褒めて自信につなげていく。 ○子どもの思いが実現できるようにイメージをじっくり聞いたり、難しいところは手伝ったりする。 ○気の合う友達と繰り返し遊んだり、同じ遊びを楽しんだりしている様子を捉え、つながりをもてるようにする。 ○運動会の余韻を楽しめるように、保育者も一緒に加わり楽しい雰囲気をつくっていく。 ○踊りを教えてもらう機会を大切にし、運動会当日への不安が強かった子どもも無理なく楽しめるように誘っていく。 ○4・5歳児との関わりを通し、憧れる様子や親しみの気持ちを十分に認めていく。 ○預かり保育担当者に、日中の活動内容や一人ひとりの様子を伝え、ゆったりと遊べるように配慮する。

反省・評価のポイント
★体を動かすことを楽しんでいたか。
★気の合う友達と一緒に遊ぶことを楽しんでいたか。
★友達との関わりがもてるような援助ができたか。

10月
日の計画
10/29 (火)

<table>
<tr><td>ねらい</td><td>○友達と関わる中で一緒に遊ぶ楽しさを感じる。
○秋の自然にふれ、遊ぶことを楽しむ。</td></tr>
<tr><td>内容</td><td>○友達と一緒に遊んだり関わったりする。
○木の実を集めたり、球根の世話をして生長を楽しみにしたりする。</td></tr>
</table>

環境を構成するポイント	予想される幼児の活動	保育者の援助
○遊びに必要な物が作れるように、空き箱やカップ、新聞紙や色紙、セロハンテープなどを用意しておく。 ○気の合う友達と同じ場で遊べるように、つい立てやじゅうたんなどを用意しておく。 ○引っ越し鬼が楽しくなるようなイラストを園庭に描き、繰り返し遊べるようにする。 ○球根からどのような花が咲くかが分かるようなポケット図鑑を用意し、興味をもてるようにする。 ○次に遊びだしやすいように表示を付けたり、分かりやすい置き方を工夫したりする。 ○子どもたちが新聞紙や色紙で作ったイモをひもでつなぎ、イモ掘りごっこができるようにする。  ○気温に応じて戸外でも遊べるように環境を整え、秋の心地良さを感じて過ごせるようにする。	○登園する。 ・挨拶をして支度をする。 ○好きな遊びをする。 室内：ままごと、製作、スタンプなど 戸外：木の実拾い、砂場、ままごと、鬼ごっこ、固定遊具　など 球根の水やり ○片付けをする。 ○みんなで『いもほりのうた』を歌い、イモ掘りごっこをする。 ○排せつ、手洗い、うがいをする。 ○昼食をとる。 ○食後の休息を取る。 ○降園準備をして降園する。 ○保育者と一緒に預かり保育の部屋へ移動する。 ○保育者と挨拶をして支度をする。 ○おやつを食べる。 ○好きな遊びをする。 室内：ままごと、色紙、絵本　など 戸外：木の実や落ち葉拾い、砂場、ままごと、固定遊具　など ○片付けをする。 ○降園準備をして紙芝居を見る。 （紙芝居：『どんぐりぼとん』） ○降園する。	○明るく挨拶をして、子どもたちを受け入れる。 ○一人ひとりの様子を見たり健康状態を把握したりする。 ○友達のまねをして身の回りのことに自分で取り組む姿を見守り、できたときには次への意欲につながるような言葉を掛ける。 ○子どもたちが集めた自然物や、作った物を目につく場所に飾り、他児にも興味が広がるようにする。 ○先週植えたクロッカスやチューリップを見たり水やりをしたりして、生長が楽しみになるようにする。 ○同じ遊びを楽しむ中で、友達との関わりを楽しんだり、意識したりできるような言葉を掛けていく。 ○楽しかったイモ掘りをみんなで共有できるように、歌をうたったり、イモ掘りごっこをしたりして遊ぶ。 ○子どもたちの様子や日中の活動内容によって、落ち着いた雰囲気をつくったり、戸外に出てじっくりと遊んだりできるようにする。 ○紙芝居を見て、戸外での木の実探しや遊びに期待をもてるように話をして挨拶をする。

反省・評価のポイント
★友達のしていることに興味をもち、一緒に遊ぶことを楽しんでいたか。
★身近な秋の自然にふれて楽しんでいたか。
★楽しかったイモ掘りを思い出せるような遊びができたか。

11月の計画

表現するうれしさを感じられるような遊びの
工夫を

気の合う友達と役になり切ってイメージの世界を楽しめるようになってきました。子どものイメージを実現できるような材料や遊具、用具などを用意して、自分を表現しながら見立てやごっこ遊びなどを楽しめるようにしていきましょう。

友達と関わって遊ぶ中で、自分の思いが伝わったり、友達の思いに気付いたりする喜びや楽しさを感じられるように、必要に応じて橋渡しや代弁をしていきましょう。

季節ごよみ

○木々の色づきの変化や、身の回りの自然の変化が見られる。

○戸外で体を思い切り動かす中で、秋の風の心地良さに気付く。

○ドングリや色づいた木の葉などが落ち、集めたり遊びに使ったりしている。

○ヒヤシンスの水栽培、コマツナ、豆類の種まきを始める。

○たくさんの落葉が見られる。

○風が冷たく感じられるようになる。

○木枯らしが吹く。

○ヒヤシンスなどの栽培物の根や茎が徐々に伸びたり、大きく生長したりしてくる。

○寒い日が増えてくる。

遊びへの取り組み

音や物に触れたり自然物を使った作品を仕上げたり、様々な表現遊びを取り入れ、子どもなりの表現を楽しめるような工夫を心掛けましょう。表現を楽しむ中で、音や物の色や形などの違いに気付けるような援助もしていきたいですね。

保育なるほど解説！

小学校のカリキュラムとの「円滑な接続」

「幼児期の終わりまでに育ってほしい姿」（10の姿）は、小学校のカリキュラムとの「円滑な接続」のために設定されたものです。つまり、幼児教育の遊びを通しての総合的な指導で培われた資質・能力を具体的な「10の姿」にまとめて、小学校教員に子どもたちの育ちや学びを伝え、それらを小学校教育に生かしてもらうためのものです。保育や授業の参観などを通して、幼児教育と小学校教育との「尊重すべき違い」への理解を深めつつ、互いに「伝わる言葉」をもつことが必要です。

11月の計画

11月 月の計画

※ねらい(… Ⓐ など)が、月案と週案で関連し合っていることを読み取ってください。

クラスづくり

○ごっこ遊びや簡単なルールのある遊びを通して、自分の思いやイメージを表しながら、友達とつながる心地良さを感じたり、やり取りをしたりしながら一緒に遊ぶおもしろさを味わえるようにしていきたい。

○身近な秋の自然にふれ、発見したことを保育者や友達と伝え合ったり、見立てたりして、いろいろな遊びに取り入れて楽しめるようにしていきたい。

前月末の 幼児の姿

生活

○遊んだ後の片付けや支度、汚れていることに自分で気付いて着替えをするなど、進んでしようとする子どもが増えてきている。

人との関わり

○友達と一緒に、簡単なルールのある遊びやかけっこなどで思い切り体を動かすことを楽しんでいる。

○気の合う友達と共通のイメージで一緒に遊ぶ心地良さを感じている。

○友達との遊びが深まる中で、思いや行動が通じ合わず、トラブルになることがある。

遊びへの取り組み

○落ち葉を集めて焼きイモごっこをしたり、イモのツルで遊ぶ4・5歳児の姿を見てまねたりしている。ドングリや落ち葉を集めて遊ぶことを楽しんでいる。

ねらい

○身の回りのことに気付いて自分で行なおうとし、自分でできる喜びを味わう。… Ⓐ

○自分の思いを言葉で伝えながら、友達と遊ぼうとする。… Ⓑ

○いろいろな素材に触れながら自分なりに表現しようとする。… Ⓒ

○身近な秋の自然に親しみながら、遊びに取り入れて楽しむ。… Ⓓ

幼児の経験する 内容

○遊んだ後の片付けや手足の汚れに自分で気付いて着替えたり、きれいにしようとしたりする。

○上着の着脱や始末の仕方を知り、難しいところは保育者に手伝ってもらいながら、自分でしようとする。

○保育者や友達と一緒に、ごっこ遊びや簡単なルールのある遊びを繰り返しする。

○自分のしたいことや思っていることを言葉で伝えようとする。

○いろいろな素材に触れ、見立てたり試したりしながら遊ぶ。

○散歩や遠足に出掛け、秋の自然にふれて遊ぶ。

○自然物の色や形、匂いや音など、発見して気付いたことを保育者や友達と伝え合う。

○拾った物や集めた物を使って、ごっこ遊びや製作に取り入れて遊ぶ。

家庭・地域 との連携
保護者への支援も含む

★上着を着用するようになるので、フードの付いていない服や自分で扱いやすい服を用意してもらう。

★遠足では、扱いやすい持ち物や食べやすい弁当を用意してもらえるよう、また、乗り物酔いへの丁寧な対応をしていくことを、降園時やクラス便りで伝えていく。

★子どもたちが身近な自然物やいろいろな素材に触れ、伸び伸びと製作や遊びに取り入れている過程を知らせ、その子なりに表現しようとしていることや、一人ひとりの成長を感じられるように伝え方を工夫する。

健康・食育・安全への配慮

養護の視点も含む

○朝夕と日中の気温差が大きいため、必要に応じて衣服の調節ができるようにする。

○体調を崩しやすい時季なので、子ども一人ひとりの体調の変化に留意し、保育者間で情報を共有する。

○遠足では安全に楽しく過ごせるように下見をし、子どもの実態に合わせた内容を検討し、共通理解する。

○日没が早くなり室内で遊ぶ時間が増えるので、室内の遊びが充実するように環境を工夫する。

指導計画から学ぶ　保育力アップ

自分なりに表現する楽しさを感じられるように

この時期、子どもたちは、自分なりに思い描いた世界を楽しめるようになってきています。一人ひとりの子どもの姿（育ち）を丁寧に読み取って環境を整えたり援助したりすることで、自分なりに表現する楽しさやうれしさを、一人ひとりが十分に味わえるようにします。子どもの育ちを見通すことを大切にしましょう。

環境の構成と保育者の援助

自分でできた喜びが味わえるように

○自分で気付いて行なえるように、身の回りの環境を整え、見守ったり言葉を掛けたりして、自信につながるようにする。

○風邪や感染症予防のため、手洗い・うがいの仕方や大切さを絵カードやポスターで知らせ、保育者も一緒に行ないながら身についていくようにする。

友達と関わって遊ぶ楽しさを味わえるように

○ごっこ遊びや簡単なルールのある遊びを楽しむ中で、友達とイメージがつながることを喜び、繰り返し一緒に遊ぶ楽しさを感じられるようにする。

○友達との関わりの中で思いが通じ合わないときには、一人ひとりの思いを十分に受け止め伝え方を知らせていきながら、相手の気持ちにも気付いていけるようにする。

○4・5歳児がしているごっこ遊びや作品作りなどに興味をもち、遊びに入れてもらったりまねたりして、自分たちなりに遊びに取り入れられるようにする。

様々な素材に触れ、表現を楽しめるように

○一人ひとりが自分なりに表現するおもしろさを感じられるように、子どもの気持ちに共感し、身近な物を使って作ったり、音を感じたりできるようにする。

○絵の具の扱い方を知って、自分なりに表現できるようにする。

○子どものしたい遊びを見極めながら、素材や用具を用意する。

○できあがった作品を飾り、自分の表現したことが伝わることを喜んだり、友達の作品を見て認め合ったりする機会となるようにする。

身近な秋の自然にふれ、取り入れて遊べるように

○木の実や落ち葉などの自然物を遊びに取り入れたり、風を感じて走ったりするなど、戸外で遊ぶ機会を多くもつ。

○自然物の形や色、匂いなど、子どもの気付きや発見を受け止め共感していく。

○遊びや製作に使うきっかけとなるように、木の実や落ち葉を扱いやすいように箱などに入れ用意しておく。

ゆったり過ごすために…　～園で長時間過ごすための配慮～

夕暮れ時が寂しくならないように

○日没が早まるので、テラスの照明を早めにつけるなど、明るい雰囲気づくりをしていく。

○室内で過ごす時間が増えるので、室内での好きな遊びが充実するように遊具や空間の使い方を工夫する。

○日中と夕方の気温差から体調を崩しやすい時季なので、室温や衣服の調節をする。

保育者のチームワーク

★作品展、保育参観では、日頃の子どもたちの様子や表現のおもしろさ、取り組みの過程を保護者に知ってもらえるように、伝え方や展示の仕方など保育者間で検討し共通理解していく。

反省・評価のポイント

★自分で気付いて行なえるように環境を整えたか。

★友達と思いを伝え合いながら、遊ぶことを楽しんでいたか。

★いろいろな素材に触れ、自分なりの表現を楽しんでいたか。

★秋の自然にふれ、取り入れて遊ぶことを楽しんでいたか。

11月

週の計画

1週

11/1（金）〜9（土）

今週の予定：避難訓練、文化の日

週の初めの 幼児の姿

○保育者や友達と体を動かすことを楽しんでいる。
○イモ掘り遠足に行き、土の感触を楽しんだり収穫の喜びを感じたりしている。
○秋の自然物を取り入れ遊んでいる。

※ねらい（… Ⓐ など）が、月案と週案で関連し合っていることを読み取ってください。

ねらい（○）と内容（・）

○上着の着脱など自分でできることは自分でしようとする。… Ⓐ
○保育者や友達と一緒にごっこ遊びを楽しむ。… Ⓑ
○秋の自然物を集めたり使ったりすることを楽しむ。… Ⓓ
・上着の着脱や後始末の仕方を知る。
・保育者や気の合う友達と一緒にごっこ遊びをする。
・木の実や葉、イモのツルなどの自然物を使って遊ぶ。

具体的な環境（◆）と保育者の援助（○）

◆子どもの動線を考慮しながら、脱いだ上着の始末がしやすいようにかごやコート掛けを用意し、置き場所を決めておく。
◆ござなどで着替えるスペースを確保し、落ち着いて着替えに取り組めるようにする。
○上着のファスナーやボタンの掛け方を知らせたり、難しいところは手伝ったりしながら自分でできる喜びが味わえるようにする。
○衣類や手足の汚れに気付き、着替えたり、洗ったりする姿を認め自分でしようとする気持ちを大切にする。

◆友達と一緒に遊びたいと思えるように、身に着ける物や遊具、材料を十分に用意しておく。
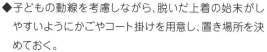
（エプロン、スカート、ままごと遊具、お面ベルト、布　など）
○保育者もごっこ遊びの中に入り、役になったり、言葉のやり取りをしたりして、遊ぶ楽しさを味わえるようにする。
◆いろいろな自然物に触れられるような散歩先や、歩く道を選ぶ。

○散歩に出掛け、秋の自然物を見つけたり、集めたりすることが楽しめるようにする。

◆木の実や葉などに触れたり、遊びに使ったりできるように、子どもと一緒に箱に分け、ままごとや製作に使いやすいように置いておく。
○木の実や葉の大きさや色の違いなど、子どもの発見やつぶやきに共感していく。
○木の実を使ってのままごとや、楽器（マラカス）作りなど、拾ってきた物や集めた物を使って楽しめるような遊びをする。

反省・評価のポイント

★上着の着脱や後始末の仕方を知り、自分でしようとしていたか。
★保育者や気の合う友達とごっこ遊びを楽しんでいたか。
★自然物を使った遊びを楽しむ環境構成ができたか。

11月 週の計画

2週 11/11(月)〜16(土)

今週の予定 遠足、七五三

前週の 幼児の姿

○上着の着脱や後始末の仕方を知り、やってみようとしている。

○保育者や友達と役になり切ってごっこ遊びをすることを楽しんでいる。

○身近な秋の自然に興味をもち、散歩先で拾った自然物を遊びに使うことを楽しんでいる。

○上着の着脱など身の回りのことを自分でしようとする。… Ⓐ

○秋の自然に興味をもち、触れたり遊びに取り入れたりすることを楽しむ。… Ⓓ

・上着の着脱の仕方が分かり、自分でしようとする。

・遠足で、たくさんの種類の木の実や落ち葉に触れることや風や気候の心地良さを感じて遊ぶ。

・落ち葉の感触や木の実の大きさや形の違いを感じながら遊ぶ。

◆出入り口などに上着を始末する場を用意し、自分で上着の着脱に気付き、やってみようと思えるようにする。

○上着の着脱の仕方を知らせながら、自分でやってみようとする姿を認める。さりげなく手伝いながら、自分でできた、という気持ちに共感する。

◆木の実や落ち葉を拾ったり集めたりできるような袋やドングリ、葉の種類の分かる簡単な図鑑などを用意する。

○遠足に期待をもてるよう、前日に絵本の読み聞かせや手遊びをする。

（手遊び：『バスごっこ』『バスにのって』）
（絵本：『えんそくバス』『おべんとう』）

○遠足ではたくさんの落ち葉を踏む感触や落ちてくる様子、大きな葉や木の実の発見などを楽しめるよう、散策の順路を決める。

○前日や当日に交通ルールやバスでの過ごし方を確認し、安全に過ごすことができるように伝える。

○伸び伸びと全身を使って自然と関わることを楽しめるよう、木々を使ったかくれんぼうや芝生の坂で転がるなどを保育者が一緒に楽しむ。

○ストーリー性がありイメージしやすい簡単なルールのある鬼ごっこをして、同じイメージの中で友達と遊ぶ心地良さを感じられるようにする。
（「おおかみさん今何時？」「おおかみさん」）

◆集めた自然物を使って製作をしたり遊びに取り入れたりできるよう、十分な量の材料や用具を用意しておく。
（粘土を使ったドングリケーキ　など）

◆自然物に関わって遊ぶ楽しさを遊びに取り入れられるように、段ボール板やウレタン積み木で囲いをし、落ち葉を入れた落ち葉の風呂や焼きイモごっこができるように場を用意する。

○自然物に関わって遊ぶ楽しさを感じられるように、保育者も一緒に遊びに入り、「落ち葉のお風呂、気持ち良いね」など、おもしろさに共感していく。

 **反省・評価 のポイント**

★上着の着脱などの身の回りのことを自分でしようとしていたか。

★自然と関わって遊ぶことを楽しんでいたか。

11月 週の計画

3週 11/18(月)〜23(土)

今週の予定 身体計測、勤労感謝の日、作品展(保育参観)

前週の 幼児の姿

○上着の着脱を自分でしようとしている。
○遠足に行き、秋の自然とふれあったり、思い切り体を動かしたりして遊ぶことを楽しんでいる。
○秋の自然物を使って製作を楽しんでいる。

ねらい○と内容・

○遊びの中で自分の思いを言葉で表現しようとする。… Ⓑ
○身近な素材を使って自分なりに表現して楽しむ。… Ⓒ
○秋の自然物を使って遊ぶことを楽しむ。… Ⓓ
・自分のしたいこと、してほしいことなどを自分なりの言葉で伝えようとする。
・絵の具やパスを使って描くことを楽しむ。
・集めた葉や木の実などを使って遊ぶ。

具体的な環境◆と保育者の援助○

○自分の気持ちややりたいこと、困っていることなど自分なりの言葉で表そうとする姿を受け止め、時に言葉を補いながら気持ちに共感する。
○同じ場で簡単なやり取りをして遊ぶ楽しさを感じられるように、保育者も仲間として参加し、場面に応じてそれぞれの思いを代弁して仲立ちをする。
◆周りの遊びを見て「おもしろそう」「やってみたい」と思えるように、場づくりや机の配置など工夫する。

◆バスに乗って遠足に行った楽しさを表現できるように、大きな段ボール板と絵の具を用意し、バスの色塗りができるようにする。
○服が汚れないように袖をまくるなどの準備があることを知らせる。
◆バスに乗る自分や様々な動物を表現できるように、丸や四角などの様々な形に切った色画用紙を用意する。
○紙やパスを用いて描いたり作ったりする楽しさを感じられるような言葉を掛けていく。
○自分の作品や友達の作品が飾られるうれしさに共感し、作品展に楽しく参加できるようにする。

◆いつも働いてくれている人に感謝の気持ちをもてるような絵本や歌を用意する。
（♪：『はたらくくるま』
絵本：『はたらくくるまのずかん』）

◆子どもと一緒に落ち葉を集めるほうきや、集めた落ち葉を入れる箱やポリ袋を用意する。
○集めた落ち葉を舞い上げたり、踏みしめながら歩いたり、寝そべったりして思い切り触れる遊びを楽しむ。
○落ち葉の感触や音など子どもの表現を受け止め、保育者も一緒に楽しめるようにする。

反省・評価のポイント

★遊びの中で自分の思いを言葉で表現しようとしていたか。
★秋の自然物を使って遊びを楽しんでいたか。
★様々な素材を使って表現できるように準備や援助ができたか。

11月 週の計画

4週 11/25(月)〜30(土)

今週の予定

前週の 幼児の姿

○自分の思いを言葉で表そうとしながら、遊びを楽しんでいる。

○みんなで楽しんでバスを作り、自分の作品や友達の作品が飾られたことを喜んでいる。

○秋の自然物を使って思い切り遊ぶことを楽しんでいる。

○手洗い・うがいなど身の回りのことに自分で気付き、取り組もうとする。… Ⓐ

○保育者や友達と簡単な言葉のやり取りをしながら遊ぶことを楽しむ。… Ⓑ

○楽器に興味をもち、自分なりに表現することを楽しむ。… Ⓒ

・手洗い・うがいなど保育者と一緒に丁寧に行なおうとする。

・4・5歳児や保育者のまねをしながら言葉のやり取りをする。

・遊びの中で親しみのある曲に合わせて楽器を鳴らす。

◆指の間、爪を洗うなど、丁寧に手洗い、うがいを行なえるように絵カードやイラストを用意し、子どもが手を洗いながら目線に入る場所に貼る。

○保育者も実際に手洗いを行ない、やり方を示したり「○○ちゃんの手、ピカピカになったね」「せっけんの匂いするかな」などと言葉を掛けたりする。

○手洗い・うがいの大切さが分かる絵本を見て、自分から取り組めるようにする。
（絵本：『ぴかぴかおてて』『さよならバイキンくん』）

◆4・5歳児の作品を見たり、5歳児が作った物で遊ぶごっこ遊びに入れてもらったりする。

◆自分たちなりにまねをして遊べるように、扱いやすい素材（空き箱、フラワーペーパー、紙テープ、ストロー、色画用紙　など）や材料（セロハンテープ、はさみ、油性フェルトペン　など）を用意し、レストランの食事やデザートなどが作れるようにする。

○4・5歳児のごっこ遊びを自分たちなりに再現できるように、「いらっしゃいませ」「何にしますか」「○○お願いします」など、保育者が一緒に遊びに入りながら、言葉のやり取りを楽しめるようにしていく。

○友達にも思いがあることに気付けるように、保育者も一緒に話を聞いたり、言葉でうまく表せない子どもには安心して思いを表現できるようにしたりする。

◆遊びの中で楽器（鈴・カスタネット・タンブリン　など）を自由に選んで使えるように、手に取りやすい場所（CDプレーヤーの近く）に種類ごとにかごに入れて用意しておく。

○保育者も遊びの中で一緒に使って、楽器の鳴らし方や扱い方を知らせていく。

○遊びに使っている曲や親しみのある曲に合わせて楽器を鳴らして、楽器遊びの楽しさを知らせていく。
（♪：『さんぽ』『山の音楽家』『おもちゃのチャチャチャ』）

反省・評価のポイント

★手洗い・うがいを自分から行なっていたか。

★楽器に興味をもち、音を出して遊んでいたか。

11月
日の計画
11/7（木）

ねらい
○身近な秋の自然を保育者や友達と一緒に楽しむ。
○季節の移り変わりに伴う生活の仕方が分かる。

内容
○木の実や落ち葉などの自然物を使って遊ぶ。
○手洗い・うがい、上着の脱ぎ着をする。

環境を構成するポイント

○手洗い場の近くに、手洗い・うがいの仕方を描いた絵カードを掲示しておく。
○身近な秋の自然に興味をもてるように、園庭の落ち葉を全て掃除をせずに残しておいたり、ドングリやカキ、リンゴなどの果物を保育室に置いておいたりする。
○興味をもった子どもから、自然物を使った製作ができるように、木の実や落ち葉を小分けに箱に入れて置いておき、プラスチックカップ、ビニールテープ、セロハンテープ、シールなどを用意しておく。
○子どもが興味をもてるように、秋の風景の出てくる絵本や、木の実の図鑑などを見やすいように置いておく。
○少しずつ寒い季節になってくるので、預かり保育では、こまめに室温を調節したり、遊ぶときに敷くじゅうたんを工夫したりすることで、温かく安心して過ごせる環境を整える。

予想される幼児の活動

○登園し、支度をする。
・手洗い・うがいをする。
・上着を脱いで、掛ける。

○好きな遊びをする。
　戸外：落ち葉集め、木の実を使ったままごと遊び、砂場、固定遊具、鬼ごっこ　など
　室内：落ち葉を使った冠、木の実を使ったマラカスなどの製作、カスタネット、鈴を使った楽器遊び　など
○片付けをする。
○排せつ、手洗い・うがいをする。
○昼食をとる。
○好きな遊びをする。
○降園準備をする。
○絵本を見る。
　絵本：『どんぐりころころ おやまへ　かえる だいさくせん』
○歌をうたう。
　（♪：『どんぐりころころ』）
○上着を着る。
○降園する。

○預かり保育の子どもは部屋を移動する。
○おやつを食べる。
○好きな遊びをする。
○降園する。

保育者の援助

○健康観察を行なう。
○登園直後や昼食前など、必要なタイミングで丁寧な手洗い、うがいができるよう、絵カードを見せながら声を掛ける。
○日なたと日陰、風で落ち葉が舞う様子、秋の果物の匂いなどに子どもが気付く様子が見られたときは、「おもしろいね」「いい匂いだね」と、保育者が言葉にして共感していく。

○「落ち葉の冠、すてきね」「木の実のマラカス、おもしろい音がするね」などと声を掛け、自然物を使った遊びの楽しさを、子どもが十分に味わえるようにする。
○製作物を片付けるときは、昼食後も遊びがつながるように、完成した物や作りかけの物を、丁寧に並べておく。

○預かり保育時は、一人ひとりが興味をもっている遊びをじっくりと楽しめるように、落ち着いた雰囲気を心掛ける。

反省・評価のポイント

★秋の自然のおもしろさに気付き、遊びの中で楽しんでいたか。
★手洗い・うがいなどの生活習慣を分かりやすく伝えるための環境が工夫されていたか。

◎ CD-ROM ▶ 📁 11月 ▶ 📄 3歳児_11月_7日の計画

11月

日の計画

11/13(水)

ねらい	○秋の自然を感じながら、友達と一緒に遊ぶことを楽しむ。 ○季節の移り変わりに伴う生活の仕方が分かり、身の回りのことを自分でしようとする。
内容	○秋の自然物を使ったごっこ遊びを楽しむ。 ○手洗い・うがい、上着の着替えなどを自分から行なう。

環境を構成するポイント

○登園時に着て来た上着を、毎日同じ場所にしまえるように、かごや掛ける場所などを用意しておく。

○手洗い場の近くに、手洗い・うがいの仕方を描いた、絵カードを掲示しておく。

○子どもが興味をもっている遊びを捉え、必要な物がすぐに使えるように用意しておく。
（段ボール箱、ビニールシート、お面ベルト、カラーポリ袋のマントなど）

○天気の良い日は、戸外でも製作が楽しめるように、テラスや戸外に机や材料を用意する。

○暗くなる時間が早まってくるので、預かり保育時は、保育室だけでなく、廊下や靴箱周りの電灯もつけておくなど、園全体が明るく温かい雰囲気になるよう配慮する。

予想される幼児の活動

○登園し、支度をする。
○好きな遊びをする。
・お風呂ごっこ：
（段ボール箱の中に落ち葉を入れる、落ち葉シャワー　など）
・変身ごっこ：
（落ち葉の冠や木の実のネックレスなどを身に着けて遊ぶ　など）
・焼きイモごっこ、鬼ごっこ、ままごと、楽器遊び　など。
○片付けをする。
○排せつ、手洗い・うがいをする。
○昼食をとる。
○好きな遊びをする。
○降園準備をする。
○絵本を見る。
（絵本：『もりのおふろ』）
○手遊びをする。
（♪：『くりのきやまのきつね』）
○上着を着る。
○降園する。

○預かり保育の子どもは部屋を移動する。
○おやつを食べる。
○好きな遊びをする。
○降園する。

保育者の援助

○健康観察を行なう。
○一人ひとりの支度の様子を見守り、自分でできたときはその姿を認め、戸惑っている子どもには必要な援助を行ない、進んで行なう習慣が身につくようにする。

○遊びの中での子どもの発言や動きを捉え、子どもが自分で発想した遊びを十分に楽しめるようにする。また、友達と関わりをもちながら、同じ遊びを楽しめるように、保育者が子ども同士の仲立ちをしていく。
○4・5歳児の遊びに興味をもっている様子があれば、一緒に遊んだり、まねをして遊んだりできるようにしていく。
○手遊びをしているときに、立ち上がって全身で表現する子どもがいたら、その姿も認め、いろいろな表現の仕方を楽しめるようにする。

○預かり保育に関しては、上着の脱ぎ着や、身の回りのことなど、必要に応じてある程度援助し、子どもが安心した気持ちで過ごせるようにする。

反省・評価のポイント

★友達と関わりながら、秋の自然物を使った遊びを楽しんでいたか。
★身の回りのことを、進んでしやすい環境が用意されていたか。

12月の計画

友達とのやり取りを楽しみながら季節を感じられるように

生活

寒さが一段と増してくる時季ですが、戸外で友達と体を動かして遊ぶ楽しさを味わえるようにしていきましょう。体を動かすことで暖かくなったり、戸外から戻ったら手洗い・うがいをすることでインフルエンザの予防につながることを知らせたり、自分の体について関心をもてるようにしていきたいですね。

人との関わり

カレンダーが最後の一枚となりました。商店街を散歩したり季節の飾り付けや掃除をしたりなど、年末の雰囲気を味わえるような取り組みをしていきたいですね。

季節ごよみ

○木の葉が落ち始め、冬の気配が少しずつ感じられる。

○商店街や地域の家の窓にイルミネーションやクリスマスの飾りが見られるようになる。

○日なたと日陰の温度差が大きくなる。

○水の冷たさを感じるようになる。

○風が冷たく、吐く息が白くなっている。

○日が短くなり、暗くなるのが早くなる。

○門松やしめ縄などの正月飾りが街で見られ、年末の雰囲気になる。

遊びへの取り組み

　園では、年末お楽しみ会や発表会などの行事もあります。友達とのやり取りを楽しみながら、行事への参加の意欲や期待へとつないでいきましょう。

保育なるほど解説！

「要録の準備」

　要録作成は3月ですが、この時季になると、保育記録をどう整理して要録作成するか園内で話し合うことがあると思います。こうした話し合いで、ぜひ、担任する子どもの一人ひとりについて、年度当初からの保育記録を時系列に並べながら、どのような変容を遂げてきているか書き出した事例を持ち寄り、話し合ってみましょう。一つひとつの記録は「点」ですが、「線」となることで、その間にある「育ち」に気付きます。保育者間で、発達の読み取りを共有し、要録作成の準備をすることは大切です。

12月 月の計画

※ねらい（… Ⓐ など）が、月案と週案で関連し合っていることを読み取ってください。

クラスづくり

○友達との遊びを楽しいと感じ、関わりながら遊ぶ姿が見られる。ルールのある遊びも見られ始めたので、必要に応じて仲立ちしたり遊びを見守ったりしていきたい。また、寒くなってくるので衣服の調節をしながら冬の生活の仕方を知らせたり、戸外で体を動かして遊ぶ機会をつくったりしていく。冬の行事に参加したり年末年始の様子に関心をもったりして、季節の様子や街の雰囲気に関心をもてるようにしていきたい。

前月末の 幼児の姿

生活

○できない部分は手伝ってもらいながら、衣服の着脱をしている。

○保育者や友達と一緒に、使った用具の片付けをしている。

○手洗い・うがいを保育者と一緒に行なっている。

人との関わり

○友達と一緒に遊ぶ姿が増え、関わりながらごっこ遊びをしたり、ルールのある遊びを楽しんだりしている。

○保育者や友達との会話を楽しみ、遊びや生活の中で、言葉で思いを伝えることが増えた。

遊びへの取り組み

○木の実や落ち葉などの自然物に関心をもち、集めたり遊んだりして楽しんでいる。

○いろいろな素材を使って、製作を楽しんでいる。

ねらい

○冬の生活の仕方を知り、身の回りのことを自分でしようとする。… Ⓐ

○戸外で体を動かしながら、友達と一緒に遊ぶことを楽しむ。… Ⓑ

○季節の行事を楽しんだり、年末年始の雰囲気を味わったりして興味をもつ。… Ⓒ

○季節の変化に気付き、冬の自然に関心をもつ。… Ⓓ

幼児の経験する 内容

○戸外から帰って来た後は、手洗い・うがいの大切さに自分で気付き、保育者や友達と一緒に行なう。

○鼻水は、自分で拭いたりかんだりしようとする。

○できないところは手伝ってもらいながら、上着を着脱したり片付けたりする。

○保育者や友達と鬼ごっこやボール遊びなどで、体を動かして遊ぶことを楽しむ。

○身近な場所を散歩したり、滑り台などの固定遊具で遊んだりする。

○年末お楽しみ会に参加して、歌や楽器遊びを楽しむ。

○新年を迎える準備として保育室や遊具を掃除したり、正月の伝承遊びを楽しんだりする。

○餅つきを体験して、正月を迎える準備や日本ならではの食文化にふれる。

○風が冷たくなったり息が白くなったりすることに気付き、冬の訪れを感じる。

○イチョウなどの色づいた葉を見たり落ち葉を拾って遊んだりする。

家庭・地域との連携
保護者への支援も含む

★インフルエンザや胃腸炎などの感染症が流行する時季なので、園内の流行状況を伝え、予防や早めの対応をお願いする。また、手洗い・うがいや体調を整えることの大切さを伝えていく。

★年末保育について知らせ、具体的に場所や持ち物などを伝えていく。

★年末年始の休みに入る前には、新年の登園を楽しみにできるようなことばがけをしていく。

健康・食育・安全 への配慮
養護の視点も含む

○感染症の流行を防ぐため、子どもの体調を観察して変化が見られるときは検温し、早めの対応をしていく。
○外気温との差があるので、衣服の調整をしていく。
○年末保育では、環境が変わるので、子どもの様子、健康状態やアレルギーについて、保育者間で引き継ぎをしていく。
○暖房で室温の調整をしたり、乾燥に注意して加湿器を使用したりしていく。適宜、換気をしていく。

指導計画から学ぶ 保育力アップ

冬の自然や健康に興味をもって取り組めるように

日ごとに寒さが増してきますが、体を動かすと暖かくなったり、気温が下がると吐く息が白くなったりするなど、冬の自然を体で感じられるような保育の工夫をしていきましょう。

また、手洗い・うがい、鼻をかむなどが感染症の予防や衛生に大切なことを知らせ、子どもが進んで取り組めるようにしていくことも大切です。

環境の構成と保育者の援助

冬に合う生活の仕方に気付けるように

○上着の着脱は、自分でやろうとする気持ちを大切にしながら、ファスナーなど難しい部分は一緒に行ない、やり方を知らせていく。
○鏡のそばにティッシュペーパーやごみ箱を用意して、鼻をかんだ後を確認できるようにする。
○手洗い・うがいは、感染症予防のために大切なことを伝えていく。寒くなり手洗いがおろそかになる子どもも見られるので、一緒に洗いながら、手の洗い方やガラガラうがいの仕方を見守ったり確認したりしていく。

寒さに負けない体作りのために

○追いかけっこや鬼ごっこなどで保育者も一緒に体を動かすことを楽しんでいく。また、事前に準備体操などで体を動かして温めてから遊ぶようにする。
○固定遊具にはそばについて見守ったり、楽しく遊ぶことができるよう一緒に遊んだりする。

季節の行事や雰囲気を楽しめるように

○季節の製作をしたり、室内やツリーを飾ったりして雰囲気を楽しめるようにする。
○ふだんの遊びの中で歌や楽器遊びを十分に楽しみ、それを年末お楽しみ会で発表する経験につなげていく。
○新年を迎えることを絵本などで分かりやすく伝え、一緒に掃除をして部屋が気持ち良くなった心地良さを感じられるようにする。
○餅つきでは、匂いや食感などを体験したり、鏡餅の意味などを聞いたりして、伝統文化にふれていく。

冬の訪れを感じられるように

○風の冷たさや吐く息の白さに子どもが気付いたときには、その感覚や発見を一緒に体験し共感していく。
○葉が落ちた木を見たり落ち葉を踏んだり、また、日なたと日陰の違いなどを体感したりして、季節を感じられるようにする。

ゆったり過ごすために… 〜園で長時間過ごすための配慮〜

冬だからこそ温かな雰囲気で

○夕方、窓の外が暗かったり寒かったりすると寂しくなる子どももいるので、友達との遊びを見守ったり保育者が一緒に遊んだりしていく。

○年末お楽しみ会の余韻を楽しめるように、楽器を用意して自由に遊ぶことができるようにする。また、絵カードや手回しのこまなど遊具の入れ替えをして、ゆったりとした雰囲気で遊ぶことができる環境を整え、楽しめるようにしていく。

保育者のチームワーク

★感染症が流行する時季なので、子どもの体調や保護者からの連絡事項を伝え合い、共通認識をもてるようにする。
★年末保育の子どもの情報を共有する。

反省・評価 のポイント

★冬の生活の仕方が分かり、子どもたちが自分でやろうとしていたか。
★戸外で体を動かして遊ぶことを楽しめたか。
★季節の雰囲気を感じられる活動や環境の構成ができたか。

12月 週の計画

1週 12/2（月）〜7（土）

今週の予定：避難訓練

※ねらい（… Ⓐ など）が、月案と週案で関連し合っていることを読み取ってください。

前週の 幼児の姿

○手洗い・うがいなどを自分なりに行なっている。
○簡単な言葉のやり取りをしながらごっこ遊びを楽しんでいる。
○楽器に触れ、親しみのある曲に合わせて表現することを楽しんでいる。

ねらい○と内容・

○上着の着脱など身の回りのことを自分でしようとする。… Ⓐ
○友達に自分の思いを伝えながら、一緒に遊ぶことを楽しむ。… Ⓑ
○季節の歌やブーツ（飾り）の製作を楽しむ。… Ⓒ
・上着の着脱や片付けを自分でやろうとする。
・友達に自分の思いを伝えたり相手の話を聞いたりしながら、戸外で体を動かして遊ぶ。
・歌をうたったり、手先を使ってブーツの製作をしたりする。

具体的な環境◆と保育者の援助○

○自分でしようとする気持ちを大切にしながら、上着のファスナーの掛け始めや裏返しを直すなど難しい部分は一緒に行ない、やり方を知らせていく。
○襟元のループを持ってフックに掛けると片付けやすいことを伝え、最後は自分でできるよう見守っていく。
○鼻水の始末は、自分で気付いて拭いたりかんだりできるよう声を掛けていく。

◆ままごとやブロック、製作など好きな遊びを楽しめるようコーナーを構成したり、ごっこ遊びに使える素材を十分に用意したりしていく。
○友達と遊ぶ中でそれぞれの思いに気付けるように、保育者も一緒に話を聞き、必要に応じて仲立ちをしていく。
○戸外で追いかけっこや鬼ごっこなどを楽しめるように、保育者も一緒に体を動かしていく。
○戸外で十分に体を動かせるように、遊ぶ前には準備体操をして少しずつ体が温まっていく感覚などを感じられるようにしていく。

◆ブーツの製作ができるよう色画用紙・毛糸（2、3色）・いろいろな型抜き、のり、手拭きなどを用意しておく。

色画用紙はブーツ型に切り、周囲に穴開けパンチで穴をあけておく。毛糸は70cmほどに切り、片方の先端にテープを巻いて穴に通しやすくしておく。

○興味をもった子どもから製作するようにし、できあがった作品は玄関のツリーや保育室内など好きな所に飾って雰囲気を楽しめるようにする。
◆季節の歌をうたったり楽器遊びを楽しんだりできるよう、子どもの手の届きやすい所に楽器や舞台にするための巧技台を置いておく。

（鈴、タンブリン、カスタネット
♪：『おもちゃのチャチャチャ』『山の音楽家』
『きらきらぼし』）

反省・評価のポイント

★上着の着脱や片付けを自分でしようとしていたか。
★友達と一緒に戸外で体を動かすことを楽しめたか。
★季節ならではの雰囲気づくりができたか。

12月 週の計画

2週　12/9（月）〜14（土）

今週の予定 誕生会、年末お楽しみ会

前週の 幼児の姿

○戸外で保育者や友達と一緒に体を動かして遊ぶことを楽しんでいる。

○戸外遊びの前後には上着の着脱や片付けを自分でしようとしている。

○指先を使ってブーツの製作を楽しんでいる。

○冬の行事に興味をもち、参加することを喜ぶ。… ⓒ

○楽器を使って表現することを楽しむ。… ⓒ

○寒い中でも友達と散歩へ行くことを楽しむ。… Ⓑ Ⓓ

・年末お楽しみ会に参加する。

・季節の歌や親しみのある曲に合わせて楽器で遊ぶ。

・散歩で季節の変化に気付いたり、固定遊具で遊んだりする。

◆部屋の一角に巧技台で舞台を作っておき、上に立って歌や楽器遊びなどを楽しめるようにする。

○音を鳴らすことや楽器を使って遊ぶこと（数当てクイズなど）を身近に感じられるようにし、年末お楽しみ会に期待をもてるようにする。

◆年末お楽しみ会は3・4・5歳児クラスで集まり、装飾をして雰囲気を楽しめるようにする。

○楽器遊びはふだんからなじみのある曲を選び、年末お楽しみ会で楽しく表現できるようにする。

◆食事会では、異年齢児が混合で座ることができるよう、くじ引きで座席を決めたり、BGMをかけたりして、楽しい雰囲気をつくる。

◆戸外で体を動かして遊べるようボール、可動遊具などを用意しておく。

◆大人数で簡単なルールのある遊びをするときには広い場所を確保し、思い切り走り回れるようにする。

○保育者も一緒に遊びながら、体を動かす楽しさを感じることができるようにしていく。

◆行き慣れた公園や自然の豊かな公園などを散歩先に選び、遊ぶ前には危険な物がないか確認する。

○「滑り台が冷たいね」「はぁーってしてごらん」など、肌で感じる寒さからも季節の変化が感じられるように声を掛けていく。

○木の葉が風で舞う音に気付いたり、落ち葉を踏んだ感触を楽しんだりしながら、季節ならではの近隣の装飾を発見する姿に共感していく。

○拾った葉で冠やお面を作ってファッションショーをするなど、季節の遊びを一緒に楽しめるようにしていく。

反省・評価のポイント

★年末お楽しみ会や楽器遊びを十分に楽しめるような環境の工夫ができたか。

★散歩の中で季節の変化を感じられたか。

※ねらい(… Ⓐ など)が、月案と週案で関連し合っていることを読み取ってください。

前週の 幼児の姿

○散歩に出掛け、冬の自然にふれることを楽しんでいる。

○年末お楽しみ会や食事会に参加して、雰囲気を楽しんでいる。

○友達と遊ぶ中で楽器を使い、表現することを楽しんでいる。

ねらい(○)と内容(・)

○餅つきを楽しむ。… Ⓒ

○戸外で友達と一緒に簡単なルールのある遊びを楽しむ。… Ⓑ

○冬の自然にふれ、興味をもつ。… Ⓓ

・餅つきを通して、餅に触れ、匂いや食感、味などを感じる。

・戸外で友達とボール遊びや鬼ごっこなどを楽しみ、体を動かして遊ぶ。

・戸外に出て、日なたと日陰の違いを体感しながら冬の自然に親しむ。

具体的な環境(◆)と保育者の援助(○)

◆餅つきでは臼や杵を用意し、調理と連携して衛生管理に十分に注意しながら安全に楽しめるようにする。

○餅米をふかす匂い、熱々の湯気、餅米と餅の食感の違いなどいろいろなことに気付き体験できるようにしていく。

○餅つき体験は大人が一緒に行ない、杵の重さや餅をつく感触を感じることができるようにする。

◆ついた餅を鏡餅にして部屋に飾り、正月を迎える準備を感じることができるようにする。

◆段ボール板で臼や杵を作り、餅に見立てた綿などを用意して、餅つきごっこを楽しめるようにする。

◆室温・湿度を適切に調節し、温かな雰囲気の中で過ごせるようにする。室内で遊んでいるときも、適宜換気をして感染症予防に努める。

○天気の良い日は戸外に出て遊び、日なたの明るさや日ざしの暖かさを体感したり、日陰との違いや風の冷たさを感じたりできるようにしていく。子ども自身が気温を感じ、遊ぶ場所を選んでいる姿を見守ったり工夫できるような声を掛けたりしていく。

○ボール遊びや追いかけっこ、引っ越し鬼などは、保育者も一緒に体を動かして遊んでいく。ルールのある遊びは、一緒に行なう中でそのやり方を確認したり知らせたりしていく。

◆冬至には給食室と連携し、カボチャやユズに触ったり、香り・味を体感したりできるよう準備して日本の風習に親しめるようにする。冬至の意味を分かりやすく話し、冬の時季に風邪を引かないで元気に過ごせるよう、手洗い・うがいの大切さも伝えていく。

反省・評価のポイント

★餅つきを楽しむことができたか。

★冬の自然に興味をもつことができたか。

★遊びのルールを分かりやすく伝え、楽しめるように働き掛けられたか。

12月 週の計画

4週 12/23（月）〜31（火）

今週の予定 大掃除、（必要に応じて年末保育）

前週の 幼児の姿

○餅つきに参加し、餅をついたり味わったりすることを喜んでいる。

○戸外で保育者や友達と一緒に体を動かして遊んでいる。

○餅つき、大掃除、冬至など季節の行事にふれ、年末の雰囲気を感じている。

○餅つきの余韻を楽しむ。… ⓒ

○大掃除をして、部屋がきれいになった心地良さを感じる。… ⓒ

○新年を迎える雰囲気を感じる。… ⓒ

・餅つきごっこや粘土を丸めて餅に見立てるなどして遊ぶ。

・保育者や友達と一緒に身の回りの大掃除をする。

・正月を迎える準備をしたり、かるた・すごろく・こま回しなどの正月の伝承遊びで遊んだりする。

○段ボール板で作った臼や杵で遊んだり、粘土遊びの中で餅を作って部屋に飾ったりして、餅つきの余韻を楽しめるようにしていく。

○完成した粘土作品は「○○もち」とタイトルを付けて皿に載せて飾ったり、ままごとに使ったりして遊んでいく。

○新年を迎えることを絵本などで分かりやすく伝え、興味をもてるようにする。

（絵本：『おしょうがつさん どんどこどん』
『おせちいっかのおしょうがつ』
『おもちのきもち』）

◆正月飾りや鏡餅を子どもの見える所へ飾ったり、伝承遊びの遊具を手に取れる所へ置いたりする。

◆手回しこまやかるたなどでじっくり遊べる場所を確保し、楽しめるようにしておく。

○保育者も一緒に遊びながらルールを分かりやすく伝え、絵札を取ったりマスを進めたりする楽しさが3歳児なりに味わえるようにしていく。

◆大掃除に使う絞った雑巾や、子ども用のほうきやちりとりを用意する。

○遊具棚や自分のロッカー・引き出しを拭いたり、遊具を整理したりしながら、きれいになる心地良さを感じられるよう声を掛けていく。

＜年末保育の配慮＞

・少人数で過ごすため、ゆったりと関わったり一緒に好きな遊びを楽しんだりして、安心して過ごせるようにする。

・事前に子どもの体調・アレルギーの有無・個性など配慮すべき事項は、引き継ぎをして共有していく。また、好きな遊びや用具について伝え合い、子どもが遊びだしやすいよう準備しておく。

 反省・評価のポイント

★餅つきの余韻を楽しめたか。

★大掃除をして新年に期待をもったり、正月の伝承遊びを楽しんだりしていたか。

★年末保育で安心して過ごせるような援助ができたか。

12月

日の計画

12/18 (水)

ねらい
○餅つきを楽しむ。
○餅つきを体験して伝統的な食文化にふれる。

内容
○餅つきをする。
○餅ができる過程を知り、食感や匂いを感じる。

環境を構成するポイント	予想される幼児の活動	保育者の援助
○朝の支度がスムーズに行なえるように、スペースを広めに取っておく。 ○室内・園庭で好きな遊びが楽しめるように、他クラスの保育者と連携して遊ぶ場所の環境を整えておく。 ○衛生面や安全面に十分に配慮し、餅つきの準備をする。 （臼、子ども用の杵、手拭き、お茶　など） ○餅米をふかした物を味見できるよう一口大に丸める。 ○刻みのりと醤油、きなこなど数種類の味付けを用意しておく。 ○餅つきの余韻を楽しめるよう、絵本を置いておく。 ○段ボール板で臼や杵を作ったり、餅に見立てられるよう綿を用意したりする。  ○ゆっくり体を休められるよう、安心できる雰囲気をつくっていく。	○登園する。 ○挨拶をする。 ○朝の支度をする。 ○好きな遊びをする。 　（ままごと、ボール、鬼ごっこ　など） ○手洗いをする。 ○餅つきをする。 ・ふかした餅米を見たり、触れたりする。 ・保育者と一緒に餅をつく。 ・餅ができる過程を知る。 ○室内で好きな遊びをする。 　（餅つきごっこ　など 　絵本：『おもち！』『もちもちおもち』） ○手洗い、排せつ、着替えをする。 ○昼食の準備をして食事をする。 ○絵本『ばばばあちゃんの おもちつき』を見る。 ○午睡をする。 ○排せつ、手洗いを済ませ、おやつを食べる。 ○帰りの支度をする。 ○好きな遊びをする。 　（粘土、ブロック、製作　など） ○降園する。	○笑顔で挨拶をし、健康状態や気分などを把握する。 ○自分で支度をできるよう見守る。 ○戸外では、寒さで固まった体をほぐしてから遊び始められるように、一緒に準備体操をしていく。 ○餅つきへ期待をもてるように声を掛け、しっかり手を洗うよう促す。 ○餅米の形や匂い、硬さの変化などへの気付きに共感し、餅つきを一緒に楽しんでいく。 ○餅をつくときには、みんなで声を掛け合ったり、一人ひとり順番につけるようにしたりして、楽しめるようにしていく。 ○餅つきに関する絵本や段ボール板で作った臼や杵を用意して、子どもたちが餅つきの余韻を楽しめるようにする。 ○必要に応じて手伝っていく。 ○子どもの様子を見守ったり、必要に応じて一緒に遊んだりしていく。

反省・評価のポイント

★餅つきを楽しめたか。
★子どもの想像力を膨らませたり遊びを広げたりできるようなことばがけができたか。

12月

日の計画

12/23(月)

ねらい
○粘土で見立て遊びを楽しむ。 ○好きな遊びを楽しむ。

内容
○粘土遊びをする。 ○園庭や室内で、好きな遊びをする。

環境を構成するポイント

○部屋を暖め加湿をして、気持ち良く登園できる環境を整える。
○子どもが遊びだせるよう遊具をそろえておく。

○テーブルにシートを敷き、粘土コーナーを準備する。
○作った物をのせる皿や粘土べらを、子どもが自由に使うことができるように用意する。
○できた物は、棚に飾って余韻を楽しめるようにする。

○換気や室温・湿度の確認を、適宜行なっていく。

○落ち着いた雰囲気で遊ぶことができる遊具を用意する。

予想される幼児の活動

○登園する。
○挨拶をする。
○朝の支度をする。

○園庭や部屋など、好きな場所で遊ぶ。
　（ままごと、ボール、鬼ごっこ　など）
○粘土遊びでは、丸めたり手のひらでつぶしたり、細く伸ばしたりする。
○作った物を、餅やケーキなどに見立てたり、食べるまねをしたりする。

○手洗い、排せつ、着替えをする。
○昼食の準備をして食事をする。

○絵本『おもちのきもち』を見る。
○午睡をする。
○排せつ、手洗いを済ませ、おやつを食べる。

○帰りの支度をする。
○好きな遊びをする。
　（粘土、パズル、かるた　など）
○降園する。

保育者の援助

○温かい雰囲気で子どもを迎え、挨拶をする。
○子どもの体調や様子を確認する。
○遊びを見守ったり、一緒に遊んだりする。
○子どもの遊ぶ場所を把握し、安全に遊ぶことができるよう見守ったり、一緒に遊んだりしていく。
○興味をもった子どもが遊べるように、粘土のコーナーを用意する。粘土が寒さで硬くなっていたら、扱いやすいようにこねて柔らかくしておく。
○子どもが作った物を見立てたときは共感し、子どもと一緒に遊んでいく。お餅に見立てたときは、餅つきの体験とつなげたり、イメージを広げるような援助をしたりしていく。

○夕方は暗くなったり寒さが増したりするので、一緒に遊びながら楽しく過ごすことができるようにする。

反省・評価のポイント

★子どもが遊びやすいような遊具を構成できたか。
★粘土遊びを十分に楽しんでいたか。

第2章　子どもに合わせて計画を立てよう

12月

日の計画

1月の計画

友達への思いを大切に

生活

　新年を迎えた子どもたちは様々なことを体験し元気に登園をしてきます。休み中の出来事を保育者に話したい気持ちを受け止めていきましょう。中には、正月を家族で過ごし、生活が不規則になっている子どももいます。生活の流れにゆとりをもち、その子どもなりに生活のリズムを取り戻せるようにしていきましょう。

人との関わり

　この時期になると、友達とのやり取りを楽しみながら遊んだり、困っている友達に気付き、手助けしようとしたりする姿が見られるようになってきます。友達への思いや一緒に遊びたい気持ちを受け止め、環境を整えたり援助をしたりしていきましょう。

季節ごよみ

○門松や正月飾り、鏡餅などが飾られている。

○新年の挨拶を交わし、正月の雰囲気が感じられる。

○地域で正月の行事が行なわれている。

○風や空気が冷たく、吐く息が白い。

○冷たい風が吹き、寒さが厳しい日には、霜柱や氷が見られる。

○雪が降る日もある。

○インフルエンザなどの感染症が流行し始める。

遊びへの取り組み

寒さが厳しくなり、室内遊びが多くなりがちですが、冬の自然にふれたり、戸外で遊んだりする機会もつくっていきたいですね。

保育なるほど解説！

「異年齢児との関わりの良さ」

異年齢には、同年齢では見られない子ども同士の関わりがあり、乳幼児期の発達には、その両方が必要です。特に、家庭や地域で異年齢児との関わりが少なくなっている現代では、異年齢児との関わりの良さを改めて見直すことが大切です。そのためには、生活体験や発達が異なることによって生み出される活動の中で、子ども一人ひとりが経験していることを丁寧に読み取りつつ、それぞれに豊かな体験が得られる環境を工夫することが求められます。

1月の計画

1月 月の計画

※ねらい(… Ⓐ など)が、月案と週案で関連し合っていることを読み取ってください。

クラスづくり

○身の回りのことが一人でできたことに自信をもち、自分から進んで行なう姿を認めていく。一人ひとりの状況に合わせて声を掛けたり小さなことでも見逃さず褒めたりする。また、保育者や友達と正月の伝承遊びをしたり、たこ作りをしたりして正月の伝承遊びを知り、興味を高めていくとともに簡単なルールのある遊びを通して、友達同士での会話のやり取りにつながるような環境構成をしていく。

前月末・今月初めの 幼児の姿

生活

○年末年始の休み明けでもスムーズに園生活を始められる子どもが多い中、少し戸惑い泣く姿も見られる。

○衣服の着脱をした際に、困ったところを伝えて保育者に手伝ってもらいながら衣服を畳んでしまおうとする。

人との関わり

○休み中に経験したことを保育者や友達と話している。

○戸外で保育者や友達と体を動かして遊んだり、冬の自然の変化に気付いたりする。

遊びへの取り組み

○正月の伝承遊びのやり方を聞いたり見たりして、保育者や友達とやってみようとする。

○絵本や物語を見て、登場人物になり切ってごっこ遊びをする子どもがいる。

ねらい

○冬の身支度や身の回りのことを自分でしようとする。… Ⓐ

○自分のことを話したり相手のことを聞いたりして、やり取りを楽しむ。… Ⓑ

○戸外で体を動かすことを楽しむ。… Ⓒ

○正月の伝承遊びや行事の由来を知り、保育者や友達と一緒に遊ぼうとする。… Ⓓ

○絵本や物語に親しみ、お話や歌に興味をもつ。… Ⓔ

幼児の経験する 内容

○防寒着や衣服を畳んだりしまったりする。

○気温や体感で衣服の調節の必要性があることを教えてもらったり、自ら気付いて着替えをしようとしたりする。

○手洗い・うがいを自ら進んで行なう。

○"せきエチケット"(せきをするときのマナー)や鼻水の処理の仕方について聞き、自分でやってみようとする。

○休み中に経験したことを保育者や友達の前で話す。

○保育者や友達と会話のやり取りを楽しみながら、ごっこ遊びの簡単なルールを自分たちでつくる。

○たこ揚げや引っ越し鬼・ダンス・ゴム跳びなど体を温められる遊びをする。

○霜柱や氷・つららなどを見つけたり冬の自然の中を探険したりする。

○たこ作りや新年お楽しみ会に参加し、正月の伝承遊びを楽しむ。

○節分の由来を聞いて、興味をもって鬼の製作をする。

○親しみのある絵本や物語を見たり聞いたりして、役になり切って言葉や歌の繰り返しをして遊ぶ。

家庭・地域との連携
保護者への支援も含む

★気温が低くなり厚着になりやすくなるため、体温調節しやすい服装や動きやすい服装で過ごせるよう各家庭に呼び掛ける。

★休み明けで崩れがちな生活リズムを整えて、規則正しく生活ができるようことばがけをする。(食事、睡眠、支度 など)

★冬の感染症が流行する時季なので、子どもの体調の変化を丁寧に伝えていく。またマスクを使用する際は、紛失しても戻ってくるよう必ず記名してもらう。

健康・食育・安全 への配慮
養護の視点も含む

○おう吐・下痢の対処法を保育者間で話をしたり、確認したりしながら、すぐに対応できるようにしていく。

○日本の伝統的食文化(おせち料理、七草がゆ、鏡開きなど)を知り、興味・関心をもてるようにする。

○窓を開けたり換気をしたりすることで、室温・湿度を調節し快適に過ごせるようにする。
(暖房器具や加湿器を使用する場合も同様にする)

指導計画から学ぶ 保育力アップ

絵本や紙芝居を通して表現遊びを楽しめるように

子どもたちが気に入った絵本や紙芝居の言葉、歌を遊びの中に取り入れ、繰り返し遊びを楽しめるような環境の工夫を心掛けていきましょう。子どもが親しめる内容の絵本や紙芝居を選んで、保育者も一緒に物語の世界を楽しんでいきたいですね。イメージを大切に、子どもなりの表現を楽しめるような援助をしていきましょう。

環境の構成と保育者の援助

健康な体を作るために

○気温や活動の環境に合わせて衣服調節を知らせ、自分でも気付けるように「たくさん着ているから、暑いね」「外に出るのに寒くないかな?」などとことばがけをする。

○感染症の予防として、"せきエチケット"(せきをするときのマナー)やマスクの着用、鼻水の処理の仕方、手洗い・うがいなどを丁寧に行なえるよう働き掛けていく。

○保育者が率先して遊びに誘いながら、戸外でも全身を使った遊びが十分にできるようにしていく。

正月の伝承遊びや戸外遊びを楽しめるように

○簡単な正月の伝承遊びのやり方を知らせたり、一緒に遊んだりしながら興味を高めていけるようにしていく。

○遊びの仲立ちをしながら、子ども同士で簡単なルールを考えたり、発展させたりできるようにする。

○作ったたこを揚げて楽しさを味わえるように、遊び方に合った場所や環境構成を行なう。

冬の自然を感じたり季節の変化に気付いたりできるように

○吐く息が白く見えることや、風が冷たいことを知らせ、季節を感じられるようにする。

○戸外へ出掛け身近な自然事象に気付けるようなことばがけをしていく。

○気温が下がった日の翌日や雪が降った日には、戸外遊びや散歩に出掛け、霜柱を探したりできた氷を見たりして、冬の自然のおもしろさを感じて興味をもてるようにしていく。

お話や歌に親しみをもてるように

○親しみのある絵本や歌にふれる機会を多くもち、遊びや活動の中で、楽しめるように繰り返し行なっていく。

○絵本や物語からごっこ遊びにつながるように簡単に使える素材をコーナーの中に用意する。

○物語に関連した内容を取り入れた運動遊びやゲーム遊びを一緒に楽しめるようにする。

ゆったり過ごすために… ～園で長時間過ごすための配慮～

充実した時間を過ごせるように

○日が短くなり、室内で過ごす時間が長くなるので、ゲームや遊びを工夫する。

○こまやかるた・すごろくなど正月の伝承遊びをコーナーの中に用意し、友達同士で楽しめるようにする。

○感染症の広がりを防ぐために、室温調節・加湿・換気などをして、快適に過ごせるようにする。

保育者のチームワーク

★休み明けで崩れがちになる生活リズムを徐々に整えていけるように、個々への対応の仕方や保育環境の構成を保育者間で連携し、家庭へのことばがけをしながら、工夫していく。

反省・評価 のポイント

★冬の身支度などを自分でしようとしていたか。

★様々な正月の伝承遊びを知り、楽しむことができていたか。

★冬の自然事象に気付いて楽しめるような取り組みや、ことばがけができたか。

1月 週の計画

※ねらい（… Ⓐ など）が、月案と週案で関連し合っていることを読み取ってください。

前週・週の初めの 幼児の姿

○久々の登園を喜んで、保育者や友達と新年の挨拶を交わしたり、経験したことを話したりしようとする。

○寂しさや不安から、生活に必要な身の回りのことに時間がかかったり、遊びに入れなかったりする子どももいる。

ねらいと内容

○自分で身の回りのことをやろうとする。… Ⓐ

○自分の経験したことを保育者や友達の前で話す楽しさを味わう。… Ⓑ

○正月の伝承遊びを知り、遊びを楽しむ。… Ⓓ

・園生活の流れを振り返りながら、朝の支度や着替えなどを自分でしようとする。

・保育者や友達の前で休み中に経験したことを、話をしたり、聞いたりする。

・いろいろな正月の伝承遊びをしたり、たこやこまを作ったりする。

具体的な環境と保育者の援助

◆余裕をもった時間配分をしながら、園生活の流れを取り戻しやすいようにしていく。

○子どもたちの様子に合わせて、気持ちに寄り添い受け止めていくことで安心して過ごせるようにしていく。

○身の回りのことはできるだけ自分でできるように見守り、頑張っている姿を認めながら、必要に応じて励ましたり手伝ったりする。

◆ふだん遊び慣れている遊具と一緒に正月の伝承遊びを構成し、好きな遊びを選んで楽しめるようにしていく。

○正月の伝承遊びの遊び方を知らせたり、保育者が実際にやって見せたりして、興味をもてるようにする。
（こま、すごろく、かるた　など）

○子どもたちの話に耳を傾けながら、共感したり質問したりするなどして、やり取りを楽しめるようにする。また、その中で友達の話から共通の経験があったときには、仲立ちしながら子ども同士の会話が広がるようにする。

◆製作をするコーナーを設け、材料を用意しておく。
（たこ・こま作り）

○見本や材料を分けて準備しておき、作りたい物を選びながら作れるように見守っていく。

> たこ：画用紙（切れ目の線を書いた物）、ポリ袋、
> 　　　持ち手用の台紙、パス、たこ糸、はさみ、
> 　　　セロハンテープ、両面テープ　など
> こま：紙パック、爪ようじ、油性フェルトペン　など

○好きな模様を描いたり、はさみで切れ目を入れたりして、自分で作った喜びを感じられるようにする。

> 作り方（例）「くるくるたこ」
> ・画用紙にパスで好きな模様を描く。
> ・はさみで切れ目の線を切る。
>
> ・（保育者）持ち手付きのたこ糸を付けて完成。
> ※たこ糸の長さは調節し、持ち手に巻き付けておく。

反省・評価のポイント

★身の回りのことを自分でしようとしていたか。

★好きな遊びを選びながら、楽しんでいたか。

★伝承遊びのやり方を分かりやすく知らせ、十分に準備することができたか。

1月 週の計画

2週

1/13(月)〜18(土)

今週の予定 新年お楽しみ会

前週の 幼児の姿

○保育者や友達と一緒に正月の伝承遊びをして楽しんでいる。

○自分で作った物で遊ぶことを楽しんだり、友達の遊ぶ姿を見て他の遊びに興味をもったりする。

○手洗い・うがいの仕方を身につける。… Ⓐ

○戸外で体を動かすことを楽しむ。… Ⓒ

○新年お楽しみ会に参加し、正月の伝承遊びを楽しむ。… Ⓓ

・正しい手洗い・うがいの仕方を聞き、自分でやってみようとする。

・ダンスやゴム跳び、鬼ごっこなどの体を温められる遊びをする。

・自分で作ったたこを揚げたり、こまを回したりして、正月の伝承遊びをする。

◆いつでも遊べるコーナーづくりをしておき、正月の伝承遊びを引き続き楽しめるようにする。

○自分でたこやこまが作れるように素材を用意しておき、自分で作った物で遊ぶ楽しさを感じられるようにしたり、友達と一緒に遊んだりできるようにする。

○遊びを選べずにいたり友達の中に入れずにいたりする子どもには、声を掛けて気持ちを尊重しながら誘ったり、遊びを提案したりしていく。

○すごろくは年齢に合った簡単なルールの物を用意し、かるたは分かりやすい絵にしたり、必要に応じてカードの枚数を減らしたりして、遊びやすいようにしておく。

◆手洗い・うがいの話を聞いたり、子どもたちがどのように身につけているかを確認したりしながら、改めて感染予防のために大切であることを知らせていく。

○手洗い・うがいを見守りながら、できていることを褒めたり、必要に応じて声を掛けたりして、丁寧に行なえるようにしていく。

◆それぞれの遊びを十分に楽しめるように、遊びに合わせたコーナーを構成したり、保育者同士の連携を十分に図りながら安全な環境を整えたりする。

○ダンス、ゴム跳び、引っ越し鬼など、体を動かして遊ぶことで温まっていく感覚を感じていけるようにしていく。

（♪:『エビカニクス』『秘伝ラーメン体操』　『できるかな？　あたまからつまさきまで』）

○新年お楽しみ会では、正月ならではの話や歌、伝承遊びの紹介を聞いて雰囲気を楽しんだり、興味をもって参加できるようにしたりする。

○保育者が率先して戸外へ誘い、友達や異年齢児と一緒に遊びながら、関わりを広げていけるようにそばにいて見守ったり声を掛けたりしていく。

反省・評価のポイント

★正月の伝承遊びや体を動かす遊びを楽しんでいたか。

★遊びに合う広さの場所や物などの環境を整えながら、安全に配慮することができたか。

週の計画

3週 1/20(月)〜25(土)

今週の予定 避難訓練、身体計測、誕生会

※ねらい(… **A** など)が、月案と週案で関連し合っていることを読み取ってください。

前週の 幼児の姿

○自分の身の回りの物を進んで片付けようとする。

○保育者や友達と一緒に戸外で体を動かして遊ぶ。

○友達と簡単なルールをつくり、遊び方を決めたり遊ぶことを楽しんだりしている。

ねらいと内容

○冬の生活の仕方を知り、自分でやってみようとする。… **A**

○遊びの中で、冬の自然の変化に気付く。… **C**

○親しみのある絵本や紙芝居を見ながら、出てくる言葉や歌に興味をもつ。… **E**

・防寒具の後始末や感染予防に必要なことを知り、やろうとする。

・戸外へ出掛け、霜柱や氷を見つけたり、触れたりして冬の自然の変化を楽しむ。

・絵本や紙芝居の中に出てくる、言葉を言ったり歌をうたったりする。

具体的な環境と保育者の援助

○防寒具の着脱や片付けの仕方を覚えながら、自分で取り組む姿を見守り、満足感や喜びを感じて意欲を高めていけるようにする。

○感染症の予防として、"せきエチケット"(せきをするときのマナー)やマスクの着用、鼻水の処理の仕方、手洗い・うがいなどを丁寧に行なうように知らせていく。

◆戸外に出掛け、身近な自然に気付いたり、触れて楽しんだりして、興味をもてるようなきっかけづくりをする。
（水を入れた容器やぬれたタオルを置く、冬ならではの動物の姿や景色を写真や図鑑で見せる など）

○水が凍る不思議や触れたときの冷たさを子どもたちと共感し合いながら楽しむ。

◆いろいろなお話にふれて、子どもたちがイメージを膨らませたり、繰り返しの言葉などを楽しめるように絵本や紙芝居の内容や長さを考えて準備したりする。

○絵本の中に出てくる言葉や歌を使って、掛け合いを楽しんだり、遊びの中に取り入れたりして興味をもてるようにしていく。

○好きな絵本を選びながら、見て楽しむことや友達と一緒に共有してイメージを膨らませる機会を増やせるようにしていく。
（絵本：『てぶくろ』『三びきのやぎ』『どうぞのいす』『でんしゃにのって』 など）

◆子どもたちがなりたい物をイメージし表現できるように、簡単な素材を用意しておく。
（バンダナ、マント、帽子、バッグ など）

○絵本の中に出てくる人や動物など、好きな役になって遊ぶ姿を見守りながら、一緒に言葉を言ったり、歌をうたったりして遊びを広げていけるようにする。

反省・評価のポイント

★ごっこ遊びにつながるような働き掛けができたか。

★絵本や紙芝居などの言葉や歌を遊びの中に取り入れて楽しんでいたか。

★冬の自然事象に気付けるような働き掛けができたか。

1月 週の計画

4週 1/27(月)〜31(金)

今週の予定 [　　　　]

前週の 幼児の姿

○気に入ったお話の言葉を繰り返して言ったり、歌をうたったりしている。

○友達同士で誘い合いながら遊ぶが、互いに気持ちをうまく言葉にして伝え合えないこともある。

○自分の気持ちを言葉で表したり、相手の気持ちを聞いたりする。… Ⓑ

○冬の自然の変化に気付いて、見たり触れたりすることを楽しむ。… Ⓒ

○節分の由来を聞いて、興味をもつ。… Ⓓ

・戸外へ出て体を動かしたり、遊んだりして季節の変化を感じる。

・遊びや活動の中で、自分の気持ちを話そうとする。

・絵を見たり、節分の由来を聞いたりして、興味をもって製作する。

○遊びの中で自分のしたいことを言葉で表せるように見守りながら、子ども同士で「○○やろうよ」「○○いこうよ」などのやり取りができるように声を掛けて援助していく。

○うまく表現ができず、トラブルにつながるようなときには、相手の話を聞いたり、代弁したりして仲立ちになっていくようにする。

○困っている友達を見つけたり心配したりしている姿を受け止め、一緒に手助けをしたり、声を掛けたりしていく。

◆戸外遊びでは天候や気温に合わせて遊具を用意したり、体を動かしたりして、遊べるようにする。

○一緒に体を動かしながら、風の冷たさや吐く息が白く見えることに気付けるように保育者が声を掛けたり実際にやってみせたりする。

○霜柱を子どもたちと探し、発見した喜びに共感したり、踏んだときの音や感触を楽しんだりする。

○透明なカップ数個を用意しておき、水が氷に変わるおもしろさを感じたり、友達と一緒に見たりして興味をもてるようにしていく。

◆鬼の製作の材料を用意しておき、好きなパーツを選びながら、イメージした表情の鬼が作れるように様々な形を準備しておく。

> 準備物：画用紙→鬼の形に切った物、支え用
> 色画用紙(パーツ用白黒・○△□、長丸、長方形　など)
> のり、毛糸、パス、色を塗るときの台紙　など

○鬼が登場する絵本を見たり、歌をうたったりしてイメージが湧くようにする。

> 絵本：『まめっこぽりぽり　おにはそと！』
> ♪：『豆まき』『鬼のパンツ』

○のりを使う際には、適量を取って見せて、塗り方に戸惑う子どもにはまねながら塗れるように保育者も一緒にやっていく。

○一人ひとりの鬼の表情を見ながら、「かっこいい鬼だね」「優しい鬼の顔だね」など声を掛け、自分で作った喜びや達成感を味わえるようにし、飾ってみんなで見て楽しめるようにする。

反省・評価のポイント

★自分の気持ちを言葉で伝えようとしていたか。

★子どもたちの思いをくみ取り、仲立ちになることができたか。

★手洗い・うがいや鼻水の始末などをやろうとしていたか。

1月

日の計画

1/15（水）

ねらい
○新年お楽しみ会に参加し、いろいろな正月の伝承遊びを知る。
○友達と一緒に正月の伝承遊びを楽しむ。

内容
○正月の由来やいろいろな正月の伝承遊びを知る。
○作ったたこを揚げたり、様々な正月の伝承遊びをしたりする。

環境を構成するポイント	予想される幼児の活動	保育者の援助
○気温や湿度に合わせて、暖房や加湿器を調節しておく。 ○朝の支度がしやすいように、必要な物の準備をしておく。 ○好きな遊びが楽しめるようコーナーを構成し、遊具を用意して環境を整える。 好きな遊びが楽しめる環境図 （ホールor園庭） 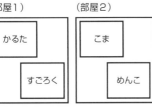 たこ揚げ （部屋1）　（部屋2） かるた　こま すごろく　めんこ ○スタンプラリーのカードは一人ひとりに用意し、シールを貼って回れるようにする。また、首に掛けるひもは、安全で邪魔にならない長さで作る。	○登園する。 ・朝の支度をする。 ○好きな遊びをする。 （ままごと、ブロック、パズル　など） ○片付けをし、排せつをする。 ○水分補給をする。 ○新年お楽しみ会に参加する。 ○正月の由来や正月の伝承遊びの紹介を聞く。 ○各場所に構成された伝承遊びをスタンプラリーで楽しむ。 （たこ、めんこ、こま、かるた、すごろく　など） ○手洗い・うがい、排せつをする。 ○食事の準備をして昼食を食べる。 ○紙芝居を見る。 （『としがみさまとおしょうがつ』） ○午睡をする。 ○おやつを食べる。 ○帰りの支度をする。 ○好きな遊びをする。 ○降園する。	○挨拶をしながら一人ひとりの健康状態を把握する。 ○朝の支度の様子を見守り、必要に応じてことばがけをしたり、援助したりする。 ○新年お楽しみ会では、正月にちなんだ紙芝居やペープサートなどで分かりやすく由来を伝える。 ○実際に正月の伝承遊びをやってみせ、遊び方やスタンプラリーで様々な所に遊びに行くことを伝える。 ○正月の雰囲気が味わえるように曲を流し、空き具合を見ながら子どもたちがスムーズに様々な所で遊べるようことばがけをする。 ○各コーナーに保育者がつき、遊び方を伝えたり、一緒に参加したりする。 ○たこ揚げは広くスペースを取り、ぶつかってけがにつながらないように、走る方向などを伝えていく。 ○新年お楽しみ会の余韻を楽しめるように紙芝居を読んだり、話をしたりしてゆったりと過ごせるようにする。

反省・評価のポイント
★新年お楽しみ会に楽しんで参加していたか。
★正月の由来や正月の伝承遊びを分かりやすく伝えることができたか。

1月

日の計画

1/27（月）

ねらい
○節分の由来を聞いて興味をもつ。
○身近な素材を使って、鬼の製作を楽しむ。

内容
○紙芝居を見たり節分の由来を聞いたりする。
○好きな色や顔のパーツを使って、自分だけの鬼を作る。

環境を構成するポイント	予想される 幼児の活動	保育者の援助
○気温や湿度に合わせて、暖房や加湿器を調節しておく。 ○朝の支度がしやすいような子どもの動線を考えておく。 ○登園時、子どもたちが目につく所に紙芝居や作っておいた鬼を置き、興味をもてるようにする。 ○鬼の形を描いた画用紙を用意しておく。 ○画用紙・パスの他に、顔などのパーツ（○□△　など）に切った色画用紙（黒・白）を多めに用意する。 ○鬼を飾るための支えを用意し、完成した子どもの作品にすぐに貼り付け、部屋に飾って見られるようにする。 ○新聞紙ボールはマスキングテープやビニールテープなどで補強し、広がらないようにしておく。 ○室温・湿度に配慮し、落ち着いた雰囲気で午睡できるようにする。	○登園する。 ・朝の支度をする。 ○好きな遊びをする。 　（ままごと、ブロック　など） ○片付けをし、排せつをする。 ○朝の会をする。 ・紙芝居を見る。 　（『まめっこぼりぼり　おにはそと！』） ・節分の由来を聞く。 ○鬼の製作をする。 ・鬼の形が描かれた画用紙に好きな色をパスで塗る。 ・目、鼻、口、まゆ毛のパーツを様々な形にのりで貼り付ける。 ・できあがった鬼を仕上げて飾ってもらう。 ・豆の代用として新聞紙ボールを作る。 ○片付けをする。 ○水分補給をする。 ○排せつ、手洗いをする。 ○昼食を食べる。 ○午睡をする。 ○おやつを食べる。 ○帰りの支度をする。 ○好きな遊びをする。 ○降園する。	○挨拶をしながら一人ひとりの健康状態を把握する。 ○朝の支度の様子を見守り、必要に応じてことばがけをしたり、援助したりする。 ○紙芝居を通して、節分の由来を分かりやすく伝える。 ○好きな色の鬼にして良いことを伝えて、思い思いに塗れるようにことばがけをする。 ○1つの形でいろいろなパーツになることを知らせ、子どもたちが置いたパーツに共感し、いろいろな鬼の表情ができあがるようにする。 ○完成した子どもとできあがった鬼を飾り、新聞紙ボールを一緒に作れるようにする。 ※新聞紙ボール作りは別日でもできるので、時間に余裕があれば行なう。

1月

日の計画

反省・評価のポイント

★節分の由来を分かりやすく伝えることができたか。
★好きな色やパーツを選び、自分なりの鬼の製作を楽しんでいたか。

2月の計画

友達との遊びが豊かになるように

生活

4月の進級を前に、クラス運営もまとめの時期に入ってきました。生活習慣や社会性の育ちなど、子ども一人ひとりの生活をしっかり見守り、豊かな体験を積んでいけるようにしていきましょう。

人との関わり

友達との遊びが盛んになり、やり取りを楽しんだりダイナミックな遊びへと発展したりしています。今まで使っていなかった遊具を活用したり、遊びに使う物を友達と一緒に工夫して作る場や材料を用意したりして、遊びが豊かになるような環境を整えていきましょう。

季節ごよみ

○寒い日には雪や氷、霜柱などの自然事象が見られる。木枯らしが吹く日もある。

○園内にヒイラギ、イワシの頭、豆殻などの飾りや鬼の面が飾られている。

○引き続き、インフルエンザなどの感染症が流行している。

○寒さの厳しい日が続く。

○ウメ、スイセン、ヒヤシンスなどが咲き始める。

○暖かな日もあり、寒さが厳しい日との気温差がある。

○木々が芽吹き始め、日だまりが暖かな日が増えてくる。

○園内にひな人形やモモの花が飾られている。

遊びへの取り組み

絵本や紙芝居から劇遊びに取り入れることも楽しいですね。イメージの広がりや表現活動を楽しむ中でも遊びが豊かになってきます。子どもからの発信を大切にして、保育者は子どもの思いを実現できるような保育の工夫を心掛けましょう。

保育なるほど解説！

「自立心を育む」

「自立」は幼児期に完成するものでなく、幼児期の「自分のことは自分でする」という「生活の自立」は、思春期の「自分の人生は自分で決めたい」という「精神的な自立」につながり、青年期の「経済的な自立」となるといわれています。幼児が、やりたいことがある中で、「生活していくために、しなければならないこと」を自覚して取り組み、それを成し遂げたときに味わう達成感が大切であり、そのことが自信となり、「自立しようとする心」につながるのです。

2月 月の計画

※ねらい(… Ⓐ など)が、月案と週案で関連し合っていることを読み取ってください。

クラスづくり

○様々な友達と関わる楽しさを味わい、クラスみんなでする活動に喜んで参加できるようにしたい。遊びの中で日頃から楽しんでいる表現活動を生活発表会へとつなげ、自分なりに表現するおもしろさが十分に感じられるようにする。
○雪や氷などの自然事象との出会いは、機会を捉えて見たり触れたりし、不思議を感じたり遊びに取り入れたりできるようにしていく。

前月末の 幼児の姿

生活

○保育者に手伝ってもらいながら、防寒着の着脱や衣服の調節をしている。

○手洗い・うがいを、保育者に見守られながら丁寧に行なおうとしている。

人との関わり

○たこ揚げやこま回しなどの正月の伝承遊びを、保育者や友達と同じ場で楽しんでいる。

○自分の思いを伝えたり、友達の思いを感じたりして、やり取りを楽しんでいる。

遊びへの取り組み

○親しみのある絵本や物語のイメージをもって、つもりになって動いたり話したりすることを楽しんでいる。

○追いかけっこやリズムなど、思い切り体を動かして遊ぶ楽しさを感じている。

ねらい

○園生活に見通しや期待をもち、自分の身の回りのことを進んで行なおうとする。… Ⓐ

○考えたことや感じたことを、動きや言葉で表現しながら遊ぶ。… Ⓑ

○戸外で体を動かしたり、ルールのある遊びを楽しんだりする。… Ⓒ

○身近な自然に親しみ、不思議やおもしろさに気付いたり季節の変化を感じたりする。… Ⓓ

幼児の経験する 内容

○健康に過ごすために、手洗い・うがいをすることが必要であることが分かり、丁寧に行なおうとする。

○保育者に見守られながら、防寒着の着脱や活動に合った衣服の調節をしようとする。

○遊具の安全な使い方が分かり、遊んだ後の場や物の片付けを保育者や友達と一緒に行なう。

○自分の思いを言葉や動きで表し、遊びに必要な物を作ったり身に着けたりする。

○歌声や楽器の音が、友達とそろう心地良さを感じる。

○親しみのある絵本や物語のイメージで、保育者や友達とやり取りをする。

○戸外で簡単なルールのある遊びをする。

○追い掛けたり追い掛けられたりすることを楽しみながら保育者や友達と関わる。

○ボールや縄を使って遊ぶ。

○吐く息の白さに気付いたり、雪や霜柱、氷に触れて遊びに取り入れたりする。

○栽培物の生長に気付き、開花を楽しみにする。

○豆まきやひな人形製作を通して、日本古来の文化に親しむ。

家庭・地域 との連携
保護者への支援も含む

★感染症の流行状況や症状について知らせ、手洗い・うがい、バランスの良い食事など、家庭と連携しながら規則正しい生活を築いていく。

★降園時やクラス便りで、これまでの遊びが発表会につながっている過程を知らせ、子どもたちの表現が伝わるようにする。

★保護者会では、子どもたちの一年間の成長を保護者と共に振り返り、クラス運営への理解や協力に感謝の思いを伝える。

健康・食育・安全への配慮
養護の視点も含む

○防寒着の着脱や衣服の調節など、気温や活動に応じた服装に気付けるよう言葉を掛ける。

○「節分の日」には、健康を願って豆まきをしたり、年の数だけ豆を食べたりする行事があることを知らせる。

○感染症が流行する季節なので、保育室の換気や湿度管理を行ない、機嫌や食欲など一人ひとりの体調を把握する。

指導計画から学ぼう　保育力アップ

自分の思いを表現しながら、意欲的に遊びに取り組めるように

遊びや生活の中で考えたことや感じたことが友達に伝わる楽しさやうれしさを感じ、ごっこ遊びの中でも思いやイメージを伝え合って進めるように援助していきましょう。戸外では、新しい鬼ごっこやゲームなど、クラスのみんなで楽しめる遊びの種類やルールを徐々に増やしていき、クラス全体で遊ぶ楽しさを味わえるようにしましょう。

環境の構成と保育者の援助

園生活に見通しをもち、身の回りのことに意欲的に取り組めるように

○身支度や片付けを自分でしようとする様子や一人でできた姿を認め、自信や満足感につなげていく。

○安全な遊具の使い方や、冬の安全な過ごし方について、子ども自身が気付けるよう言葉を掛ける。

自分の思いを表現する楽しさを味わえるように

○考えたことや感じたことが友達に伝わるうれしさが味わえるよう、一人ひとりの思いに寄り添いながら、必要に応じて仲立ちをする。

○遊びに必要な物を作る援助をしたり、マントやお面などの身に着けられる遊具を用意したりして、イメージしたもののつもりになって動いたり話したりすることが楽しめるようにする。

○保育者も一緒にごっこ遊びを楽しみながら、繰り返しのやり取りや関わりを楽しめるようにする。

保育者や友達と一緒に戸外での遊びが楽しめるように

○保育者も仲間になって「色鬼」や「しっぽ取り」などの簡単なルールのある遊びを楽しみ、追い掛けたり追い掛けられたりする楽しさに共感する。

○遊びたいときにすぐに遊びだせるよう、フープやしっぽなど遊びに必要な遊具は子どもの扱いやすい場に用意する。クラスの遊びとして繰り返し楽しめるよう、園全体の置き場とは別にかごなどにクラスで必要な数を構成する。

身近な自然に親しみやおもしろさを感じられるように

○水栽培の球根の根や、ツバキやスイセンなど季節の花に気付けるよう、目につきやすい場に置いたり飾ったりする。

○雪遊びでは保育者も一緒に遊びながら感触や楽しさに共感するとともに、滑りやすい場所では走らず歩くなど、安全な遊び方を伝えていく。

ゆったり過ごすために…　〜園で長時間過ごすための配慮〜

室内で長時間を安心して過ごすために

○室内で過ごす時間が長いため、異年齢児と関わったり、友達とじっくり取り組んだりできるような遊具を用意する。

○夕方になると気温が下がるので、カーペットを敷いたり室温を調節したりする。日没後も安心して過ごせるよう、音楽や自然物などを用意して、安心できる空間をつくる。

保育者のチームワーク

★食事量や遊びの様子など、体調に変化がないか報告や引き継ぎを丁寧に行なう。体調を崩して休んでいた子どもの様子も、保育者同士が連携して見守っていく。

反省・評価のポイント

★生活に見通しをもち、自分でできることは進んで行なっていたか。

★保育者や友達との関わり、一緒に表現することや体を動かして遊ぶ楽しさを感じられたか。

★季節の自然に親しめる援助や環境の構成ができたか。

2月

週の計画

1週

2/1(土)〜8(土)

今週の予定：節分、立春

※ねらい(… Ⓐ など)が、月案と週案で関連し合っていることを読み取ってください。

前週の 幼児の姿

○風邪やインフルエンザなどの感染症で欠席する子どもが増えている。
○自分で作った鬼のお面をかぶって遊ぶことを楽しんでいる。

ねらい○と内容●

○節分を通して日本古来の行事にふれ、興味・関心をもつ。… Ⓓ
○健康に過ごすために必要なことが分かり、身の回りのことを進んでしようとする。… Ⓐ
○自分なりの表現をしながら動いたり、楽器を鳴らしたりすることを楽しむ。… Ⓑ
・節分の由来を知り、保育者や友達と一緒に豆まきをする。
・遊んだ後や食事前の手洗い・うがいを自分から進んで行なう。
・自分の好きな役になって表現遊びをしたり、音楽に合わせて楽器を鳴らしたりすることを楽しむ。

具体的な環境○と保育者の援助◎

○ペープサートや絵本を用いて、節分の由来を分かりやすく伝える。また、子どもと一緒に、ヒイラギの葉に触れたり、イワシの匂いをかいだりして、日本古来の行事に興味・関心をもてるようにする。

　絵本：『おなかのなかに　おにがいる』
　　　　『おにの子あかたろう』
　　　　『せつぶんのひのおにいっか』
　♪：『豆まき』『おにのパンツ』　など

◆大きな鬼の絵を貼っておいたり、豆を作れるような材料を用意しておいたりし、遊びの中でも豆まきごっこを楽しめるようにする。
　（小さめの紙、升　など）

◆丁寧に手洗い・うがいをする習慣が身につくように、手順やばい菌を描いた絵表示を掲示しておく。

○子どもと一緒に表示を見ながら「ばい菌をやっつけようね」「せっけんのいい匂いがするね」などと声を掛け、水を冷たく感じる時季でも丁寧に行なえるようにしていく。

○自分の好きな役になって表現遊びをするときには、保育者も一緒に参加して楽しみながら子どもが伸び伸びと表現するおもしろさに寄り添っていく。

◆表現遊びをより楽しめるように、簡単な大道具や音楽などを用意しておく。
　（つい立て、草　など）

○生活発表会の内容を決めるときには、子どもの好きなごっこ遊びや歌などから題材を選び、ふだんの子どもたちの遊びの延長として発表できるようにする。

◆保育室の絵本棚に、繰り返しの内容の絵本を多めに用意しておく。

　絵本：『おおきなかぶ』『てぶくろ』『どうぞのいす』
　　　　『三びきのこぶた』『でんしゃにのって』　など

○歌声や楽器の音を鳴らす楽しさを感じられるように保育者も一緒に音楽に合わせて歌ったり楽器を鳴らしたりしながら共感していく。
　（鈴、カスタネット　など）

反省・評価のポイント

★節分に関する活動を通じて、日本古来の行事にふれることができたか。
★手洗い・うがいを進んで行なっていたか。
★子どものありのままの表現を受け止め、楽しめるよう援助ができていたか。

2月
週の計画

2/10(月)〜15(土)
2週

今週の予定　建国記念の日、生活発表会、保護者会

前週の 幼児の姿

○絵表示を見て、手洗い・うがいを丁寧に行なっている。
○保育者や友達と一緒に役になり切って動くことを楽しんでいる。
○豆まきや、鬼のお面をかぶって遊ぶことを通して、節分に関心をもっている。

○身近な冬の自然に興味をもち、見たりふれたりすることを楽しむ。… **D**
○保育者や友達と一緒に遊ぶ中で、多様な体の動きを楽しむ。… **C**
○ごっこ遊びや表現遊びに喜んで参加し、生活発表会への期待をもつ。… **B**
・氷や霜柱などを見つけ、おもしろさや不思議に気付いたり、遊んだりする。
・巧技台やボール遊び、縄跳びをして遊ぶことを楽しむ。
・保育者や友達と一緒に生活発表会に参加し、衣装や小道具などを身に着けて表現遊びを楽しむ。

○戸外を散策しながら氷や霜柱に触れ、感触や踏むときの音などを楽しんだり、遊びに取り入れたりする。
○ガラスの曇りや吐く息の白さに気付いたり、4・5歳児が見つけた氷を見せてもらったりして、冬の自然の不思議やおもしろさが感じられるようにする。
◆気温の下がる日には氷のできやすいアルミ製や金属製の容器に水を入れ、戸外に置いておく。
◆巧技台を組んでおいたり、子どもが自分で扱えるような遊具を遊びやすい場に用意したりし、繰り返し様々な動きを経験できるように環境を整える。
（ボール、フープ　など）
○縄跳びでは、保育者が縄を持ってヘビや波などをイメージしながら縄を動かして、子どもが跳びたくなる気持ちを引き出していく。
◆興味をもった遊びを繰り返し楽しめるように、ごっこ遊びの用具（スカート、マント　など）や素材（お面ベルト、棒　など）を子どもたちが扱いやすい場所に置いておく。
○身に着けるお面や衣装、大道具の一部分を子どもと一緒に作りながら、生活発表会を楽しみにする気持ちをもてるようにしていく。

◆生活発表会を楽しみにできるよう、降園時に「あと○回寝たら…」とカレンダーに表示を付けたり、4・5歳児の劇や合奏を見たり聞いたりする機会をつくったりしながら当日を楽しみにできるようにする。
○生活発表会当日は、いつもと違う雰囲気に戸惑う子どももいるので、和やかな雰囲気を心掛けたり、楽しんで参加できるように声を掛けたりして、その子なりの表現を認めていく。

反省・評価のポイント

★身近な自然に興味をもってふれることができたか。
★イメージした物を作り、遊びに取り入れて楽しめるような援助ができていたか。
★生活発表会で自分なりに表現することを楽しんでいたか。

週の計画

3週 2/17(月)〜22(土)

今週の予定 誕生会、身体計測、避難訓練

※ねらい（… Ⓐ など）が、月案と週案で関連し合っていることを読み取ってください。

前週の 幼児の姿

○氷や霜柱を見つけたり、触れたりして興味をもっている。

○保育者や友達と一緒にボール遊びや縄跳びなどで体を動かして遊ぶことを楽しんでいる。

○生活発表会では、自分なりに表現する楽しさを味わっている。

ねらいと内容

○自分の思いやイメージを、動きや言葉などで表現しながら遊ぶことを楽しむ。… Ⓑ

○保育者や友達と一緒に、体を動かして遊ぶ楽しさや心地良さを味わう。… Ⓒ

○身近な自然の変化に気付き、開花を喜んだり興味をもったりする。… Ⓓ

・生活発表会で経験した表現遊びを繰り返し楽しんで遊ぶ。

・引っ越し鬼や転がしドッジボールなどの簡単なルールのある遊びを楽しむ。

・スイセンの開花やヒヤシンスが生長する様子を見る。

具体的な環境と保育者の援助

◆生活発表会で使ったお面や衣装、道具などを取り出しやすい場所に置いておき、子どもたちが遊びたいときにいつでも使うことができるようにしておく。

○4・5歳児の劇を見て、興味をもった道具などを借りたり作ったりしながら遊びの中で子どもなりの表現を楽しめるようにする。また、4・5歳児に表現遊びを見てもらう機会をつくりながら、交流したり経験を広げたりしていく。

○保育者も仲間になって一緒に劇遊びを楽しんだり、お客さんになったりしてそれぞれの表現を受け止めていく。

◆寒い季節でも体を動かして遊ぶことで体が温まっていくことを実感できるように鬼ごっこなど繰り返し遊べる機会をつくる。

○簡単なルールのある遊びを通して保育者や友達と一緒に遊ぶことの楽しさを感じられるようにしていく。

（引っ越し鬼、転がしドッジボール、しっぽ取り、色鬼　など）

さんかく〜

○ルールが分かりにくい子どもがいるときには、一緒に動きながら楽しく参加できるようにする。

◆鬼ごっこで使うラインを引いておき、子どもたちがいつでも遊び始めることができるようにしておく。

○身近な自然に興味をもてるように、保育者が積極的に戸外へ出て、子どもたちと一緒に寒い季節に咲く花を見つけたり、香りをかいだりする。

（スイセン、ノースポール　など）

◆水栽培の球根を身近な場所に置き、子どもたちの目が向くようにする。

○栽培物の生長の様子を子どもたちと観察したり気付いたことに共感したりする。

（ヒヤシンス、クロッカス　など）

反省・評価のポイント

★思いやイメージを伝えようとしながら遊んでいたか。

★保育者や友達と一緒に体を動かして遊ぶことを楽しめるよう援助できたか。

★身近な自然に親しんでいたか。

2月 週の計画

4週 2/24（月）〜29（土）

今週の予定

前週の 幼児の姿

○4・5歳児に憧れの気持ちをもち、再現したり小道具や衣装を使ったりして遊ぶことを楽しんでいる。
○保育者や友達と一緒に、戸外で体を動かして遊ぶことを楽しんでいる。
○ひな人形を見たり、歌をうたったりしている。

○身の回りのことや片付けなどを進んでしようとする。… Ⓐ
○友達と一緒に遊ぶ中で、自分の思いを言葉で伝えようとしたり友達の思いを感じたりする。… Ⓑ
○ひな人形製作を通してひな祭りに興味をもち、作ることを楽しむ。… Ⓓ
・上着の着脱や、遊んだ後の片付けなど、身の回りのことは自分でする。
・思っていることを言葉にしたり、友達の言うことを聞こうとしたりしながら遊ぶ。
・自分のひな人形を作ったり、園内に飾ってあるひな人形を見たりする。

○上着の着脱を自分でしようとする姿を認めていきながら、難しいところはさりげなく援助していき、自分でできた喜びを感じられるようにする。
○遊んだ物を進んで片付けられるように、次の活動に期待をもてるようなことばがけをし、一緒に遊具を運んだり、きれいにすると気持ちが良いことを伝えたりする。

○遊びの中で一人ひとりの思いをくみ取り、伝えたら聞いてもらえることに気付けるようにしたり、相手の思いを聞く場面を設けることで、相手にも思いがあるということに気付けるようにしたりする。
○様々な友達と関わる機会がもてるよう、保育者が遊びの中に入ってつなげたり、子どもたちの様子を言葉にしたりしていく。

◆園内に飾ってあるひな人形を見て、ひな祭りに興味をもてるようにする。
◆千代紙や色画用紙などの材料を用意し、自分で好きな色や柄を選べるようにする。（着物、扇子、しゃく）
○ひな人形の着物や顔の表情など自分のひな人形を作ることを楽しめるようにする。

◆できあがったひな人形は子どもたちの目につきやすい場所に飾り、友達の作品も見ながら作った満足感を味わえるようにする。

 **反省・評価のポイント**
★身の回りのことや片付けを進んでしようとしていたか。
★自分の思いを伝えたり相手の思いを感じられたりできるような援助ができたか。
★ひな人形作りに楽しんで取り組めるような環境構成や援助ができていたか。

2月

日の計画

2/5 (水)

ねらい	○保育者や友達と一緒に、なりたい役になり切って表現することを楽しむ。 ○好きな遊びの中で、自分の思いを伝えたり友達の思いを感じたりする。
内容	○保育者や友達と、劇遊びの中でのやり取りを楽しんでする。 ○互いの思いを言いながら、楽しんで遊ぶ。

環境を構成するポイント	予想される幼児の活動	保育者の援助
○気温や湿度に応じて、暖房や加湿器で空調を調整する。 ○遊びに必要な物が自分で作れるよう、子どもの目に留まりやすい場に材料を用意する。 （空き箱、お面ベルト、広告紙を丸めた棒　など） ○気に入った友達と一緒にごっこ遊びが楽しめるよう、2～3人が集えるござや、場を仕切るパーティションを用意する。 ○保育室のウレタン積み木を子どもと保育者で一緒に運び、みんなが入ることのできる風呂を作れるようにする。 	○登園する。 ○挨拶、朝の身支度をする。 ○好きな遊びをする。 （室内：ごっこ遊び、製作　など 　戸外：砂遊び、追いかけっこ　など） ○片付ける。 ○排せつ、手洗い・うがいをする。 ○表現遊びをする。 ○絵本を見る。 　（絵本：『もりのおふろ』） ・ウレタン積み木で風呂を作る。 ・自分のなりたい動物になって、風呂に入ってくる。 ○片付ける。 ○排せつ、手洗い・うがいをして昼食の準備をする。 ○昼食をとる。 ○長時間保育の子どもは、午睡する。 ○好きな遊びをする。 ○絵本を見る。 　（絵本：『もりのおふとん』） ○降園する。	○笑顔で挨拶し、健康状態を確認する。 ○上着の着脱を自分で行なえるよう十分な時間を確保し、励ましたり見守ったりする。 ○製作では、作りたい物のイメージに添った援助をする。自分で作った物で遊ぶ楽しさに共感する。 ○園庭での遊びの仲間になって、体を動かして遊ぶ楽しさを感じられるようにする。 ○「今日は寒いから、温かいお風呂に入りたいね」など、表現遊びに参加したくなるような言葉を掛ける。 ○「背中を洗ってもらえませんか」「はい、いいですよ」など、繰り返しのやり取りのおもしろさや、保育者や友達とふれあう心地良さに共感する。 ○保育者が動物になり切って動いたり、ナレーションを担当したりしてイメージがもてるようにする。 ○降園時に、「明日は何の動物になろうかな？」などと話題にし、明日の登園に期待をもてるようにする。

反省・評価のポイント

★好きな動物になり切り、保育者や友達と一緒に表現遊びをする楽しさを味わえたか。

★一人ひとりの表現を受け止め、みんなで遊ぶ楽しさに寄り添えたか。

★一人ひとりの思いを受け止め、言葉で表す援助ができたか。

2月

日の計画

2/20 (木)

ねらい
- ○友達と一緒に遊ぶ中で、自分の思いを表したり、伝えようとしたりする。
- ○簡単なルールのある遊びを、クラスみんなで楽しむ。

内容
- ○遊びの中で感じたことや考えたことを、友達に言葉や動きで表す。
- ○保育者や友達と一緒に、しっぽ取りをする。

環境を構成するポイント

○生活発表会で使った衣装や用具、楽器などを保育室に用意しておき、ごっこ遊びでも使うことができるようにする。

○製作コーナーに、子どもが自分で扱うことのできる素材を十分に用意しておき、作りたい物に合わせて自分で選ぶことができるようにする。

○クラスでの活動が思い切り楽しめるよう、広い場を使うことを事前に他クラスと調整しておく。

○簡単なルールのある遊びを楽しめるよう必要な用具を用意しておく。
（しっぽ取りのしっぽ）

予想される幼児の活動

○登園する。
○挨拶、朝の身支度をする。
○好きな遊びをする。
（室内：ごっこ遊び、表現遊び、製作　など
戸外：砂遊び、追いかけっこ　など）
○片付ける。
○排せつ、手洗い・うがいをする。

○遊戯室に集まる。
○ネコとネズミのしっぽ取りをする。
・ネズミになってしっぽを付ける。
・ネコ（保育者）にしっぽを取られないよう逃げる。
・しっぽを取られたら、新しいしっぽを保育者に付けてもらう。
・保育者の仲間（ネコ役）になって、しっぽを取ることを楽しむ子どももいる。

○片付ける。
○排せつ、手洗い・うがいをして昼食の準備をする。
○昼食をとる。
○長時間保育の子どもは、午睡する。
○好きな遊びをする。
○絵本を見る。
（絵本：『よくばりすぎたねこ』）
○降園する。

保育者の援助

○笑顔で挨拶し、健康状態を確認する。
○朝の身支度の流れが分かり、自分から行なう姿を認める。

○生活発表会で経験したことを、繰り返し楽しむ姿を受け止める。親しみや憧れをもった他クラスの表現も、遊びに取り入れられるようにする。

○しっぽを取られてしまうことが不安な子どもも体を動かして楽しめるよう、ネコ役の保育者とネズミのお母さん（お父さん）役の保育者とに分かれ、しっぽを取られても何度でも付けてもらえるルールであることを知らせる。
○「（しっぽを）とった！」といううれしい気持ちや、"もう一回頑張る"という挑戦する思いを受け止める。
○遊びの中で友達とやり取りをする楽しさや、友達からの応答があるうれしさを感じられるよう、「ニャーニャー！」「チューチュー」などの声を掛けていく。

反省・評価のポイント

★友達と一緒に遊ぶ中で、自分の思いを表したり、伝えようとしたりしていたか。
★クラスのいろいろな友達と関わり、みんなで活動する楽しさを感じられるよう援助できたか。

3月の計画

進級への期待と喜びが感じられるように

生活

　3歳児の生活も最後の月となりました。4月初めは自分の思いがなかなか伝えられなかったり、支度に戸惑いがあったりした子どもたちですが、今では生活に必要なことはほぼ身につき、友達とやり取りをしながら遊びを楽しんでいます。遊びや生活で「自分でできる」といった自信を感じられるよう、子ども一人ひとりに応じた援助を心掛け、進級を楽しみに、期待をもって生活ができるようにしていきましょう。

人との関わり

　春の訪れを感じる季節です。日だまりの暖かさや草花に触れ、春探しをしたり、戸外でルールのある遊びやゲームなど友達と関わり遊ぶ楽しさを味わったりできるようにしたいですね。

季節ごよみ

○暖かい日もあるが、まだ肌寒い日もある。

○ホトケノザやオオイヌノフグリが咲いている。

○ウメの花が咲き、フキノトウが芽を出している。

○年長児は進級就学祝い会（修了式）の準備や練習に取り組んでいる。

○天気の良い日は暖かく、サクラのつぼみが膨らんでいる。

○チューリップの芽が出始めている。

○サクラの開花が見られる。

○暖かい日が増え、ダンゴムシやアリが活発に動き始める。

○新クラスへの移行に伴い生活の場所が変わる。

遊びへの取り組み

時には保育者間での連携を図り、異年齢児と交流する機会も設けていきましょう。

保育なるほど解説！

「進級する子どもたちへ」

子どもにとって大きいクラスは憧れであり、進級することに胸を膨らませています。したがって、この時期の指導計画作成では、その期待に応えつつ、子ども一人ひとりがその子なりに「大きくなった自分」を自覚して、自信をもって行動できる場や機会をつくっていくことが大切です。そこで得た「自分の力に対する信頼」が、新年度の新しい環境を受け止めて、これまでの環境との違いや段差をのり越えて、人や物との新たな関わりをつくりながら成長していく力になるからです。

3月 月の計画

※ねらい（… Ⓐ など）が、月案と週案で関連し合っていることを読み取ってください。

前月末の 幼児の姿

生活

○毎日行なう生活習慣が身についてきており、進んで行なおうとしている。

○遊具や用具を安全に使ったり、適切な場所に片付けたりしている。

人との関わり

○友達に自分の気持ちを伝えたり、相手の気持ちを聞いたりしながら遊ぶ姿が増えている。

○自分の気持ちや考えを自分なりの言葉で、保育者や友達に伝えようとしている。

遊びへの取り組み

○氷、雪、霜柱などの冬の自然に興味をもったり、遊びに取り入れて楽しんだりしている。

○友達と一緒にお面やマントなどを身に着け、ごっこ遊びを楽しんでいる。

ねらい

○身の回りのことを進んで行ない、見通しをもった生活をしようとする。… Ⓐ

○友達と遊んだり話したりすることを楽しみ、一緒に活動しようとする。… Ⓑ

○異年齢児と交流をもち、進級への期待をもつ。… Ⓒ

○ひな祭りに興味をもつ。… Ⓓ

○冬から春への自然の変化に気付く。… Ⓔ

幼児の経験する 内容

○登降園時の身支度、手洗い・うがい、排せつ、着替えなどを生活の流れの中で進んで行なう。
○保育室の遊具やロッカー、靴箱などを、保育者と一緒に掃除し、きれいにする。

○簡単なルールのある遊びを、クラスの友達と一緒にする。
○気の合う友達と一緒に、自分たちで好きなことを考えて遊ぶ。

○2歳児を保育室に招いたり、4歳児の保育室へ行ったりする。
○5歳児へのプレゼントを製作する。
○お別れ遠足（散歩）に行ったり、お別れ会、修了式などに参加したりする。

○ひな祭り会に参加し、飾ってあるひな人形を見たり、歌をうたったりする。

○日だまりの暖かさを感じながら、戸外で遊ぶ。
○木の芽やつぼみ、身近な草花などの自然の変化の様子を見つける。

家庭・地域との連携
保護者への支援も含む

★一人ひとりの成長の様子を、個人面談や連絡ノートなどで保護者に伝える。また、クラス全体の育ちについても、懇談会やクラス便りなどで知らせていく。
★進級にあたって変更がある事項（保育室の場所や持ち物　など）を早めに連絡し、保護者が安心して準備をして、新年度を迎えられるようにする。
★気候に合った服装で過ごせるよう、登園時の服装への配慮や、着替えの用意をお願いする。

健康・食育・安全 への配慮
養護の視点も含む

○朝夕の気温差があるので、室温や子どもの服装に配慮し、気持ち良く過ごせるようにしていく。

○お別れ会では、異年齢児との交流を楽しみながら会食ができるよう、食べやすいメニューを工夫する。

○インフルエンザ、胃腸炎などの感染症が、前月より続いていることが多いので、子どもへの手洗い・うがいの指導や、トイレの清掃などを丁寧に行なうようにする。

指導計画から学ぶ 保育力アップ

大きくなる喜びを感じられるように

3歳児の生活も集大成のときを迎え、一人ひとりの子どもが日常生活の様々な習慣に関して自発的に見通しをもって行なうなど、心身ともにたくましさが感じられるようになってきました。共に喜び、認め合える雰囲気を心掛けていきましょう。春の自然の中、存分に体を動かして遊び、異年齢児とも十分にふれあって楽しめるようにしていきましょう。

環境の構成と保育者の援助

見通しをもった生活ができるように

○身の回りのことを進んで行なおうとしている姿を認め、一人ひとりに合った援助をすることで、自信がつくようにする。

○登降園時の身支度や昼食の準備など、毎日繰り返していることは、動線を配慮した環境を整え、保育者が細かく声を掛けなくても、子どもが進んで行なえるようにする。

進級への期待をもてるように

○一年間使った遊具や保育室を自分たちできれいにし、次に使う3歳児が気持ち良く使えるようにという思いをもてるようにする。

○次に3歳児クラスになる子どもたちを招いたり、4歳児クラスへ遊びに行ったりすることで、クラスが変わり、進級することへの期待をもてるようにしていく。

○5歳児が就学することを伝え、楽しかった思い出を話したり、プレゼントを作ったりすることで、感謝やお祝いの気持ちをもてるようにしていく。

自分で気持ちを伝えることができるように

○遊びの中で気持ちがうまく伝えられない場面があったときは、子どもが自分で気持ちを話すことができるよう見守り、必要に応じて声を掛けたり、仲立ちをしたりする。

○体験したことや想像したことを自分なりの言葉で話したときは、気持ちに共感して、友達との遊びが豊かになるような援助へとつなげていく。

春の自然を見つけられるように

○日だまりの暖かさを感じられるよう、戸外で遊んだり、テラスにござを敷いて遊ぶ場所を用意したりする。

○モモの花やサクラのつぼみなど、身近な木々の変化を保育者と一緒に探し、冬から春への自然の移り変わりを感じられるようにしていく。

○タンポポ、オオイヌノフグリなど、身近な草花を見つけた喜びに共感し、子どもが興味をもって、春の自然物を楽しめるようにしていく。

ゆったり過ごすために… ～園で長時間過ごすための配慮～

異年齢児との遊びもたっぷり楽しんで

○4・5歳児と一緒に、空き箱製作や折り紙などをしたり、支度の難しいところを手伝ってもらったりすることで、年上の友達に憧れをもって遊びや生活を楽しめるようにしていく。

○食事の後は、体調に合わせて適切な午睡、休息を取るようにする。

○朝夕と日中では、気温差があるので、室温や子どもの服装に配慮して過ごせるようにする。

保育者のチームワーク

★異年齢児との交流の機会が増やせるように活動時間を話し合う。

★クラスや担任が変わっても、安心して過ごせるように、一人ひとりの遊び、生活、健康（アレルギー　など）について、情報を共有していく。

反省・評価 のポイント

★身の回りのことを進んで行ない、見通しをもって生活しようとしていたか。

★友達との関わりを楽しみながら遊んでいたか。

★進級への期待をもてるような配慮ができていたか。

3月

週の計画

1週 3/2(月)〜7(土)

今週の予定　ひな祭り会、お別れ遠足、避難訓練

前週の 幼児の姿

○気の合う友達と一緒に、ごっこ遊びや戸外での遊びを楽しんでいる。
○自分の思いを表そうとしたり、相手の気持ちも聞こうとしたりしている。
○ひな祭り製作をしたり、歌をうたったりしている。

ねらい○と内容・

○気の合う友達と一緒に簡単なやり取りをしながら遊ぶ楽しさを感じる。… Ⓑ
○クラスの友達や異年齢児と一緒に遊んだり行事に参加したりする楽しさを味わう。… Ⓒ Ⓓ
○ひな祭りに興味をもつ。… Ⓓ
・友達と一緒にごっこ遊びや、簡単なルールのある遊びをする。
・ひな祭り会、お別れ遠足（散歩）に参加する。
・ひな祭りの話を聞いたり、歌をうたったりする。

具体的な環境◆と保育者の援助○

◆様々な役になれるお面ベルトや、エプロン、ドレスなど簡単に身に着けられる物を、取り出しやすい場所に用意し、いつでも子どもが自分で遊びの用意をして、なり切って遊ぶことができるようにする。
（コック、運転士、動物　など）

○保育者も遊びの中に入りながら、「○○と○○、くださいな」など、言葉のモデルを示していくことで、友達同士でも簡単な言葉のやり取りをするおもしろさを感じられるようにする。

◆ひな祭り会の会場（遊戯室　など）に、それぞれのクラスで作ったひな人形を飾ったり、名前や表示を付けたりするなどして、自分のひな人形が飾られるうれしさを感じ、友達のひな人形にも興味をもてるようにする。
○ひな祭り会では、ひな祭りの楽しい話を分かりやすくペープサートや人形劇などで子どもたちに伝えたり、みんなで歌をうたったりして、伝統的な行事を子どもなりに身近に感じながら、楽しく会に参加できるようにする。
○自分たちがもうすぐ進級することを楽しみにする気持ちに共感し、4・5歳児も進級、進学するということに気付く姿を受け止め、様々な友達と一緒に楽しく過ごせるようクラスで話したり散歩をすることなどを提案したりする。
○異年齢児と一緒に手をつないで散歩に行くことで、身近な春の自然に気付いて共感し合ったり、草花や虫のことを教えてもらったりしながら、それぞれの子どもが異年齢児と過ごすうれしさを感じられるようにする。

反省・評価のポイント

★友達と一緒に遊びながら、やり取りをする楽しさを感じられるような援助ができたか。
★クラスの友達や異年齢児と一緒に過ごすうれしさを感じられていたか。

3月 週の計画

2週 3/9(月)〜14(土)

今週の予定 身体計測、お別れ会、誕生会

前週の 幼児の姿

○ひな祭り会に参加したり、お別れ遠足に行ったりして、異年齢児との交流を楽しんでいる。
○気の合う友達と一緒に簡単なやり取りをしながら遊ぶ楽しさを味わっている。
○5歳児が小学生になることに気付く様子が見られる。

○生活の見通しをもちながら、身の回りのことを進んでしようとする。… Ⓐ
○5歳児と楽しく過ごしたことを思い出しながら、感謝やお祝いの気持ちをもつ。… Ⓒ
○身近な春の自然にふれながら、戸外で過ごす心地良さを味わう。… Ⓔ
・身支度や着替え、上着の着脱や遊びの片付けなど、自分でしようとする。
・5歳児にプレゼントを作ったり、お別れ会に参加したりする。
・晴れた日には、暖かい日だまりで遊んだり、春の身近な草花に触れたりする。

◆好きな遊びをする中で、子どもと一緒に身近な素材で作った物をそれぞれかごに分けて置いておき、遊び始める際に子どもが取り出しやすく、また、子どもが自ら片付けをしやすくなるようにする。

（食べ物や看板、メニュー表、乗り物のハンドル、駅名を書いた表示　など）

○気温に応じて上着を着脱できるよう、様子を見ながらこまめに声を掛け、少しずつ、自分でも上着が必要か考えられるようにしていく。

○友達と一緒に遊ぶ中で、自分の思いや考えを言葉で伝えようとする姿を支えていく。「○○ちゃんの考え、すてきだね」「○○くんはどう思ったのか、聞いてみよう」と相手の思いにも耳を傾けようとする気持ちが芽生えていくようにする。

○5歳児との思い出をみんなで話し、"（5歳児の）遊びに誘ってもらった""○○してくれた"という楽しさやうれしさが膨らむよう援助する。

◆5歳児へ"ありがとう""おめでとう"の気持ちが伝わるよう、プレゼント作りに必要な物を準備する。

（色紙や小さく切った色画用紙などで花や手紙作り、ストローや毛糸を使ったネックレス作り　など）

○お別れ会では、5歳児とふれあいながら遊んだり、直接プレゼントを渡したり、一緒に昼食を食べたりするなどして、それぞれの子どもが気持ちを伝えたり楽しく過ごしたりできるようにする。

○晴れた日には戸外へ積極的に誘い、「ここは暖かいね」と伝え、日だまりで過ごす心地良さを感じられるようにする。

○木の芽やつぼみ、チューリップの変化などの身近な春の自然に気付けるよう、保育者も一緒に発見を楽しんでいく。

反省・評価 のポイント

★身の回りのことや片付けなどを進んで行なおうとしていたか。
★5歳児へ感謝やお祝いの気持ちをもてるような働き掛けができたか。
★春の自然にふれながら過ごす心地良さを味わえたか。

第2章　子どもに合わせて計画を立てよう

3月 週の計画

181

3月

週の計画

3週 3/16(月)〜21(土)

今週の予定 卒園式、大掃除

※ねらい(… Ⓐ など)が、月案と週案で関連し合っていることを読み取ってください。

前週の 幼児の姿

○生活の流れを感じて、生活に必要なことを自分でしようとしている。

○5歳児へのプレゼント作りやお別れ会など、5歳児とのふれあいを楽しんだり、お祝いの気持ちをもったりしている。

○積極的に戸外で遊び、春の自然にふれることを楽しんでいる。

ねらい（○）と内容（・）

○生活の流れを自分なりに理解しながら、身の回りのことを自分でしようとする。… Ⓐ

○友達とのつながりを感じながら、一緒に遊んだり、活動に参加することを楽しんだりする。… Ⓑ

○大掃除や部屋の飾り付けを通して、進級することを楽しみにする。… Ⓒ

・生活の流れを感じながら、身の回りの支度に進んで取り組む。

・友達とやり取りをしながら遊ぶことを楽しんだり、みんなで一緒にゲームをしたりして遊ぶ。

・大掃除をしたり、次の3歳児のために部屋の飾り付けをしたりする。

具体的な環境（◆）と保育者の援助（○）

○自分で取り組もうとする姿を認め、自分のことは自分でしようとするという習慣が身についていくように見守っていく。

○子ども一人ひとりの生活の様子を見直し、戸惑っていたり、生活の見通しをもつことが難しかったりする子どもには個別に丁寧に援助していく。

◆友達と一緒に遊ぶ楽しさを感じられるように、園庭に引っ越し鬼の線を引いたり、転がしドッジボールのコートを描いておいたり、カラー標識を使って場所を区切ったりして環境を準備しておく。

○鬼ごっこやかけっこ、ボール遊び、椅子取りゲームなど、今までみんなで一緒に楽しんできた遊びを友達と一緒に楽しめるように保育者も遊びに入りながら、周りの友達にも誘い掛け、友達とのつながりを感じられる活動を取り入れていく。

○体の動かし方が巧みになって、思い切り走る力がついてきていることを認め、一緒に喜び、自信につなげていく。

○友達と遊ぶ姿を見守りながら、思いを伝えようとする場面を大事にし、必要に応じて言葉を補ったり、仲立ちをしたりしていく。

○5歳児に優しくしてもらったことや、一緒に遊んでもらって楽しかったことを振り返る時間を設け、お祝いと感謝の気持ちをもって卒園式に参加できるようにする。

◆大掃除の際には、扱いやすいよう小さめの雑巾を絞って置いておく。

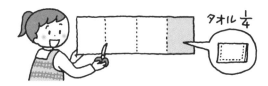

タオル 1/4

○次の3歳児が気持ち良く使えるようことばがけをしながら、今まで使っていたままごと道具やブロックなどの一つひとつを丁寧に拭けるよう関わっていく。

◆新学期から保育室を使う次の3歳児のために保育室の装飾を子どもと一緒に作る。

○新しい3歳児を招いたり、4歳児の保育室に遊びに行ったりする機会を設け、自分たちが一つ大きくなることのうれしさや進級への期待を感じられるようにしていく。

（絵本：『おおきくなるっていうことは』）

反省・評価のポイント

★生活の流れを感じながら、自分のことは自分でしようとしていたか。

★友達とのつながりを深められるような援助ができたか。

★5歳児へのお祝いの気持ちや、進級への期待をもちながら過ごしていたか。

 CD-ROM ▶ 📁 3月 ▶ 📄 3歳児_3月_3・4週の計画

3月 週の計画

4週　3/23（月）〜31（火）

今週の予定

前週の 幼児の姿

○友達とやり取りをしながら遊んだり、簡単なルールのある遊びを繰り返したりして楽しんでいる。
○卒園式に参加したり、大掃除をしたりして、進級することへの期待や喜びを感じている。

○自分の思いを自分なりの言葉で表しながら、友達と一緒に遊ぶことを楽しむ。… Ⓑ
○進級することに期待をもって遊んだり生活したりする。… Ⓒ
○積極的に戸外に出て遊び、春の訪れを感じる。… Ⓔ
・友達とのやり取りの中で、自分の思いを自分なりの言葉で伝えようとする。
・今まで使っていた保育室や遊具の整理をしたり、進級する部屋を見に行ったりする。
・戸外で体を動かして遊んだり散歩をしながら、戸外の暖かさを感じたり、芽吹きに気付いたりする。

○思っていることや考えていること、経験したことを自分なりに言葉にして表そうとする姿を認め、話したいという気持ちに共感し、受け入れていく。
○友達と誘い合ったり、自分の気持ちを伝えようとしたりしている姿を見守り、自分の思いが伝わらないときには、言葉の橋渡しをしたり、相手の気持ちを一緒に聞いたりして、友達同士のやり取りをつなげていく。
○保育室の片付けをしたり、一年を振り返る話をしたりしながら、「大きくなったね」ということを一人ひとりが実感できるようにしていく。
○進級する保育室のロッカーや靴箱の確認をし、安心して進級できるようにする。
○環境が変わることへの不安を感じる子どもや、いつもとは違った年度末の雰囲気に戸惑う子どももいるため、時間にゆとりをもって活動をしていく。

◆春の自然にふれられるよう、保育者も積極的に戸外に出て遊んだり散歩に出掛けたりする機会を多くもつ。また、自然の絵本を見える所に置いておく。
○日だまりでのごっこ遊びなどの際の、「あったかいね」という声に共感したり、テラスを利用して戸外の風に触れ

ながら過ごす心地良さを感じたりしながら、春の訪れを実感していけるようにする。

○散歩に出掛け、タンポポなどのいろいろな花を見つけたり、見つけた物を保育室に飾ったりしながら、みんなで春の訪れを感じられるようにしていく。

（歌：『春がきたんだ』『はるですね　はるですよ』）
（絵本：『はるって、どんなもの？』）

反省・評価のポイント

★自分の思いを自分なりの言葉にして表そうとする姿が見られたか。
★進級することへの期待感や不安感に寄り添い援助ができたか。
★春の訪れを感じながら遊ぶことを楽しめたか。

3月 日の計画 3/11(水)

ねらい
○散歩に出掛け、身近な自然にふれたり春の訪れを感じたりする。
○5歳児と手をつないで散歩に出掛け、一緒に遊ぶことを楽しむ。

内容
○木々の芽吹きや花を見つけたり、体を動かして遊んだりする。
○友達や5歳児と一緒に草花を見たり、ゲームをしたりする。

環境を構成するポイント

○前日、手をつなぐ5歳児と顔合わせをしておく。
○カレンダーに、5歳児が修了する日や4月から進級、進学することをイラストなどで示しておく。

○下見に行ったときに撮影した、木々の芽や花の写真を掲示する。

○春探しゲームでコーナーを回っていくためのカードとシールを用意する。

○カードは安全のため、たすきがけまたは腕輪にして身に付けられるようにする。

○散歩で見つけてきた草花をカップなどに入れて飾る。
○部屋の温度・湿度などに配慮し、落ち着いた雰囲気で午睡ができるようにする。

予想される幼児の活動

○登園する。
○朝の身支度をする。
○排せつをし、上着を着て、散歩の準備をして集まる。

○5歳児と手をつないで散歩に行く。
・街路樹や公園の木々の芽吹きや花を見る。
・公園で春探しゲームをする。
・カードに示された物を探し、見つけたらシールを貼ってもらう。
（○○色の物、生き物、花　など）

○園に戻り、手洗い・うがい、排せつをする。
○昼食をとる。
○絵本を読んだり歌をうたったりする。

○午睡をする。
○おやつを食べる。
○好きな遊びをする。

○帰りの支度をする。
（♪：『春がきた』）
○降園する。

保育者の援助

○朝の挨拶をして子どもたちを迎え入れ、健康状態や表情を把握する。

○道中の安全に配慮するとともに、必要に応じて道の端を歩くなど公共のマナーをことばがけする。
○植物や虫など、見つけた物を5歳児や友達と伝え合い、見つけた喜びを感じられるようにする。
○子どもが気付いたことに共感し、周りの子どもたちも気付けるようにことばがけをする。
○春探しゲームでは、5歳児と一緒に声を掛け合いながら、春の訪れを感じられるようなコーナーを構成する。
（花の色、葉の形、木々の芽吹き、生き物などに注目できるようにする）
○なかなか見つけられない物を友達に聞いたり、一緒に探したりできるように援助する。
○保育者は連携、分担しながら、安全に遊べるように配慮する。

○一日を振り返りながら、散歩を楽しんだことや見つけた物について話したり、来週の遊びを楽しみにしたりできるようにする。

反省・評価のポイント

★植物や虫を見つけたり、暖かさを感じたりしながら、春の訪れを感じられたか。
★5歳児とのふれあいや散歩を十分に楽しめるような援助ができたか。

3月

日の計画

3/16（月）

ねらい
- ○保育室や遊具の大掃除に進んで取り組み、心地良さや新年度への期待を感じる。
- ○自分の思いを表しながら、友達と一緒に遊ぶことを楽しむ。

内容
- ○大掃除に参加し、遊具を洗ったり拭いたり、雑巾掛けをしたりする。
- ○気の合う友達に自分の思いを伝えたり、友達の気持ちを聞いたりして遊ぶ。

環境を構成するポイント	予想される幼児の活動	保育者の援助
○大掃除がしやすいよう、ままごと遊具をまとめて置いたり、スペースを確保しておいたりする。 ○園庭で体を動かして遊べるように、遊びに必要なラインや遊具を用意しておく。	○登園する。 ○朝の身支度をする。 ○好きな遊びをする。 　戸外：砂遊び、鬼ごっこ、ボール遊び　など 　室内：ごっこ遊び　など	○挨拶をしながら子どもたちを迎え入れ、健康状態や表情を把握する。 ○身支度に進んで取り組んでいる姿を見守り、必要に応じて手助けをする。4月からの成長を一人ひとり認めることばがけをしていく。 ○イメージしたことや考えたことを友達に伝えられるように、言葉を引き出していく。また、友達の言葉に関心をもてるように援助していく。
○子どもが扱いやすいよう、小さい雑巾をぬらして絞っておく。 ○子どもが掃除をしやすいように棚を動かしたり、掃除が終わった物を片付けたりする。 ○雑巾をゆすぐたらいを用意しておく。滑らないよう、足拭きマットを敷いておく。	○片付けをする。 ○大掃除をする。 ・棚や床を雑巾で拭く。 ・雑巾をゆすぎ、保育者と一緒に絞る。 ・4歳児クラスの保育室を見に行く。 ○手洗い・うがい・排せつをする。 ○昼食をとる。 ○絵本を読んだり歌をうたったりする。 　（絵本：『おおきくなるっていうことは』）	○一年間、保育室で遊んだことや楽しかったことを話題にしていく。 ○進級してくる子どもたちが保育室を使うことを伝え、感謝の思いや次のクラスへの気持ちを込めて、丁寧に掃除ができるようにする。 ○保育者も一緒に掃除をしながら、きれいにする心地良さや楽しさに共感する。 ○大掃除後は、「きれいになったね」「新しいお友達も気持ち良く使えるね」と声を掛け、満足感や達成感につなげていく。
○大掃除をしてまとめた遊具の代わりに、絵本やパズル、小型積み木などの遊具を用意したり、きれいになった遊具を棚に戻して、また遊べるようにしたりする。	○午睡をする。 ○おやつを食べる。 ○好きな遊びをする。 ○帰りの支度をする。 ○降園する。	○4歳児の保育室を見に行き、遊びの様子や保育室の環境を見ることで、進級を楽しみにできるようにする。

反省・評価のポイント
- ★大掃除に意欲的に取り組み、きれいにする心地良さや新年度を楽しみにする気持ちを感じられたか。
- ★自分の思いを伝えたり、友達の思いを聞いたりしながら楽しめるような援助ができたか。

第2章　子どもに合わせて計画を立てよう

3月　日の計画

文章表現・文法チェック

指導計画など、文章を書いた後には、必ず読み返してチェックするようにしましょう。
気を付けておきたいポイントを紹介します。

である調 と ですます調 をそろえよう

一つの文章の中に、「である調」と「ですます調」を混在させると、統一感がなくなり、わかりづらくなります。しっかりとした印象を与える「ですます調」を場面に応じて使い分けるようにしましょう。

文 例

✕ 自分のしたい遊びがはっきりとしてきましたが、物の取り合いが増えてきている。

「である調」

○ 自分のしたい遊びがはっきりとしてきたが、物の取り合いが増えてきている。

「ですます調」

○ 自分のしたい遊びがはっきりとしてきましたが、物の取り合いが増えてきています。

並列 で 文章が続くときは…

同じ概念のものを並べて使うときには、「たり」や「や」を使います。そのとき、「〜たり、〜たり」と必ず2回以上使い、「や」も2回目以降は読点で区切るなどしておきましょう。

文 例

✕ 冬の冷たい風にふれたり、霜柱に触れて遊ぶ。

○ 冬の冷たい風にふれたり、霜柱に触れたりして遊ぶ。

✕ ミカンやカキやクリなど〜

○ ミカンやカキ、クリなど〜

「の」を置き換えよう

助詞の「の」が3回以上続くと文章が読みづらくなります。そこで使われている「の」にどのような意味があるか考え、置き換えられるものは置き換えることで、読みやすくしましょう。

文 例

✕ テラスの机の上の容器に、〜

○ テラスの机に置いた容器に、〜

主語 と 述語

文章の中で、「何が（誰が）」を示す主語と、「どうする、どんなだ、何が」にあたる述語が対応するようにしましょう。

文 例

✕ 保育者がそれぞれの話を聞いて受け止め、仲良く遊ぶ。

○ 保育者がそれぞれの話を聞いて受け止め、仲良く遊べるように手助けをする。

第3章 計画サポート集

ここでは、指導計画以外の様々な資料や計画例を掲載しています。
園全体で共通理解をもって進めていけるようにしましょう。

施設の安全管理

施設の安全管理チェックリスト

保育中の子どもたちの事故防止のために園内外の安全点検に努めると同時に、保育者間で共通理解を図る必要があります。下に示す一例を見ながら、あなたの園をイメージしてみましょう。

保育室

※園によって園内の設備は様々です。一例としてご覧ください。

出入り口

- □ ドアを塞ぐ物や開閉の妨げになる物は置かれていないか
- □ ドアを閉じたときに指を挟むことを防止できる（安全装置）ようになっているか

壁・天井

- □ 子どもの首にかかるようなひもやリボンなどはないか
- □ 掲示物やびょうなどが外れていないか
- □ 時計は固定されているか

床

- □ 床板は破損はないか
- □ 床板は滑りやすくなっていないか
- □ 押しピン、ガラスなど危険物を放置していないか

備品

- □ ロッカーの上に重い物や落下して壊れる物（花瓶や絵本や図鑑）が置かれていないか
- □ ピアノは固定されているか
- □ ピアノの上に物が載っていないか
- □ 椅子の重ね方は高すぎないか
- □ 椅子の片付け収納の場所は子どもの行動の妨げにならないか

遊具

- □ 積み木やブロックは落下の危険がない高さになっているか
- □ 発達に応じて遊具や用具が置かれているか

Ex. 3歳児：はさみを机の上で取って使えるように、机上に立てて管理する。
4歳児：壁掛けホルダーを使用して、製作コーナーの付近に用意する。
5歳児：自分の道具箱で管理する。

教材

- □ 紙類の整理はされているか、床に落下しているものはないか
- □ 子どもの作った作品は整理して置かれているか
- □ 紙や素材は床に落ちていないか

水道とその周辺

- □ 蛇口の開閉はスムーズであるか
- □ 清潔に保たれているか
- □ 排水の状況は良いか
- □ 石けんは補充されているか
- □ 給水用のマットは安全に置かれているか

電気

- □ コンセントは安全に使われているか
- □ スイッチに不具合はないか
- □ 照明に不具合はないか

窓・ベランダ

- □ 身を乗り出すことを可能にするような高さのある台や物が窓の下やベランダに置かれていないか
- □ ベランダに落下物になるような物が出したままになっていないか（ほうき・ちり取りなど）
- □ 飛散防止フィルムは剥がれていないか

ホール

- □ 不要なもの・危険なものはないか
- □ 巧技台や体育用具など、安全点検がなされ、安全に保管されているか
- □ 時計や掲示物は落ちないように固定されているか
- □ 床がぬれて滑りやすくなっていないか、汚れていないか

☑チェックリストの使い方

このチェック項目は、月に1回の定期的な点検に向け作成されたものです。付属のCD-ROM内のデータには、貴園の環境に合わせて書き換えていただけるように一覧になっています。貴園に合わせてアレンジする過程で、保育中のヒヤリ・ハッとする場や園独自の設備、災害時の安全も含めて話し合いましょう。また、日常の点検の参考資料としてもお役立てください。

園庭

※園によって園内の設備は様々です。一例としてご覧ください。

共通チェック

- □ 不要な物・危険な物は置いていないか
- □ 危険な物など放置していないか
- □ ぬれて滑りやすくなっていないか、汚れていないか

園庭

- □ 遊具が動線を塞いでいないか
- □ プランターの置き場所や畑は安全か
- □ 周辺の溝に危険物はないか
- □ 溝の蓋は完全に閉まっているか、また、すぐに開けられるか
- □ 石・ごみ・木くず・ガラス破損など、危険物はないか
- □ でこぼこや穴はないか

避難経路

- □ 危険物などがなく、正常に通行できるか
- □ 非常口の表示灯はついているか

駐車場

- □ 周りの柵や溝の蓋が破損していないか
- □ マンホールの蓋は完全に閉まっているか
- □ マンホールの蓋は、すぐに開けられる状態になっているか
- □ 石・ごみ・木くず・ガラス破片など、危険な物は落ちていないか

固定遊具

- □ 腐食や破損はないか
- □ ネジの緩みはないか
- □ 落下したときのクッションはあるか

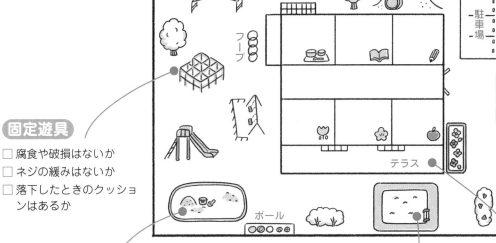

砂場

- □ 砂の状態はよく、砂の中に危険物・汚物（とがっている物、ネコのふんなど）はないか
- □ 遮光用のテントがあるか
- □ 保護ネットはあるか

廊下

- □ 消化器は指定場所に安全に設置されているか
- □ 通路を塞ぐ物はないか

プール

- □ プールの周辺に不要な物、危険な物はないか
- □ 遮光用のネットがあるか
- □ プール監視役の体制は整っているか

テラス

- □ 不要な物・危険な物は置いてないか
- □ ぬれて滑りやすくなっていないか、汚れていないか（雨の日は特に注意しましょう）
- □ 紫外線を遮るテントやグリーンカーテンがあるか

健康支援

子どもの生命の保持と健やかな生活の確立は、保育の基本となります。子ども一人ひとりの健康状態、発育・発達の状態に応じて、心身の健康増進を図り、疾病等の対応に努めましょう。ここでは、2つの保健計画例を紹介します。

健康支援のポイント

❶ 常に健康観察を
常に、子ども一人ひとりの健康状態を把握しておきます。常に子どもの健康状態に気を配り、きめ細かな観察を心掛けましょう。

❷ 早期発見で適切な対処を
早期発見と適切な処置が求められます。嘱託医など、医療機関とも連携を取り、迅速に対応してもらえるようにしておきましょう。

緊急です！

❸ 保護者や保育室との情報共有
子どもの健康状態や体質などについてできるだけ、保護者と情報共有をしておきます。全職員が見られるように記録に残し、適切な処置を取れるように話し合っておきましょう。ふだんの様子を把握しておくことが、異状のときに正しい判断につながります。

この子は・・・・

健康観察チェックポイント

子どもの健康状態を把握するために、
毎日の健康観察を欠かさず行ないましょう。

耳
- □ 耳だれがある
- □ 痛がる
- □ 耳を触る

顔・表情
- □ 顔色が悪い
- □ ぼんやりしている
- □ 目の動きに元気がない

目
- □ 目やにがある
- □ 目が赤い
- □ まぶたが腫れぼったい
- □ まぶしがる
- □ 涙目である

喉
- □ 痛がる
- □ 赤くなっている
- □ 声がかれている
- □ せきが出る

鼻
- □ 鼻詰まりがある
- □ くしゃみがある
- □ 息づかいが荒い

口
- □ 唇の色が悪い
- □ 唇、口の中に痛みがある
- □ 舌が赤い
- □ 荒れている

皮膚
- □ 赤く腫れている
- □ ぼつぼつと湿しんがある
- □ カサカサがある
- □ 水疱、化膿、出血がある
- □ 虫刺されで赤く腫れている
- □ 打撲のあざがある
- □ 傷がある

胸
- □ 呼吸が苦しそう
- □ せき、喘鳴がある
- □ せきで吐く

食欲
- □ ふだんより食欲がない

お腹
- □ 張っていて触ると痛がる
- □ 股の付け根が腫れている

便
- □ 量、色、硬さ、回数、臭い、下痢、便秘などいつもと違う

尿
- □ 回数、量、色、臭いがいつもと違う

睡眠
- □ 泣いて目が覚める
- □ 目覚めが悪く機嫌が悪い
- □ 眠りが浅い

参考：2012 改訂版　保育所のおける感染症対策ガイドライン
（厚生労働省・平成 24 年 11 月）

保健年間計画

【保健目標】	1．健康な心と体をつくる
	I　期　（4〜5月）
目標	・心身ともに安定して過ごす ・生活リズムをつくっていく
実施内容	・登園時と長時間保育前に健康チェックを行ない、保育中の観察、家庭との連絡等により子どもの健康状態を把握する ・新しい環境での生活による疲れに注意する ・室内の衛生・消毒・換気の管理、テーブルと椅子の配置状況に留意する ・気温差、運動後等衣服の調節をする ・園庭および室内の安全点検を行なう ・入室時、食前食後に行う手洗い、うがいを指導する
保健活動	4月　春の定期健康診断 4月　身体測定（胸囲、頭囲含む） 5月　身体測定（身長・体重） ・月1回身体測定 ・月1回頭髪チェック ・健康教育
家庭との連携	・新入園児保護者への健康指導、保健活動の説明 ・生活リズムを整えるための生活指導 ・体調不良、肥満、アレルギー等の個別相談、指導 ・健診結果記載健康連絡カード配布 ・月1回身体測定表配布 ・健康関係、感染症発生状況、検診のお知らせ等の掲示 ・園だよりに「保健のはなし」掲載
幼児向け健康教育	4月　目に見えない菌て何だろう 　　　「手洗い・うがい指導、せき・くしゃみをするとき、トイレの使い方」 5月　虫歯をやっつけろ 　　　「歯科、口腔内衛生指導」
職員研修	4月　感染経路を学び、感染防止と対策について理解を深める

◎ CD-ROM ▶ 📁 計画サポート集 ▶ 📄 保健年間計画

子どもたちの健康管理のために園で取り組む内容の年齢別年間計
画表の一例です。全職員が確認できるようにしておきましょう。

２．衛生的な生活をする	３．安全に過ごす	４．自分の体に関心をもつ
Ⅱ　期　（６月〜８月）	Ⅲ　期　（９月〜12月）	Ⅳ　期　（１〜３月）
・夏を元気に過ごす ・自分の体を知り、自主的な健康管理をする	・活動を通して寒さに慣れる ・戸外で遊び丈夫な体をつくる ・感染症の予防を知る	・戸外で体を動かし元気に過ごす ・進級・就学に向けて生活を整えていく ・自分や他人を大切にする気持ちを育てる
・梅雨期の健康と衛生に注意する ・睡眠、休息を十分に取れるようにする ・室内の温度、湿度を適切に保つ ・汗の始末や着替えを行なうよう指導する ・シャワーを浴びて清潔に保つ ・皮膚疾患の予防と早期発見に努める ・衛生的で安全なプールの管理を実施する	・気温や運動後等に合わせ衣類を調節する ・戸外活動の増加にあたり、事故やけがの防止に努める ・室温、湿度調節や換気の状態に留意する （温度 20 〜 22℃、湿度 60％を目安） （気温、体調に応じて配慮する） ・うがい・手洗いの大切さを指導する	・室内と戸外の衣類を調節する ・暖房中の換気や室温、湿度を適切に保つ ・流行性疾患の発生に注意し、職員・保護者で情報を共有しながら迅速に対応する ・うがい、手洗いの習慣を身につけるようにする ・進級・就学に向けて情緒の安定に努め、生活を整える
6 月　下旬よりプール開始 6 月　歯科検診、眼科検診、耳鼻科検診 ・プール消毒剤、残留塩素濃度測定器の整備 ・プール清掃、危険な場所と危険物の点検 ・月１回身体測定（身長・体重） ・月１回頭髪チェック ・健康教育	10 月　秋の定期健康診断 10 月　身体測定（胸囲、頭囲を含む） ・月１回身体測定（身長・体重） ・月１回頭髪チェック ・健康教育	3 月　新入園児面接・健康診断 ・月１回身体測定（身長・体重） ・月１回頭髪チェック ・健康教育
・プール遊び実施に向けての注意、指導 ・夏を健康に過ごすための生活指導 （体調管理、スキンケア　等） ・プールカード配布 ・月１回身体測定表等配布 ・園だよりに「保健のはなし」掲載	・薄着と健康な体づくりについて指導 ・健診結果記載健康カード配布 ・月１回身体測定表配布 ・園だよりに「保健のはなし」掲載	・冬に多い感染症について注意喚起 （インフルエンザ、感染性胃腸炎等） ・子どもの１年間の成長・発達を個別に通知 ・身体測定表配布 ・５歳児健康カード返却 ・園だよりに「保健のはなし」掲載
6 月　楽しくプールに入ろう 　　　「プール開始前の健康管理と安全指導」 7 月　暑い日の過ごし方 　　　「水分補給、汗の始末、休息等健康管理」 8 月　元気に過ごす秘密 　　　「生活リズムについて知る」	9 月　けがをしたとき、具合が悪いとき 　　　「危険な場所と行動、血が出るわけ」 10 月　目を大切にしよう 　　　「目の働きと目を守るためにすること」 11 月　風邪をひかないために 　　　「うがい・手洗い指導で実際に体験する」 12 月　動物になって跳んで、転がって動こう 　　　「敏しょう性や関節の動きを知る」	1 月　食べ物の旅 　　　「体内の仕組みと排便の大切さを知る」 2 月　鼻と耳が大切なわけ 　　　「鼻のかみ方、かんだ紙の始末について」 3 月　みんな心も体も成長したね！ 　　　「自分の１年間の成長を知り、相手の心と体を大切に思う気持ちを育む」
6 月　安全な水遊びと感染症の対応	9 月　運動によるけがを防止する 11 月　下痢・嘔吐の処理方法を学ぶ	2 月　就学、進級等環境の変化と心身の安定

避難訓練

災害時の行動の仕方を身につけさせるためには、信頼関係のもとに子どもが保育者の指示に従い、一人ひとりが落ち着いた行動が取れるようにすることが大切です。また、避難訓練は、非常時に保育者や職員が落ち着いて状況を把握し、判断し、子どもを誘導できるかの訓練であることを自覚して行ないましょう。

（参考文献　幼稚園教育要領解説）

避難訓練のポイント …… 保育者が意識すること

❶ 不安や恐怖心を与えない

まず、保育者自身が落ち着いて指示を与えることが大切です。非常ベルを怖がるときは、園内放送や言葉で伝えます。避難方法に慣れさせておくなど、子どもたちが混乱しないように考えます。

❷ 職員間の話し合いを大切に

想定しておくべき事態や避難方法など、職員間で意見を出し合い、共通認識をもてるようにしましょう。避難訓練後、今回はどうだったか、改善できるところはあるかなどを振り返り、万一に備えて備蓄します。

❸ 地域の諸機関と連携を

地域の医療機関や消防署、警察署、区役所などの統治機関、また、地域住民と協力し、緊急時に地域一体となって、子どもたちを守る体制を整えておきましょう。緊急避難時の経路も話し合っておくといいですね。

避難訓練のポイント …… 子どもが身につけること

いろいろな災害があることを知り、避難の仕方が分かって行動する

❶ 話を聞いて必要なことに気づく

❷ 分かったことを基に予測し、見通しをもって行動する

❸ 自分の命を大切にする気持ちをもつ

幼児の防災って？ …… 日頃の意識と指導が大切です！

地震や火災など、命に関わる災害は、いつ起こるか分かりません。日頃から防災意識をもって、いざというときに備えましょう。

3歳児の防災訓練

ねらい：保育者との信頼関係のもとで、いろいろな避難の仕方を知り行動できるようになる

日頃の保育の中で、信頼関係を結ぶことを大切にし、避難訓練が必要なことを具体的に分かりやすく知らせていくようにします。その上で、いろいろな災害に応じた避難の仕方を正しく教えていくことが必要になります。

保育者と一緒に行動する中で、分かるようにする

保育者との信頼関係のもとで、災害時に身を守ることが必要であるということが分かっていくように、経験を重ねていくことが大切です。保育者と一緒に行動をすることが大切だということを日常の保育の中で知らせるとともに、避難訓練では一つひとつ必要な動作を身につけることができるように繰り返し知らせていきます。

> Ex. 身を守るために必要なダンゴムシのポーズ、防災頭巾のかぶり方、机のへの入り方を保育者と一緒に避難訓練時だけでなく、幼児の様子に応じて身につくように機会を作っていくことも必要です。

一人ひとりの特性を配慮して

特に入園から半年過ぎまでは、職員間で一人ひとりの幼児の特性に応じて避難のときに必要なことを共有することが必要です。その子なりの経験を踏まえて、「先生と一緒に○○をすることで、大丈夫！」と安心させるとともに具体的な予測がもてるように対応をしていきます。そのためには、避難訓練の後に振り返りをすることで個々に必要な対応を共有していきます。

命を守ることの大切さを知らせる

避難訓練時だけではなく、命の大切さを3歳児なりに気が付く機会を日常の中でつくっていきます。子どもたちが混乱しない方法を考えます。

避難訓練年間計画

定期的な避難訓練の年間計画の一例です。貴園の想定しうる災害に備えて作成してください。

月	時	想定	ねらい	訓練方法	備考
4	午前	地震 火災	○避難時の約束事を知る。 ○地震・火災発生放送の内容をよく聞く。 ○幼児クラスの子どもは職員の笛の合図で集まる。	○その場で「ダンゴムシのポーズ」になる。 ○放送の指示に従って安全に避難する。 ○「お・か・し・も」の約束を知らせる。	○消防企画に基づき、任務、訓練方法を確認、係分担を行なう。 ○全職員が放送機器の使用方法を確認し、使用方法を知る。 ○消火器置き場の確認、非常持ち出し袋、帽子、靴の確認。 ○防災頭巾の使用。
5	午前	総合訓練 地震 起震車体験 消火訓練	○地震の揺れを体験しながら身を守る方法を知る。 ○火災発生時、避難放送を静かに聞き、指示を待って慌てずに行動する。（職員の訓練） ○消火器の扱い、連絡系統の確認を行なう。	○非常放送により避難する。 ○起震車に乗り、地震の揺れを体験する。 ○「お・か・し・も」について確認。 ○消防署からの訓練の指導を受け、消火訓練をする。	○避難時の安全行動を知らせる。 ○防災頭巾の使用。 ○起震車体験（各自治体の防災課へ起震車の出動を依頼）。 ○避難場所への連絡を行ない、連携を図る。
6	午前	洪水・津波	○水害時の避難の仕方（避難経路）を知る。 ○安全な高台に歩いて避難する。	○5歳児クラスの子どもは、洪水時の避難場所に行く避難訓練をする。	○避難場所へ計画経路を通って移動する。（近隣機関への連絡） （職員の訓練）○防災知識、及び、災害図上訓練。
6	午後	救急法	○（職員の訓練）○水による事故の防災と応急救護の訓練をする。	○消防署員から、緊急時の応急救護の指導を受ける（プール開き前）。	○職員対象、AEDの取り扱いや救命救急について学ぶ。
7	午前	地震	○水遊び・プール遊び、戸外でも慌てず指示を聞いて安全な場所に避難する。	○水遊び中（無防備な体勢）に地震発生を想定し、けがのないように安全な場所に誘導する。	○水遊び中の訓練。肉声で伝える。 ○体を保護する物を素早く用意。
7	土曜の午前	地震	○（職員の訓練）○平常と違った環境でも慌てず機敏に行動する。	○土曜の保育室、保育者、異年齢児保育の中で、臨時職員と行なう。	○土曜当番の決定後、訓練担当者を決める。
8	午前	台風・竜巻	○指示に従い、安全に避難する。	○ドアや窓を閉め、これらから離れた場所に移動する。	○扉や窓のガラスには飛散防止フィルムを貼っておく。 ○戸外にいる場合は、素早く園舎内に入る。 ○ガス、水道、換気扇などを止める。
9	午前〜夕方	総合訓練 大地震・津波	○避難場所で安全に過ごし、迎えを待つ。 ○地震の怖さを知る。 ○園外でも慌てず指示を聞いて落ち着いて安全な場所に避難する。 ○災害時の食事について知る。園庭で食事をする。	○放送を聞き、保育者の指示に従って安全に避難できるようにする。 ○「お・か・し・も」の約束を守って安全に一時避難場所に誘導する。 ○避難場所・経路の確認（4・5歳児）。 ○地域の避難場所では勝手に動かず、保育者と共に迎えを待つ。 ○引き取りの時間・引き取り者の氏名を厳重に確認し、確実に引き渡す。	○警戒宣言発令。 ○非常用品、食糧の点検。非常食の試食をする。 ○慌てず的確な判断で放送を指示し、落下物に注意し、安全に一時避難場所に誘導する。 ○確実に保護者に引き渡す。 ○保護者の帰宅困難も視野に入れ、職員の動きを確認する。
10	昼寝時	地震〜火災	○昼寝時に保育者から声を掛けられ、目覚めて布団をかぶって身を守れるようにする。 ○避難時の約束が身につき敏速に避難ができる。	○落下物に注意し、毛布などで頭部を保護できるようにする。 ○指示に従い出火場所を避け、約束を守って素早く避難できるようにする。	○昼寝中の訓練。
11	午前	防犯訓練	○不審者が今にも侵入しそうなときに、保育者から口頭で合い言葉を聞いて速やかに安全な所へ避難する。	○警察官の派遣を依頼し、不審者対応やさすまたの使い方の指導を受ける。関連機関への連絡方法の確認（職員対応）。	○職員対象、不審者対応について学ぶ。
12	午前	地震	○保育者の指示に従い、機敏に行動する。	○慌てず保育者の指示に従い、避難できるようにする。	○散歩中、散歩に出ている職員と園に残っている職員が連絡を取り合う。
1	午前	総合訓練 大火災・Jアラート	○保育者の指示を聞いて、安全な場所に避難する。 ○いつでもどんなときでも慌てずに機敏に行動する。	○放送を聞き、素早く保育者の所に集まる。子どもの人数を把握する。	○安全な場所にスムーズに移動できるようにする。 ○近隣への避難が必要なときの連絡方法の確認。
2	午前	火災	○声掛けだけで緊急の事態が分かり、保育者の指示に従い、避難する。 ○火災の怖さや暖房器具の危険なことを知る。	○放送設備の故障を想定して、口頭で火災発生を知らせ、避難できるように訓練をする。	○放送設備故障（音と声で知らせる）
3	午前	火災	○保育者の声掛けだけで緊急事態が分かり、指示により避難する。 ○次の指示を静かに待ち、約束を守って安全に避難する。	○放送設備の故障を想定して、火災発生を大声で知らせる。	○大声で知らせる。年間計画の反省と評価。
3	予告なし	地震〜火災	○どこにいても何をしていても慌てず、近くの保育者の所で素早く身を守り避難する。 ○次の指示を静かに待ち、約束を守って安全に避難する。	○園庭、保育室、トイレなどどこにいても近くにいる保育者の所に集まるようにする。子どもを集め安全を確保しながら各クラスの人数を把握する。 ○慌てずに避難できるようにする。	○予告なし。 ○園児を誘導し安全を図るとともに初期消火にあたる。 ○送迎時の場合、可能な限り保護者も一緒に避難してもらう。

第3章 計画サポート集

 CD-ROM ▶ 計画サポート集 ▶ 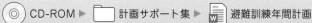 避難訓練年間計画

食育

食育は、園において大切な保育の内容として位置づけられています。子どもたちの豊かな食体験を保障し、一人ひとりの実態に合わせてよりよい指導を行なうために計画を立てて取り組む必要があります。食育に関する計画の例を紹介します。立案の参考にしてください。

立案のポイント

❶いろいろな食材や調理形態に触れる

食材は軟らかさ、硬さなどいろいろな口触りの違いがあり、また、焼く、揚げる、煮るなど調理方法で、トロトロ、パリパリ、など食感が変わります。初めて食べるときの印象をよくし、いろいろな食感を経験させましょう。

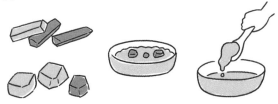

❷いろいろな食具を使う

食具はその社会の文化です。スプーンは手首のグリップの使い方がポイントです。砂遊びのプリン作りで手首を返すことが経験できます。箸はスポンジをつまむ遊びや、クレヨン、鉛筆の正しい持ち方と共に身につきます。

❸楽しい食事タイム

食事は楽しく食べてこそ栄養として身につきます。食育のねらいにもありますが、仲良しの友達と共体験できるように、保育者が仲立ちとなって、一緒に食べる環境づくり・気配りを心掛けましょう。ふだんの食事量を把握しておくことが、異状の早期発見につながります。

食育年間計画

【年間目標】・おいしく楽しく食べる喜びを味わう	
期	**1期（4〜5月）**
行事	入園式、保護者会、こどもの日、遠足
3歳児	・保育者や友達と一緒に食べる楽しさを感じる ・身近な食べ物に関心をもつ ・行事にちなんだ食事を知る
4歳児	・新しい環境での食事の仕方を知り、みんなで楽しく食べる ・食具の使い方や姿勢に気を付けて、食べようとする ・行事食に関心をもつ
5歳児	・みんなで食べる喜びを味わい、進んで食事をする ・食事の準備や片付けが分かり、自分たちで行なう ・行事食等を通して、日本の伝統文化に関心を高める
調理体験	・おにぎり作り ・ソラマメの皮むき ・タケノコの皮むき
栽培	＜苗植え＞ナス、トマト、オクラ プチトマト、ピーマン、キュウリ、サツマイモ
食育環境	・採光に配慮した衛生的で落ち着きのある食事環境
保護者支援	・子どもの健康状態、発育状態、栄養状態、生活状況等を共有し、咀嚼や嚥下機能に応じて食品の大きさ、硬さ等に配慮し必要な栄養が摂取できるように保護者と連絡を取り合いながら進めていく。

◎ CD-ROM ▶ 📁 計画サポート集 ▶ 📄 食育年間計画

・いろいろな食べ物への興味、関心を高める	・食べ物の大切さを知り感謝の気持ちをもつ	
2期（6月〜8月）	**3期（9月〜12月）**	**4期（1月〜3月）**
衣替え、歯と口の健康週間、七夕、夏祭り	敬老の日、秋分の日、衣替え、運動会、イモ掘り、遠足、勤労感謝の日、作品展、餅つき、冬至	鏡開き、節分、立春、生活発表会、ひな祭り、卒園式
・食事をすることを楽しみにする ・栽培している夏野菜の生長を楽しみにし、見たり触れたりする ・食事のマナーを知り、行なおうとする ・保育者に加減してもらい、意欲をもって食べる	・季節の食材に触れ、色、形、大きさ等に関心をもつ ・年上の子どもや身近な大人と食を通して触れ合うことを楽しむ ・自分が食べた食器を自分で片付けようとする	・自分の体をつくるために食事が大切であることを知る ・献立名や食材に興味をもち、進んで食べようとする ・スプーンやフォークを正しく使いながら食べる
・食器や食具の扱い方や片付けを知り、丁寧に行なう ・夏野菜の生長に興味をもち、収穫した野菜を味わう ・自分が食べ切れる量が分かり、満足感をもって食べ終える	・楽しく食事をするために必要なマナーを知る ・行事食に興味をもち、身近な大人や異年齢児と関わることを楽しむ ・自分の体と食べ物の働きの関係性に気付き、進んで食べようとする	・みんなで心地よく食事をするためのマナーを守ろうとする ・食事によって異なる食具を正しく使って食べようとする ・調理をする人がいることが分かり、感謝の気持ちをもつ
・友達と一緒に食事の場を整えたり、主体的に当番活動や片付けを行なう ・夏野菜等栽培物の世話を通して食べ物の大切さ、命の大切さに気付く ・自分たちで育てた夏野菜を収穫したり食べたりし、食への関心を高める ・健康と食べ物との関係に関心を高めバランスよく食べる	・みんなで食事をするために心地よいマナーを守り、楽しく食べる ・異年齢児と会食する中で、小さい子どもに優しく接しながら楽しく食べる ・時間を意識して食べようとする ・高齢者や地域の方と食を通して関わり、親しみや相手を大切にする気持ちをもつ	・いろいろな友達や保育者と一緒に食事を楽しみながら、共感し合う喜びや信頼感をもつ ・学校給食を体験し、小学校給食に期待をもつ ・調理をする人、生産者、様々な食物に感謝の気持ちをもって食べる
・カレー作り ・トウモロコシの皮むき ・エダマメの枝取り	・お月見団子作り ・焼きイモ作り ・餅つき	・クッキー作り ・煮大根作り
＜収穫＞	＜苗植え＞ ジャガイモ、ダイコン、ニンジン、キャベツ	＜収穫＞
・年齢・発達に合ったテーブル、椅子、食具の整備　・調理見学、調理員とふれ合う場づくり ・野菜等の栽培を通して、土、雨、太陽光等自然の恵みに気付く環境づくり		
・献立表配布、給食サンプルの公開、調理レシピ紹介、離乳食試食会、給食試食会、食事時間の保育参観（参加）、芋煮会、PTA、共済行事等の実施 ・食物アレルギー、体調不良、障害をもつ子どもについて配慮すべき事項を共有し、嘱託医等と相談しながら保護者と合意の下で適切に進める		

子育て支援

子育て支援とは、保護者を支えることで、間接的に子どもの育ちを支えることです。乳幼児の保育をする際に、保護者との信頼関係を築くことは子どもを共に育てていく上で最も重要です。園生活において一人ひとりを大切にすることと同様に、各家庭の状況を理解した上で、その家庭に合わせた保護者支援を行なっていきましょう。また、地域の子育て家庭への支援も職員間で情報共有し、積極的に地域と連携しながら進めていきましょう。

園の役割

乳幼児施設においては、様々な家庭環境の子どもを保育しているため、現在の社会的な背景を理解し、子育て支援に積極的に取り組むことを使命と考える。

子育てを巡る環境の変化

○家族形態の変化（核家族化・ひとり親家庭の増加等）により親の子育て負担感が増大した。

○地域社会における人とのつながりが希薄になる傾向があり、人と関わる経験が少ないため、子育てに対する不安やストレスを抱えている親が増えている。

○子どもに関する理解が不足している。または、ネット等による情報を過信し、子どもと比較する。

○仕事と育児の両立のバランスが難しい。

保護者に対する支援の基本

傾聴		受容		共感		支援を考える
保護者の話を評価せずに耳を傾ける	→	保護者の気持ちを受け止める	→	保護者の気持ちを共に感じる	→	保護者がつらく感じている理由や支援方法を考える

留意点　・子どもの最善の利益を考慮する　・保護者と共に、子どもの成長を喜び共有する
　　　　・保育者の専門性や、施設の特性を生かした支援をする。

1. 相談助言に当たって

・子どもと保護者の関係を丁寧に見取り、保護者の状況を踏まえて、保護者の養育力が向上するように支援する。

・相談、助言に当たっては保護者の気持ちを受け止め、相互の信頼関係を基本に保護者の自己決定を尊重する。

・保護者の要望を受け止め、相手の立場に立って聞くことを主として誠実に対応する。

・保護者や子どものプライバシーの保護、情報の秘密保持を遵守する。

・地域資源の活用、地域の関係機関・団体との連携及び協力を図る。

2. 入園している子どもの保護者に対する支援

●日常の保育における様々な機会を活用して行なう支援

日々のコミュニケーション	保護者が参加する行事	家庭教育学習
・送迎時の対応　・園だより ・クラス便り　・連絡ノート ・電話連絡　・情報交換	・保育参観　・保育参加 ・個人面談　・1日保育者体験 ・PTA行事　・父の会	・講演会　　　・教育懇談会

<個人面談を行なう際の注意事項として>

○基本的に複数の保育者で面談を行なう。

○個人面談前までに個人記録（所定のもの）をまとめる。
　　特に気になる保護者の場合は事前に園長に相談をする。

○面談で保護者から出された質問等で回答に迷った場合は即答せず「園長と相談します」
　　と話し、後日対応する。

○個人面談の日時を決定する際は、きょうだいで在園している場合は同じ日に予定する。

○面談の記録を取り、次年度の担当に引き継ぐようにする。

＊担当職員だけではなく、園長・副園長・教頭・主幹保育教諭・特別支援コーディネーター・
　栄養士・看護師・調理員が組織として子どもや家族の支援にあたることを共通理解とする。
＊必要に応じて専門機関への紹介、情報提供の対応を考える。保護者の自主活動を援助する。

● 仕事と子育ての両立等の支援

家庭状況により、お迎え時間が一人ひとり異なることで、子どもが不安になったり寂しい思いをしたりしないように、保育方法を工夫する。

延長保育等では、一人ひとりがゆったりと過ごすことができるように工夫する。

保育中に体調不良になった場合（37.5℃以上の発熱・感染症等）は、早めに保護者に連絡し、お迎えの調整や、悪化して休みが長引くことがないように配慮する。

● 子どもの障害や発達上の課題が見られる保護者への個別支援

日頃の子どもの様子を小まめに伝えながら情報を共有し、家庭での様子や気になることはないかなど保護者の思いを確認する。

保護者から話を聞いたり、役所の窓口を通して関係機関と連絡を取り、支援に生かしていく。

療育機関にすでにかかっている場合には、その機関と連携を行ない、個別支援計画等を作成し、保護者と支援方法を確認しながら進めていく。

● 保護者の育児不安等への対応、保護者の希望に応じた個別支援

職員間で情報を共有する

園内で職員の役割分担を明確にした組織図を作成し、確実な情報共有に努める。必要に応じて園長が窓口となり専門機関との連携を図る。

個別支援を行なう

保護者の要望を聞き、不安が解消される方法を一緒に考える。子どもと保護者への援助計画や支援の記録を作成する。

支援計画の基本

保護者の育児不安や悩みなどに対して、保育者の専門性やスキルを生かして支援を行なう。
送迎時の対話や連絡帳などで得た情報を分析し、援助事項を職員会議で確認し、適切な対応をするための支援計画を作成する。
担任が替わっても子どもや保護者に対しての支援に一貫性をもち、継続して行なっていく。

● 虐待が疑われた場合の対応

報告・相談

助言・指導

園で虐待の疑いを発見園長に報告

役所の担当窓口

・園児の保護者に状況を確認する
・虐待の事実を記録や写真に写す
・虐待の緊急度を判断する

役所に報告し、指導を受けたら

・役所の担当窓口と連携して継続して協力体制を組む
・状況と今後の対応について職員間で共通認識する
・子どもと保護者への支援を開始し、記録に残す

虐待を疑われる子どもの特徴

・発育不良（低身長・低体重）・栄養障害
・体の不自然な傷・骨折・やけど・清潔保持の状況・激しいかんしゃく
・おびえ・極端に落ち着きがない
・笑いが少ない・泣きやすいなどの情緒不安定
・言葉が少ない・多動・乱暴で攻撃的な行動
・食欲不振・極端な偏食・拒食・過食・虫歯が多い

家族の態度

・子どものことについて話したがらない
・子どもの体にある傷について説明が不十分である
・必要以上にしつけが厳しい

● 虐待の早期発見、早期対応のための役割分担

園長	・職員から報告を受け、虐待の有無を確認する。 ・保護者への対応を行なう。 ・役所の担当窓口等、関係諸機関に連絡する。 ・園の対応方法について検討し、職員会議において周知する。
副園長	・園長と共に、虐待の有無を確認する。 ・子ども、保護者への対応を行なう。 ・保育室の様子を確認する。
主任	・子どもの虐待の有無を確認する。 ・虐待に関する情報を収集する。
看護師	・園児の身体的、精神的な状況を確認する。 ・受診が必要な状況か判断する。
その他の職員	見たこと、気付いたこと等を主任・副園長に報告する。

※個人情報の保護は必須であり、子どもや保護者の話をするときは、職員室、相談室、保健室などを使用し、外部に聞こえない状況をつくることを徹底する。

3. 地域における子育て支援

● 目標

○乳幼児施設では、地域の保護者等に対する子育て支援を積極的に行なうように努める。
○地域の子育て支援を利用することで、親子の愛着関係を深め、家庭の育児力を向上させる。

子育て支援のポイント

子育ち支援…子どもが育っていく
親育ちの支援…親が育っていく
親子関係の支援…子育て、親育て

親が相談できる身近な施設 ➡ 親が安心感をもつ ➡ 子育ての自信が生まれる ➡ 自己肯定感が育ち、周りの人を思いやる ➡ 施設が地域の子育ての核として信頼される

・施設の特性を生かし、職員がその専門性を発揮して子育て支援に関わることが重要である。
・職員が子育て支援がもつ役割の重要性を認識し、地域の親と子どもが安心して気持ちよく利用できるように発信し、園全体で温かな雰囲気づくりを心掛けることが大切である。

● 活動

・園庭開放、園見学、体験保育、保育参観、一時保育、病後児保育、休日保育
・育児講座、育児相談、栄養相談
・交流の場の提供

・子育てに関する情報の提供
　子育てイベントのパンフレット設置
　園行事のポスター掲示、インターネットで情報提供等

・園だより、保健だより、給食（食育）だよりの掲示
・給食試食会
・未就園児の会

CD-ROMの使い方

ここからのページで、CD-ROM 内のデータの使い方を学びましょう。

⚠️ CD-ROM をお使いになる前に必ずお読みください

本書付属の CD-ROM は、「Microsoft Word for Microsoft 365」で作成、保存した Word のファイルを収録しています。お手持ちのパソコンに「Microsoft Word 2016」以上、または「Microsoft Word for Microsoft 365」がインストールされているかどうか、ご確認ください。

付属の CD-ROM を開封された場合、以下の事項に合意いただいたものとします。

●動作環境について

本書付属の CD-ROM を使用するには、以下の環境が必要となります。CD-ROM に収録しているデータは、Windows 版の、Microsoft Word for Microsoft 365 で作成しています。処理速度が遅いパソコンではデータを開きにくい場合があります。

○ ハードウェア

Microsoft Windows 10 以上

○ ソフトウェア

Microsoft Word 2016 以上、

または Microsoft Word for Microsoft 365

○ CD-ROM を再生するには CD-ROM ドライブが必要です。

※ Mac OS でご使用の場合はレイアウトが崩れる場合があります。

●ご注意

○ 本書掲載の操作方法や操作画面は、「Microsoft 365 Personal」上で動く、「Word」を使った場合のものを中心に紹介しています。お使いの環境によって操作方法や操作画面が異なる場合がありますので、ご了承ください。

○ データは Microsoft Word for Microsoft 365（バージョン 2009）で作成されています。お使いのパソコン環境やアプリケーションのバージョンによっては、レイアウトが崩れる可能性があります。

○ お客様が本書付属の CD-ROM のデータを使用したことにより生じた損害、障害、その他いかなる事態にも、弊社は一切責任を負いません。

○ 本書に記載されている内容に関するご質問は、弊社までご連絡ください。ただし、付属の CD-ROM に収録されているデータについてのサポートは行なっておりません。

※ Microsoft Windows、Microsoft Word、Microsoft 365 は、米国マイクロソフト社の登録商標です。

※ その他記載されている会社名、製品名は、各社の登録商標及び商標です。

※ 本書では、TM、®、© マークの表示を省略しています。

● CD-ROM 収録のデータ使用の許諾と禁止事項

CD-ROM 収録のデータは、ご購入された個人または法人・団体が、営利を目的としない掲示物、園だより、その他、家庭への通信として自由に使用することができます。ただし、以下のことを遵守してください。

○ 他の出版物、企業の PR 広告、商品広告などへの使用や、インターネットのホームページ（個人的なものも含む）などに使用はできません。無断で使用することは、法律で禁じられています。なお、CD-ROM 収録のデータを変形、または手を加えて上記内容に使用する場合も同様です。

○ 本書付属の CD-ROM 収録のデータを複製し、第三者に譲渡・販売・頒布（インターネットを通じた提供も含む）・賃貸することはできません。

○ 本書付属の CD-ROM は、図書館などの施設において、館外に貸し出すことはできません。

（弊社は、CD-ROM 収録のデータすべての著作権を管理しています）

● CD-ROM 取り扱い上の注意

○ 付属のディスクは「CD-ROM」です。一般オーディオプレーヤーでは絶対に再生しないでください。パソコンの CD-ROM ドライブでのみお使いください。

○ CD-ROM の裏面に指紋をつけたり、傷をつけたりするとデータが読み取れなくなる場合があります。CD-ROM を扱う際には、細心の注意を払ってお使いください。

○ CD-ROM ドライブに CD-ROM を入れる際には、無理な力を加えないでください。CD-ROM ドライブのトレイに正しくセットし、トレイを軽く押してください。トレイに CD-ROM を正しく乗せなかったり、強い力で押し込んだりすると、CD-ROM ドライブが壊れるおそれがあります。その場合も一切責任は負いませんので、ご注意ください。

CD-ROM 収録データ一覧

付属の CD-ROM には、
以下の Word ファイルを収録しています。

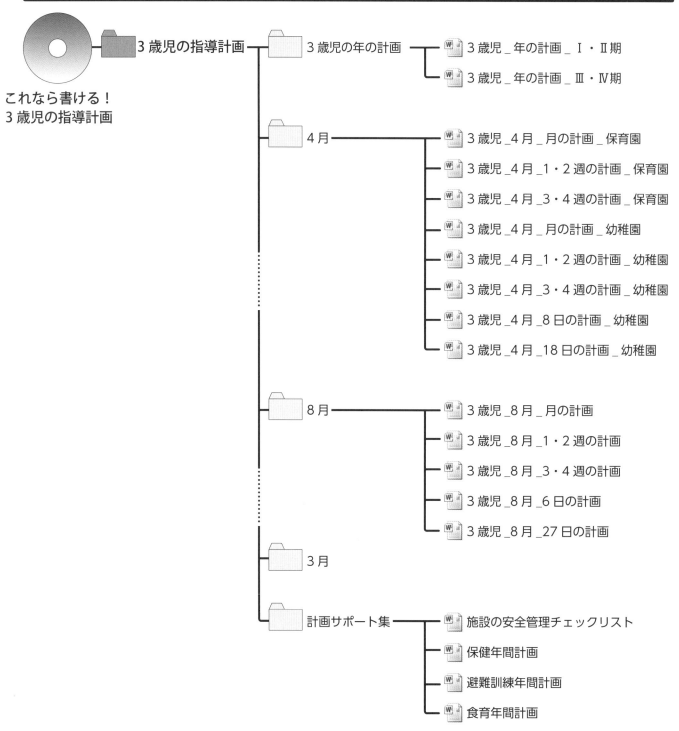

これなら書ける！
3 歳児の指導計画

- 3 歳児の指導計画
  - 3 歳児の年の計画
    - 3 歳児 _ 年の計画 _ Ⅰ・Ⅱ期
    - 3 歳児 _ 年の計画 _ Ⅲ・Ⅳ期
  - 4 月
    - 3 歳児 _4 月 _ 月の計画 _ 保育園
    - 3 歳児 _4 月 _1・2 週の計画 _ 保育園
    - 3 歳児 _4 月 _3・4 週の計画 _ 保育園
    - 3 歳児 _4 月 _ 月の計画 _ 幼稚園
    - 3 歳児 _4 月 _1・2 週の計画 _ 幼稚園
    - 3 歳児 _4 月 _3・4 週の計画 _ 幼稚園
    - 3 歳児 _4 月 _8 日の計画 _ 幼稚園
    - 3 歳児 _4 月 _18 日の計画 _ 幼稚園
  - 8 月
    - 3 歳児 _8 月 _ 月の計画
    - 3 歳児 _8 月 _1・2 週の計画
    - 3 歳児 _8 月 _3・4 週の計画
    - 3 歳児 _8 月 _6 日の計画
    - 3 歳児 _8 月 _27 日の計画
  - 3 月
  - 計画サポート集
    - 施設の安全管理チェックリスト
    - 保健年間計画
    - 避難訓練年間計画
    - 食育年間計画

※CD-ROM収録のWordデータは、使いやすくするた
め、枠の位置や文章の改行位置などが本書と異なると
ころがあります。各園の様式に合わせて作り変えてお
使いください。

指導計画を作ろう

『Word』を使って、指導計画を作ってみましょう。付属の CD-ROM の Wordファイルは
Microsoft Word for Microsoft 365 で作成されています。ここでは、Windows 10 上
で、Microsoft Word for Microsoft 365 を使った操作手順を中心に紹介しています。

（動作環境についてはP.199を再度ご確認ください）

※掲載されている操作画面は、お使いの環境によって異なる場合があります。ご了承ください。

CONTENTS

基本操作

マウス

マウスは、ボタンを上にして、右手人さし指が左ボタン、中指が右ボタンの上にくるように
軽く持ちます。手のひら全体で包み込むようにして、机の上を滑らせ上下左右に動かします。

クリック
カチッ

左ボタンを 1 回押します。
ファイルやフォルダー、または
メニューを選択する場合など
に使用します。

ダブルクリック
カチカチッ

左ボタンをすばやく 2 回押す
操作です。プログラムなどの起
動や、ファイルやフォルダーを
開く場合に使用します。

右クリック
カチッ

右ボタンを 1 回押す操作で
す。右クリックすると、操作可能
なメニューが表示されます。

ドラッグ
カチッ…ズー

左ボタンを押しながらマウスを動かし、移動先で
ボタンを離す一連の操作をいいます。文章を選択
する場合などに使用します。

元に戻る・進む

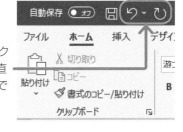

間違えたら⤺をクリック
すると元に戻り、やり直
せます。⤻は、その逆で
す。

Ⅰ ファイルを開く・保存・印刷する

使用するファイルをCD-ROMから抜き出し、わかりやすいように名前を付けて保存します。使用する大きさに合わせて印刷サイズも変えることができます。

1 Wordファイルを開く

1. CD-ROMをパソコンにセットする

パソコンのCD-ROM（またはDVD）ドライブを開き、トレイにCD-ROMを入れます。

2. フォルダーを開く

自動的に「エクスプローラー」画面が表示され、CD-ROMの内容が表示されます。画面の右側にある「3歳児の指導計画」フォルダーをダブルクリックして開きます。

ダブルクリック

左の画面は
右下のボタンを
クリックした
状態です。

「DVD」ドライブ　　「エクスプローラー」ボタン

3. ファイルをデスクトップにコピーする

使用するWordファイルをデスクトップにドラッグします。

4. ファイルをダブルクリック

3歳児_4月_月の
計画_保育園

デスクトップにコピーしたWordファイルをダブルクリックします。

※デスクトップに保存すると、Windows10の規定では
　OneDrive に保存されるので緑のチェックマークが付きます。

5. Wordファイルを開く

「Word」が起動して、下の画面が表示されます。

2 ファイルを保存・印刷する

1. 「名前を付けて保存」する

「ファイル」タブ→「名前を付けて保存」をクリックし、表示された画面で保存先（「ドキュメント」など）を指定します。わかりやすい名前を付け、最後に「保存」をクリックします。保存したファイルを開くには、タスクバーの「エクスプローラー」ボタンをクリックしファイルを保存した保存先を選択します。

2. 印刷する

プリンターに用紙をセットし、「ファイル」タブ→「印刷」をクリックします。表示された画面で、設定をお使いのプリンターに合わせ、「印刷」をクリックします。
※CD-ROM収録のWordファイルはすべて、A4サイズの設定になっています。適宜、用紙サイズの設定を変えて拡大縮小してお使いください。

※下の画像が出てくる
　ときは、「無視」を
　クリックします。

Ⅱ 文字や文章を変更する

担当クラスや、担当クラスの子どもたちの様子に合わせて、内容を変更しましょう。
書体や大きさを変えるなどアレンジしてみてください。

1 文字や文章を変更する

1. 変更したい文章を選択する

変更したい文章の最初の文字の前にカーソルを合わせてクリックし、ドラッグして変更したい文章の範囲を選択します。

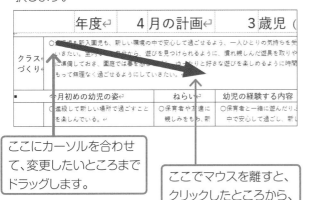

ここにカーソルを合わせて、変更したいところまでドラッグします。

ここでマウスを離すと、クリックしたところから、ここまでの文章が選択されます。

選択された文字の背景の色が変わります。

2. 新しい文章を入力します

そのまま新しい文章を入力します。

2 書体や大きさ、文字列の方向、行間、文字の配置を変える

1. 文章の「書体」や「大きさ」を変える

文章を好きな書体（フォント）に変えたり、文字の大きさを変えたりして、読みやすくしてみましょう。

まず、「 1 1.変更したい文章を選択する」の方法で、変更したい文章の範囲を選択します。

次に、リボンの「ホーム」タブで「フォント」グループにするフォントサイズの右側「▼」をクリックし、書体とサイズを選びます。

フォント名が英語のものは、日本語を表示できません。使うことのできるフォントの種類は、お使いのパソコンにどんなフォントがインストールされているかによって異なります。

数字が大きくなるほどフォントサイズが大きくなります。フォントサイズが8以下の場合は、手動で数値を入力します。

2. 文字列の方向を変更する

変更したい文章を選択し、表ツールの「レイアウト」タブの「配置」グループから希望の文字列の方向を選択します。

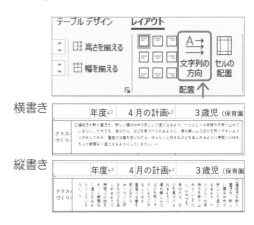

203

3. 「行間」を調整する

行間を変更したい段落内にカーソルを移動します。
次に、「ホーム」タブ「段落」グループの右下の「◱」
をクリックすると、「段落」のメニューが表示されます。

「インデントと行間隔」タブの「行間」で1行・2行・固定
値など任意に設定ができます。
固定値を選んだ場合は、「間隔」に、行間の数字を入力
します。

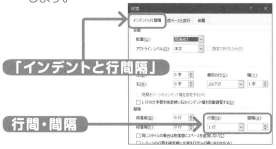

「インデントと行間隔」

行間・間隔

4. 文字の配置を調整する

枠の中の文字を枠の中央に表示させるには、表ツール
の「レイアウト」タブ「配置」グループから「中央揃え」
を選びます。

〈その他の配置例〉

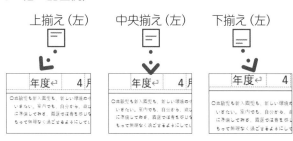

上揃え（左）　　中央揃え（左）　　下揃え（左）

・ヒント・

「複写（コピー＆ペースト）」「移動（カット＆ペース
ト）」の2つの操作をマスターすると、より簡単に文字
の編集ができます。

複写（コピー＆ペースト）

複写したい文章の範囲を選択し、「ホーム」タブ「ク
リップボード」グループの「コピー」をクリックします。
キーボードの「Ctrl」キー＋「C」キーを同時に押してもよい。

貼り付けたい文章の位置にカーソルを移動します。
「クリップボード」グループの「貼り付け」をクリックする
と、文章が複写されます。
キーボードの「Ctrl」キー＋「V」キーを同時に押してもよい。

※貼り付けた先と書体や大きさが違う場合P.203を参考に、調整しましょう。

移動（カット＆ペースト）

移動したい文章の範囲を選択し、「ホーム」タブ「ク
リップボード」グループの「切り取り」をクリックします。
キーボードの「Ctrl」キー＋「X」キーを同時に押してもよい。

移動したい位置にカーソルを移動します。「クリッ
プボード」グループの「貼り付け」をクリックすると、
文章が移動します。
キーボードの「Ctrl」キー＋「V」キーを同時に押してもよい。

Ⅲ 枠を調整する

枠を広げたり狭めたりして調整してみましょう。
自分で罫線を引いたり消したりすることもできます。

1 枠を広げる・狭める

枠の罫線を動かすと、行の高さや列の幅を変えることができます。表の枠を広げたり狭めたりしてみましょう。

1. 表の枠を上下左右に広げる、狭める

表の枠にカーソルを合わせると、マウスポインターの形が ÷ や ↔ になります。

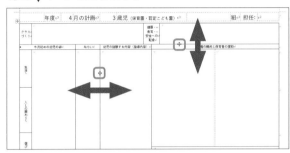

マウスをクリックしたまま上下左右にドラッグすると、枠の高さや幅を変更することができます。

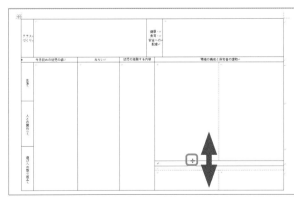

※枠を広げたことで表が1ページに収まらなくなった場合は、他の枠を狭めて調整してください。

ヒント

罫線を動かすと、近くの罫線とつながってしまうことがあります。その場合、枠ごと罫線を動かすことができなくなります。

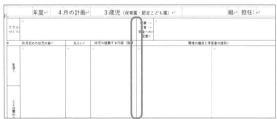

〈複数枠の選択〉

下図の2つの枠の右側の罫線を動かすには、枠内をドラッグして選択してから罫線を動かします。

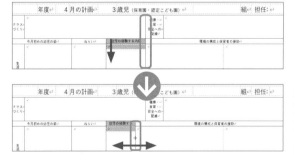

〈1つの枠の選択〉

1つの枠を選択するには、枠の左上にポインターを合わせて形状が「↗」に変わったらクリックします。または、選択したい枠内にカーソルを移動し、表ツール「レイアウト」タブ「表」グループ「選択」をクリックして「セルの選択」をクリックします。

下図は選択後、右の罫線を動かしています。

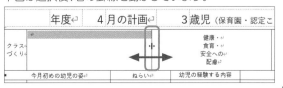

② 枠を増やす・減らす

表の中の枠を増やしたり減らしたりするときには、セルの結合・分割を使います。

1. 枠を結合して、枠の数を減らす

この3つの枠を1つに結合して、横枠（列）を1つにしてみましょう

結合したい枠の範囲をドラッグして選択します。

キーボードの「DEL」（「Delete」）キーを押し、文字を消去します。枠は残り、文字が消えた状態になります。

※「Back space」キーを使うと、セルまで消えてしまうので注意しましょう。

次に、再び結合したい枠の範囲をドラッグして選択し、表ツールの「レイアウト」タブ「結合」グループ「セルの結合」をクリックします。

下図のように、横枠（列）の数が1つに減りました。

ヒント

ここをクリックすると、1つ前の操作に戻ります。

入力し間違えたり、表の形が崩れたりした場合、元に戻して、再度やり直してください。

ヒント

枠を分割して、枠の数を増やすこともできます。

この枠を横に3分割して、横枠（列）を3つに（縦枠（行）は1つのまま）してみましょう

まず、マウスで分割したい枠をクリックして、表ツールの「レイアウト」タブ「結合」グループ「セルの分割」をクリックします。

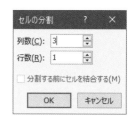

「列数」を「3」、「行数」を「1」と入力し、「OK」をクリックします。
下図のように、横枠（列）の数が3つになりました。

この結合、分割を使って、作りたい指導計画の様式になるように、枠組をどんどん変えていきましょう！

2. 枠の結合・分割で枠の数を変更する

この枠の数を変えてみましょう

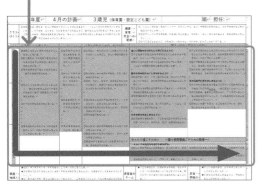

P.206の2の1.と同様の方法で、変えたい枠の中の文字をドラッグして選択し、キーボードの「DEL」（「Delete」）キーを押して文字を消去します。
斜めにドラッグして全てのセルが選択できない場合には、何回かに分けて結合するか、上記のように直角にドラッグしましょう。

続いて、上と同様の方法で、結合したい枠の範囲をドラッグして選択し、セルを結合します。

結合されました。

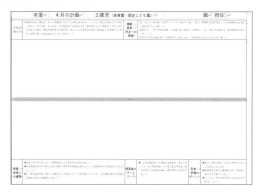

次に、P.206のヒントと同様に分割したい枠をクリックして、表ツールの「レイアウト」タブ「結合」グループ「セルの分割」をクリックし、横枠と縦枠の数を入力して分割します（ここでは、「列数」を「4」、「行数」を「2」としています）。

枠を作り変えたら、P.205「1枠を広げる・狭める」の方法で、枠の幅を変えていきましょう。

【監修】
神長美津子
國學院大學 教授
幼稚園教育要領の改訂に関する検討委員
幼保連携型認定こども園教育・保育要領の改訂に関する検討委員
中央教育審議会 教育課程部会幼児教育部会主査代理
元・文部科学省初等中等教育局幼児教育課教科調査官
『月刊 保育とカリキュラム』指導計画総監修

【執筆】
『月刊 保育とカリキュラム』東京3歳児研究グループ
齋藤惠子　貞静学園短期大学 教授
佐藤暁子　東京家政大学大学院 客員教授
松本紀子　東京成徳短期大学 講師
大澤洋美　東京成徳短期大学 教授

【協力】
おだ認定こども園

※所属は、本書初版当時のものです。

STAFF
本文イラスト：とりうみゆき・みやれいこ・とみたみはる・坂本直子・むかいえり・すみもとななみ・Meriko
本文デザイン：曽我部尚之
本文整理・DTP：堤谷孝人
CD-ROM制作：NISSHA株式会社
校正：株式会社文字工房燦光
企画編集：長田亜里沙・小川千明・北山文雄

※本書は、『月刊 保育とカリキュラム』2019年度連載「年齢別指導計画」
　をまとめ、加筆・修正したものです。

▼ダウンロードはこちら

CD-ROM収録のデータは、
URL・QRコードより本書の
ページへとお進みいただけま
すと、ダウンロードできます。
https://www.merupao.jp/front/category/K/1/

※ダウンロードの際は、会員登録が必要です。

これなら書ける！
3歳児の指導計画

2021年2月　初版発行
2022年1月　第2版発行

監　修　神長美津子
発行人　岡本 功
発行所　ひかりのくに株式会社
　　　　〒543-0001　大阪市天王寺区上本町3-2-14
　　　　TEL06-6768-1155　郵便振替00920-2-118855
　　　　〒175-0082　東京都板橋区高島平6-1-1
　　　　TEL03-3979-3112　郵便振替00150-0-30666
　　　　ホームページアドレス　https://www.hikarinokuni.co.jp
印刷所　NISSHA株式会社

©2021 Mitsuko Kaminaga
乱丁、落丁はお取り替えいたします。

Printed in Japan
ISBN978-4-564-60944-2
NDC376　208P　26×21cm